EXCEL 5.0
OPTIMAL EINSETZEN

EXCEL 5.0 OPTIMAL EINSETZEN

TANDEM

Text, Abbildungen und Programme wurden mit größter Sorgfalt erarbeitet. Verlag und Handel können für eventuell verbliebene fehlerhafte Angaben und deren Folgen weder eine juristische Verantwortung noch irgendeine Haftung übernehmen. Diese Publikation ist urheberrechtlich geschützt. Alle Rechte vorbehalten. Kein Teil des Buches darf ohne schriftliche Genehmigung des Verlags in irgendeiner Form durch Fotokopie, Mikrofilm oder andere Verfahren reproduziert oder in eine für Maschinen, insbesondere Datenverarbeitungsanlagen, verwendbare Sprache übertragen werden. Auch die Rechte der Wiedergabe durch Vortrag, Funk und Fernsehen sind vorbehalten. Die in diesem Buch erwähnten Software- und Hardware-Bezeichnungen dienen ausschließlich Informationszwecken und stellen keinen Warenmißbrauch dar.

Excel 5.0 optimal einsetzen
© TANDEM Verlag
Natascha Nicol, Ralf Albrecht
Umschlaggestaltung: H. P. Janclaes Design
ISBN 3-930882-62-0
Gesamtherstellung: Tandem Verlag

Inhaltsverzeichnis

1 Einleitung

1.1	Themen dieses Buches	12
1.2	Hinweise zur Gestaltung	14

2 So behalten Sie den Überblick

2.1	Blatt für Blatt	18
2.2	Arbeiten mit Fenstern	24
	2.2.1 Fenster unterteilen	25
	2.2.2 Fenster, so weit das Auge reicht	28
2.3	Ansichten	34
2.4	Gruppenarbeit	36
2.5	Symbolleisten	38
	2.5.1 Der Umgang mit Symbolleisten	38
	2.5.2 Symbolleisten anpassen	39
	2.5.3 Eigene Symbolleisten kreieren	40
2.6	Gliederungen	42

3 Auswerten von Daten

3.1	Sortieren von Daten	50
3.2	Datenbankmasken	54
3.3	Filter	57
	3.3.1 AutoFilter	58
	3.3.2 Spezialfilter	60
3.4	Teilergebnisse	63

Inhaltsverzeichnis

4 Rechnereien

4.1	Reihenberechnung	70
4.2	Matrixoperationen	76
	4.2.1 Einfache Matrixoperationen	76
	4.2.2 Bearbeiten von Matrixformeln	77
	4.2.3 Funktionen zur Matrizenrechnung	78
4.3	Komplexe Zahlen	83
4.4	Die Fourier-Transformation	86

5 Diagramme für Fortgeschrittene

5.1	Verbunddiagramme	92
5.2	Regression	95
5.3	Logarithmische Darstellung	99
5.4	Vorzugsdiagramme	104
5.5	Diagramme mit Fehlerbalken	107
	5.5.1 Abweichungen vom Mittelwert	108
	5.5.2 Fehler in x- und y-Richtung	111

6 Mustervorlagen

6.1	Mustervorlagen erstellen	116
6.2	Mustervorlagen laden	117
6.3	Mustervorlagen ändern	119
6.4	Standardarbeitsmappe ändern	119
6.5	Formulare erstellen	121
	6.5.1 Eigene Zahlenformatierung	123
	6.5.2 Eigene Formatvorlagen erstellen	125
	6.5.3 Zellenschutz	128

7 Tabellen verknüpfen

7.1	Relative und absolute Bezüge	132
7.2	Benannte Zellen und Bereiche	134

Inhaltsverzeichnis

7.3	Verknüpfungen	136
7.3.1	Verknüpfte Dateien laden	140
7.3.2	Verknüpfungen einfügen	141
7.3.3	Inhalte einfügen	144
7.4	3D-Bezüge	147
7.5	Konsolidieren von Arbeitsblättern	149
7.6	Über Zellen benannte Arbeitsblätter	156

8 »Was wäre wenn?«-Modelle

8.1	Zielwertsuche	162
8.2	Szenarien	169
8.3	Der Solver	174
8.4	Drucken von Berichten	179

9 Pivot-Tabellen

9.1	Erstellen einer Pivot-Tabelle	185
9.1.1	Der Pivot-Tabellen-Assistent	186
9.1.2	Die Pivot-Symbolleiste	191
9.2	Arbeiten mit Pivot-Tabellen	193
9.2.1	Pivot-Datenfelder	193
9.2.2	Details der Daten	198
9.2.3	Vertauschen von Spalten und Zeilen	198
9.3	Beispiel	200

10 Abfragen von Datenbanken mit MS-Query

10.1	Begriffsklärungen	208
10.2	Definieren einer Abfrage	210
10.3	Arbeiten mit Datensätzen	214
10.3.1	In den Daten blättern	214
10.3.2	Bearbeiten von Datensätzen	214
10.3.3	Markieren von Feldern/Datensätzen	216
10.3.4	Löschen von Feldern/Datensätzen	216
10.3.5	Rückkehr zu Excel	217

Inhaltsverzeichnis

10.4	Layout von Abfragen	219
	10.4.1 Verschieben von Spalten	219
	10.4.2 Aus- und Einblenden von Spalten	220
10.5	Sortieren	221
10.6	Auswahlkriterien	222
	10.6.1 Kriterien	222
	10.6.2 Logische Verknüpfungen	228
	10.6.3 Keine Duplikate	230
10.7	Berechnete Felder und Ausdrücke	231
	10.7.1 Berechnete Felder	231
	10.7.2 Berechnete Bedingungen	232
10.8	Auswertungen	233
10.9	Abfragen mit mehreren Tabellen	235
	10.9.1 Definition einer Verknüpfung	236
	10.9.2 Verknüpfungseigenschaften	239
10.10	SQL	242
10.11	Erstellen neuer Datenbanktabellen	243
10.12	Festlegen von Datenquellen	245

11 Steuerelemente

11.1	Steuerelemente - Überblick	248
11.2	Beschreibung der Steuerelemente	250
11.3	Anwendungsbeispiele	258

12 Makros

12.1	Makrorekorder	263
	12.1.1 Makros aufzeichnen	263
	12.1.2 Makros ausführen	270
	12.1.3 Makros ergänzen	272
	12.1.4 Der Aufruf von Makros	273
12.2	Makro-Programmierung	276
	12.2.1 Programmierlogik	277
	12.2.2 Kalender-Makro	281
12.3	Makrofunktionen	287

13 Präsentationen

13.1	Erstellen einer Diaschau	292
13.2	Vorhang auf!	296
13.3	Bearbeiten einer Diaschau	298

14 Datenaustausch

14.1	Datenaustausch über die Zwischenablage	302
	14.1.1 Excel-Grafiken	305
	14.1.2 Excel-Daten in der Zwischenablage	306
14.2	Beispiele	308
14.3	Verknüpfen mit Dynamic Data Exchange (DDE)	310
	14.3.1 DDE-Datenübertragung	311
	14.3.2 Excel als Datenempfänger	314
14.4	OLE-Verknüpfungen	317
14.5	Austausch über Fremdformate	324
14.6	Einlesen von Textdaten	328

A Tabellenfunktionen 337

B EXCEL5.INI

B.1	Der Abschnitt [Microsoft Excel]	366
B.2	Der Abschnitt [Recent File List]	369
B.3	Der Abschnitt [Spell Checker]	370
B.4	Der Abschnitt [Init Menus]	370
B.5	Der Abschnitt [Init Commands]	371
B.6	Der Abschnitt [Delete Commands]	372

C Open Database Connectivity (ODBC)

| C.1 | Warum ODBC? | 375 |
| C.2 | Einrichten von ODBC | 377 |

Index 383

Einleitung 1

Themen dieses Buches 12
Hinweise zur Gestaltung 14

Kapitel 1 Einleitung

Dieses Buch wendet sich an Excel-Anwender, die mit der grundlegenden Bedienung des Programms vertraut sind. Ein Buch für diese Zielgruppe zu schreiben, ist ein schwieriges Unterfangen. Ab wann ist ein fortgeschrittener Excel-Anwender fortgeschritten? Welche Kenntnisse des Programms hat der Käufer dieses Buches?

Wir haben viele Stunden diskutiert, wie wir welche Funktion erklären können und welche Beispiele sinnvoll sind. In unseren Seminaren für Anfänger und Fortgeschrittene saßen Teilnehmer, die Excel zur Lösung der unterschiedlichsten Probleme benutzen wollten. Wie kann man Kaufleuten, Technikern, Wissenschaftlern und vielen anderen gerecht werden, die zwar alle die gleiche Tabellenkalkulation verwenden, aber gänzlich andere Problemstellungen haben? Kann man Beispiele finden, die allen gerecht werden? Auch das vorliegende Buch ist ein Kompromiß, den der Leser hoffentlich akzeptieren wird.

1.1 Themen dieses Buches

Wir haben versucht, die Kapitel nach Themen zu sortieren. So beginnt das Buch mit Hilfestellungen, wie Sie bei großen und komplizierten Tabellen den Überblick behalten können; Tips, die Sie im weiteren Verlauf sicher immer wieder benötigen.

Die Auswertung von Daten erleichtern Ihnen die im Kapitel »Auswerten von Daten« beschriebenen Funktionen. In diesem Kapitel erfahren Sie mehr über die Bedienung und Anwendung verschiedener Optionen, wie z.B. Sortierfunktionen, Filter und Teilergebnisse.

Das Kapitel »Rechnereien« führt Sie in mathematische Rechenmethoden, wie Matrix- und Reihenberechnungen, ein. Weiterhin in diesem Kapitel finden Sie eine Einführung in das Rechnen mit komplexen Zahlen in Excel und eine Beschreibung der Möglichkeiten der Fouriertransformation.

1.1 Themen dieses Buches

Die fortgeschrittenen Möglichkeiten für Diagramme werden Ihnen in diesem Kapitel anhand von ausführlichen Beispielen geschildert. Verbund- und Vorzugsdiagramm, logarithmische Achsen, Trendrechnung, Regression und Diagramme mit Fehlerbalken werden thematisiert.

In dem Kapitel »Mustervorlagen« möchten wir Ihnen einige Verfahren vorstellen, effektiver mit Excel zu arbeiten. Hier wird beschrieben, wie Sie mit Mustervorlagen Formulare und oft wiederkehrende Einstellungen erstellen und bearbeiten können.

Nicht immer reicht ein Arbeitsblatt aus. Der Umgang mit mehreren Arbeitsblättern sowie das Verknüpfen und Konsolidieren können Sie im Kapitel »Tabellen verknüpfen« lernen.

In einer Tabellenkalkulation kann sehr einfach die Frage »Was wäre wenn« durch die Variation einzelner Ausgangswerte auf das Ergebnis der Kalkulation geprüft werden. Hierzu bietet Excel eine Reihe von Werkzeugen zur Unterstützung an.

Eine sehr leistungsfähige Funktion zur Auswertung von Datenbeständen ist die Pivot-Tabelle. Sie erfahren in diesem Kapitel von unzähligen Einstellungsmöglichkeiten und Variationen der Auswertung.

Das Datenbankhilfsprogramm »MS-Query« kann Daten von beispielsweise dBase, SQL-Server und anderen Datenbankprogrammen auswerten, damit Sie diese Daten in Excel verwenden können.

Im Kapitel »Steuerelemente« werden Windows-typische Elemente, wie beispielsweise Rollbalken, Kontrollkästchen, Listenfelder und einige andere, beschrieben, die auf Excel-Arbeitsblättern eingesetzt werden können.

Makros, die Programmiersprache von Excel, werden in diesem Buch grundlegend behandelt. Das Kapitel »Makros« führt Sie schrittweise durch das Arbeiten mit dem Makrorekorder bis hin zu den Grundlagen der Programmierung mit Visual Basic für Applikationen, der neuen Makrosprache in Excel.

Kapitel 1 Einleitung

Möchten Sie Tabellen und Grafiken als Dia-Schau vorführen, finden Sie im Kapitel »Präsentationen« die nötigen Hinweise zur Erstellung und Bearbeitung einer solchen Show.

Der Datenaustausch zwischen verschiedenen Windows-Programmen ist ein wichtiges Thema, wenn Sie mit mehreren Programmen arbeiten. Lesen Sie hier, wie Sie die Programme auf Ihrem PC miteinander verknüpfen können.

Im Anhang finden Sie eine Aufstellung aller Tabellenfunktionen in Excel sowie Anschnitte über die Einstellungen der EXCEL5.INI-Datei und über Microsofts »Open Database Connectivity« ODBC.

1.2 Hinweise zur Gestaltung

In diesem Buch finden Sie bestimmte Schreibweisen, die Ihnen helfen sollen, anhand der Optik die Bedeutung des Textes schnell zu erfassen. Namen von Menüs und Befehlen, von Dialogfeldern und Kontrollelementen in Dialogfeldern werden immer in Kapitälchen wiedergegeben.

Meldungen, die von einem Programm auf dem Bildschirm ausgegeben werden, sehen Sie im Text in einer Schreibmaschinenschrift. Diese Schrift wird auch zur Kennzeichnung von Text verwendet, den Sie beispielsweise im Verlauf einer Übung eingeben können bzw. sollen.

Die Namen von Dateien (gleichgültig, ob es sich um Programme oder um Dokumente handelt) werden immer in Großbuchstaben geschrieben; z.B. EXCEL.EXE oder KANU.XLS.

Zur Ausführung eines Befehls sind in den meisten Fällen mehrere Schritte erforderlich. Die einzelnen Schritte, die Sie auch beim Lesen des Buches nachvollziehen können, werden immer mit einem Pfeil eingeleitet und so dargestellt:

- Dies ist der erste Schritt.
- Dies ist der zweite Schritt und
- dies ist der dritte Schritt.

1.2 Hinweise zur Gestaltung

Viele Wege führen nach Rom, und ebenso viele Möglichkeiten stehen Ihnen in der grafischen Benutzeroberfläche Windows offen, um Ihr Ziel zu erreichen. Wir haben Ihnen an vielen Stellen in diesem Buch die verschiedensten Verfahren zur Ausführung von Befehlen beschrieben. Sie können die Möglichkeiten ausprobieren und sich für die Variante entscheiden, mit der Sie am besten zurecht kommen. Diese und andere Aufzählungen erkennen Sie im Text des Buches sofort daran, daß sie mit einer Raute eingeleitet werden:

- Dies ist die erste Möglichkeit oder der erste Punkt einer Aufzählung.
- Hier kommt Variante 2 oder der zweite Aufzählungspunkt.
- Die dritte Alternative oder ein weiterer Punkt der Aufzählung.

Hinweis: Verstreut in den einzelnen Kapiteln finden Sie Hinweise, die mit einem grauen Kasten unterlegt sind. Hier werden wichtige Tips, Tricks und Hintergrundinformationen beschrieben, die Ihre besondere Aufmerksamkeit verdienen.

So behalten Sie den Überblick 2

Blatt für Blatt	18
Arbeiten mit Fenstern	24
Ansichten	34
Gruppenarbeit	36
Symbolleisten	38
Gliederungen	42

Kapitel 2 So behalten Sie den Überblick

Wir möchten Ihnen in diesem Kapitel Möglichkeiten aufzeigen, wie Sie mit großen unübersichtlichen Tabellen umgehen können, ohne den Überblick zu verlieren. Oft können Tabellen so geplant werden, daß man sie von vornherein auf mehreren Arbeitsblättern anlegt. Wie Sie mit Tabellen umgehen, die auf mehrere Arbeitsblätter verteilt sind, werden wir Ihnen im folgenden Abschnitt zeigen.

Vielleicht haben Sie bis jetzt schon einige Arbeitsblätter mit Excel definiert, die von ihren Ausmaßen über den auf Ihrem Bildschirm zu sehenden Bereich hinausgingen. Oft ist es so, daß man z.B. rechts unten neue Formeln eintippt, dazu aber Informationen benötigt, die leider links oben in einem Teil des Arbeitsblattes stehen, der nicht mehr am Bildschirm zu sehen ist. Also blättert man nach links oben und merkt sich die notwendigen Informationen. Oder – wir haben es bei vielen Anwendern gesehen – die Informationen werden mit Papier und Bleistift abgeschrieben und dann wieder eingetippt. Entnehmen Sie diesen Worten bitte nicht, die Autoren hätten etwas gegen Papier und Bleistift, im Gegenteil. Wäre das ein oder andere Arbeitsblatt vorab einmal skizziert und geplant worden, hätte es später nicht komplizierte und unübersichtliche Kalkulationsblätter gegeben.

2.1 Blatt für Blatt

Durch die Nutzung mehrerer Tabellen in einer Mappe können Sie Ihre Kalkulationen besser strukturieren. Als Beispiel möchten wir eine Mappe für einen Quartalsbericht besprechen, die aus vier Tabellen bestehen soll.

Eine neue Arbeitsmappe besteht standardmäßig aus 16 Tabellenblättern. Diese Anzahl ist im Dialogfeld zu EXTRAS • OPTIONEN auf dem Register ALLGEMEIN eingetragen.

2.1 Blatt für Blatt

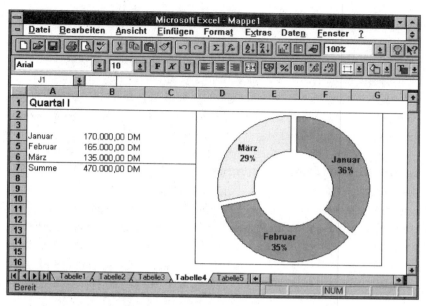

Bild 2.1: *Arbeitsmappe für Quartalsbericht*

Mit den links abgebildeten Registerlaufpfeilen, die Sie am linken unteren Rand Ihrer Mappe finden, können Sie durch die Registerlaschen blättern.

Betätigen Sie einen der Registerlaufpfeile mit der rechten Maustaste, erhalten Sie ein Kontextmenü, das Ihnen die gezielte Auswahl des gewünschten Arbeitsblattes ermöglicht.

Für den Quartalsbericht sollen die Mappe und die Arbeitsblätter bearbeitet werden. Überflüssige Blätter sollen entfernt und die Register entsprechend mit `Januar` bis `März` und `Quartal1` benannt werden. Die dafür notwendigen Schritte sowie einiges mehr, wie das Einfügen, Umbenennen, Verschieben und Kopieren von Arbeitsblättern, soll im nächsten Abschnitt behandelt werden.

Kapitel 2 So behalten Sie den Überblick

Das Kontextmenü von Registern

| Einfügen... |
| Löschen |
| Umbenennen... |
| Verschieben/kopieren... |
| Alle Blätter auswählen |

Ausgehend vom Kontextmenü eines Registers möchten wir Ihnen eine Auswahl der Befehle präsentieren, die für die Arbeit mit Mappen und Tabellen zur Verfügung stehen. Das Kontextmenü öffnet sich, wenn Sie mit der rechten Maustaste auf eine Registerlasche klicken.

Löschen von Arbeitsblättern

Nicht mehr benötigte, leere oder überflüssige Arbeitsblätter lassen sich leicht entfernen. Selektieren Sie dazu das zu löschende Arbeitsblatt. Wählen Sie nun im Register-Kontextmenü den Befehl LÖSCHEN oder über das Menü BEARBEITEN • BLATT LÖSCHEN aus. Aus unserem Beispiel haben wir die Blätter TABELLE 5 bis TABELLE 16 gelöscht.

- Sollen mehrere hintereinanderliegende Blätter gelöscht werden, klicken Sie das erste an, betätigen die ⇧-Taste und klicken dann auf das letzte, zu löschende Arbeitsblatt. Alle die dazwischen liegen, werden automatisch mit selektiert.
- Möchten Sie mehrere einzelne Blätter auf einmal löschen, selektieren Sie die gewünschten Registerlaschen bei gehaltener Strg-Taste.

Excel fragt mit dem folgenden Dialogfeld nach, ob Sie das Blatt bzw. die markierten Blätter löschen wollen.

Bild 2.2: Dialogfeld zum Löschen von Arbeitsblättern

2.1 Blatt für Blatt

Umbenennen von Arbeitsblättern

Für die tägliche Arbeit ist das Umbenennen von Arbeitsblättern sehr wichtig. In neuen Mappen sind die Blätter nicht sehr aussagekräftig mit Tabelle1 bis Tabelle16 benannt. Es ist sinnvoll, die Blätter mit »sprechenden« Namen zu versehen, um ihren Inhalt zu beschreiben.

Der Aufruf des Kontextmenüs durch Anklicken einer Registerlasche mit der rechten Maustaste und Wahl der Option UMBENENNEN, ein Doppelklick auf die Registerlasche oder der Menübefehl FORMAT • BLATT UMBENENNEN ruft das folgende Dialogfeld auf den Schirm.

Bild 2.3: Dialogfeld zu BLATT UMBENENNEN

Verändern Sie den Namen des Blattes nach Ihren Wünschen. Wir haben hier beispielsweise Tabelle 1 in Januar umbenannt.

Einfügen eines Arbeitsblattes

Durch die Selektion von EINFÜGEN im Kontextmenü erhalten Sie das Dialogfeld EINFÜGEN.

Bild 2.4: Dialogfeld zu EINFÜGEN

In diesem Dialogfeld wählen Sie das gewünschte Blatt aus. Für unser Beispiel haben wir eine neue Tabelle in unsere Mappe aufgenommen.

Kapitel 2 So behalten Sie den Überblick

Die Tabelle wurde vor das aktuelle Arbeitsblatt, Quartal 1, aufgenommen, wie Sie es im folgenden Bild sehen können.

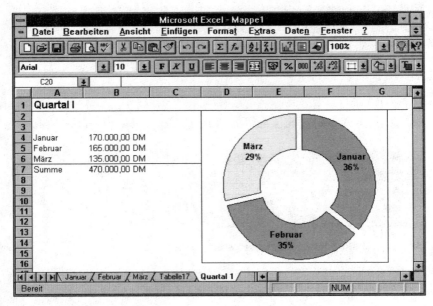

Bild 2.5: Quartalsbericht

Sie können auch neue Tabellen über das Menü mit EINFÜGEN • TABELLE erzeugen.

Verschieben und kopieren von Arbeitsblättern

Das vor dem Arbeitsblatt QUARTAL1 eingefügte Blatt soll nun nach hinten verschoben werden. Sie können die Arbeitsblätter innerhalb einer Mappe frei verschieben, d.h. die Reihenfolge der Blätter ändern. Zusätzlich ist es möglich, Blätter zu kopieren. Blätter können auch in andere Mappen verschoben oder kopiert werden.

Zum Verschieben oder Kopieren selektieren Sie das Blatt, das verschoben oder kopiert werden soll und rufen mit BEARBEITEN • BLATT VERSCHIEBEN/KOPIEREN das nachfolgend dargestellte Dialogfeld auf.

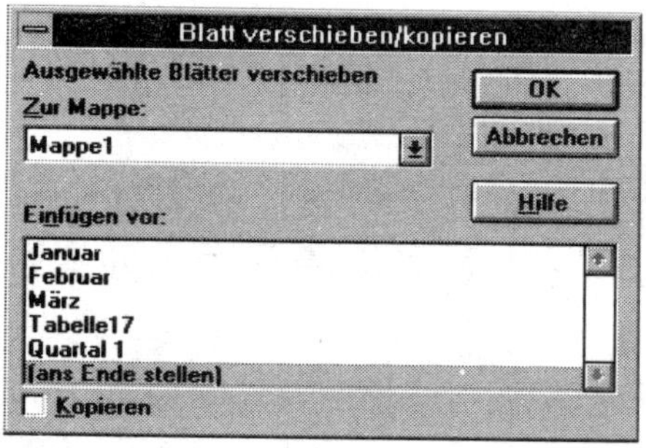

2.1 Blatt für Blatt

Bild 2.6: Dialogfeld zu BLATT VERSCHIEBEN/KOPIEREN

Selektieren Sie in ZUR MAPPE die gewünschte Mappe, in die verschoben oder kopiert werden soll. Standardmäßig ist hier die aktuelle Mappe angegeben, d.h., die Blätter werden in ihrer eigenen Mappe bewegt oder verdoppelt.

Das Arbeitsblatt wird vor dem Blatt, das in EINFÜGEN VOR markiert ist, eingefügt. Möchten Sie das Blatt an das Ende stellen, nutzen Sie dazu die gleichnamige Auswahl.

Zum Kopieren der Blätter klicken Sie die Option KOPIEREN an.

Der gleiche Vorgang läßt sich auch mit der Maus durchführen. Klicken Sie dazu auf die Registerlasche des Blattes und verschieben Sie es bei gehaltener Maustaste.

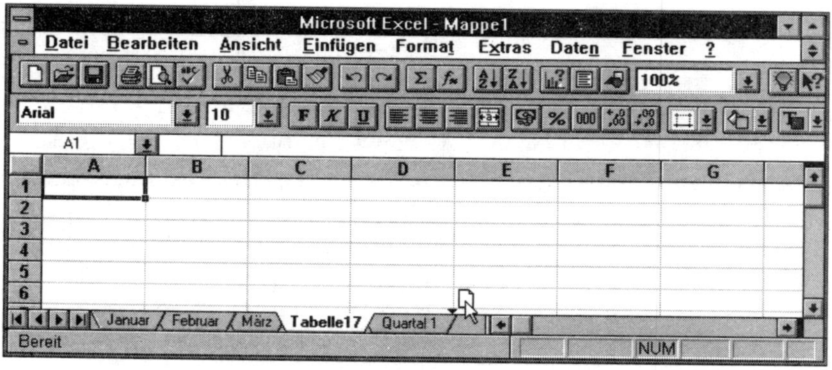

Bild 2.7: Verschieben von Blättern

Kapitel 2 So behalten Sie den Überblick

Wie in Bild 2.7 zu sehen, wird die neue Position des Blattes mit einem kleinen schwarzen Dreieck über den Registerlaschen angezeigt. Der Cursor hat sich während des Verschiebevorgangs verändert, so wie es im Bild dargestellt ist.

Möchten Sie das Blatt kopieren, halten Sie während des Verschiebens die ⌈Strg⌉-Taste gedrückt.

Registerteilungsfeld

Mit Hilfe des Registerteilungsfeldes können Sie einstellen, wieviel Registerlaschen am unteren Fensterrand angezeigt werden sollen.

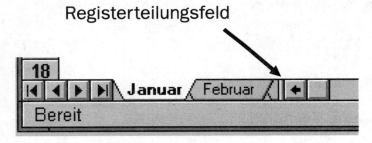

Bild 2.8: Registerteilungsfeld

Klicken Sie das Registerteilungsfeld an und verschieben Sie es bei gehaltener Maustaste. Dabei verändert sich der Cursor zu +.

2.2 Arbeiten mit Fenstern

Bei der Eingabe von langen Tabellen ist es bisweilen sehr mühsam, Werte eingeben zu müssen, wenn die Überschrift einzelner Spalten oder Zeilen bereits aus dem Bildschirmbereich herausgeschoben wurde, weil die Tabelle zu groß ist. Schnell hat man sich hier in der Zeile oder Spalte vertan.

Sie können Fenster in Bereiche teilen oder neue Fenster öffnen, um sich mehr Überblick zu verschaffen.

2.2 Arbeiten mit Fenstern

2.2.1 Fenster unterteilen

Excel kann den Bildschirm in verschiedene Bereiche trennen. In diesen können unabhängig voneinander die Spalten und Zeilen verschoben werden. Im konkreten Fall heißt das, man unterteilt den Bildschirm z.B. horizontal. Im oberen Bereich läßt man die Spaltenüberschriften stehen und kann im unteren Teil in der Tabelle weiter nach unten laufen, ohne den Überblick zu verlieren.

Bild 2.9 zeigt jeweils einen Pfeil auf eines der beiden Bildschirmteilfelder des Arbeitsblattes.

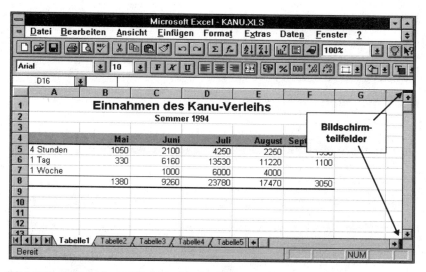

Bild 2.9: Bildschirmteilfelder des Bildschirms

Die einfachste Möglichkeit, das Bildschirmfenster horizontal zu unterteilen, besteht darin, den Cursor so über den oberen Pfeil auf der rechten Bildrolleiste zu plazieren, daß er sich in ✥ verwandelt.

Drücken Sie dann die linke Maustaste, halten Sie sie fest und verschieben Sie gleichzeitig den neuen Cursor ✥ nach unten. Sie stellen fest, daß Sie dadurch eine breite Linie verschieben. Lassen Sie diese los, erhalten Sie ein horizontal in zwei Hälften unterteiltes Arbeitsblatt, wie es auch in Bild 2.10 zu sehen ist.

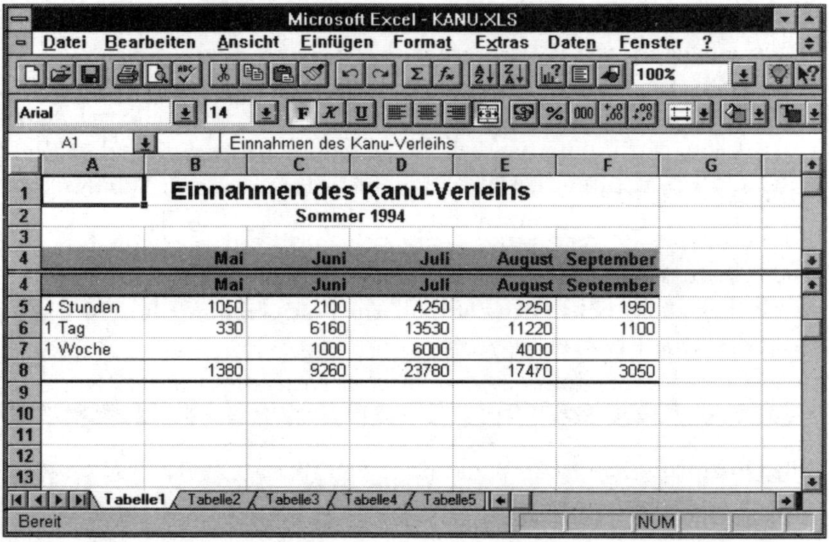

Kapitel 2 So behalten Sie den Überblick

Bild 2.10: Unterteiltes Fenster

Haben Sie Ihren Bildschirm unterteilt, können Sie sich in jedem Teilbereich frei bewegen.

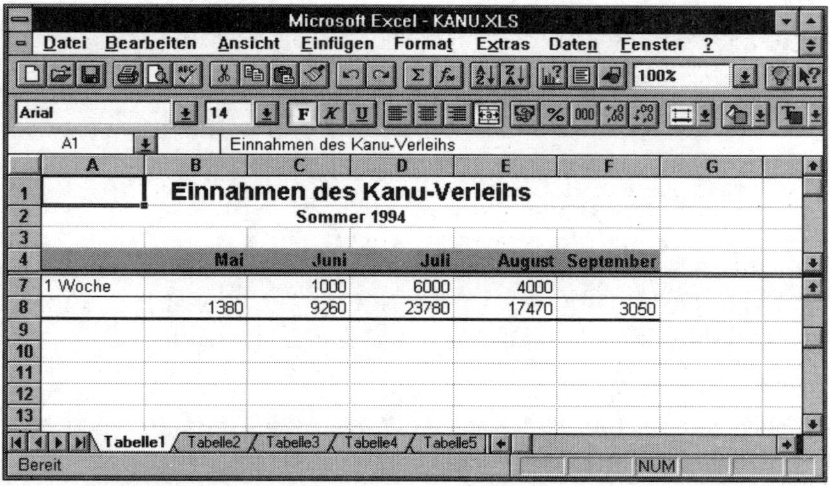

Bild 2.11: Verschobener unterer Bereich

2.2 Arbeiten mit Fenstern

Klicken Sie nun das Eingabefeld in Ihrer Tabelle an, können Sie alle Daten eingeben und dabei immer Ihre Spalten- bzw. Zeilenbeschriftung sehen. Den Bereich in Ihrer Tabelle wechseln Sie durch Anklikken mit Ihrer Maus oder mit der Taste F6.

Fenster fixieren

Manchmal ist es verwirrend, daß sich auch die Bereiche mit den Überschriften der Zeilen und Spalten verschieben lassen. In aller Regel ist dies auch nicht notwendig. Zum Festhalten der Überschriften selektieren Sie FENSTER FIXIEREN in FENSTER. Die Fixierung können Sie in FENSTER mit FIXIERUNG AUFHEBEN wieder rückgängig machen.

Fixierte Trennungslinien sind nur noch als dünne einfache Linien am Bildschirm zu sehen. Jetzt können Sie den Bildausschnitt nur noch im rechten oder unteren Bereich bewegen.

Automatisches Unterteilen von Fenstern

Für die Unterteilung von Fenstern können Sie auch die Hilfe von Excel in Anspruch nehmen. Excel unterteilt dabei ein Tabellenfenster automatisch über und links von der aktuellen Zelle. Selektieren Sie dazu in FENSTER die Option TEILEN.

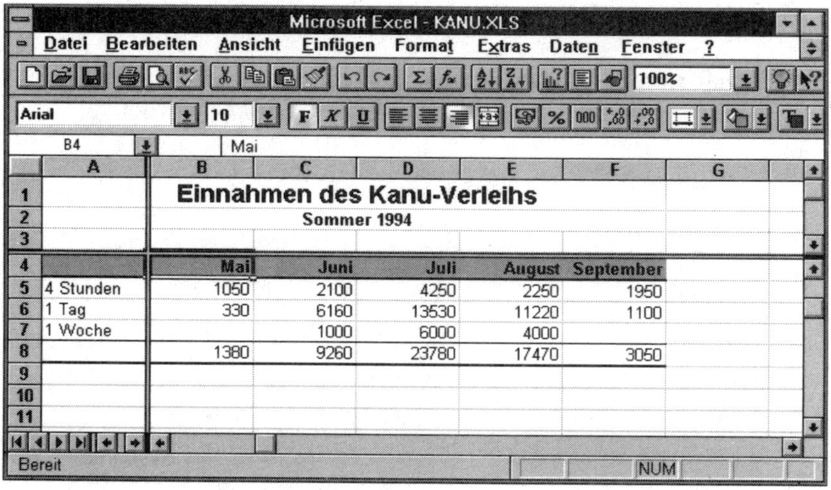

Bild 2.12: Automatisch unterteiltes Fenster

2.2.2 Fenster, so weit das Auge reicht

Fenster sind die Grundlage der grafischen Oberfläche »Windows«. Excel nutzt die vielfältigen Möglichkeiten, die die Fenstertechnik bietet. Wir möchten Ihnen im folgenden beschreiben, wie Sie als Anwender Fenster für die eigene Arbeit effektiv einsetzen können.

Mehrere Fenster für ein Arbeitsblatt

Excel bietet zwei Verfahren an, um weit auseinanderliegende Teile des Arbeitsblattes zur gleichen Zeit auf dem Bildschirm zu sehen. Das erste Verfahren haben Sie schon kennengelernt. Im vorangegangenen Abschnitt wurden die Möglichkeiten zum Unterteilen von Fenstern beschrieben. Unterteilte Fenster sind dafür gedacht, um z.B. Überschriften und ähnliches sichtbar zu halten. Das zweite Verfahren bietet Ihnen mehr Flexibilität und ist für unsere Problemstellung leichter handhabbar. Mit Hilfe des Befehls FENSTER • NEUES FENSTER können Sie weitere Fenster für Ihr Arbeitsblatt öffnen. In jedem der Fenster können Sie unabhängig voneinander verschiedene Bereiche Ihres Arbeitsblattes anwählen. Die maximale Anzahl der zusätzlichen Fenster wird nur durch den Arbeitsspeicher Ihres PCs begrenzt. Die neu geöffneten Fenster werden von Excel durchnumeriert. Die Nummer wird, durch einen Doppelpunkt getrennt, dem Namen der Datei nachgestellt. Dies ist im Bild 2.13 dargestellt.

Beim Speichern Ihres Arbeitsblattes werden alle zusätzlichen Fenster mit abgelegt, so daß sie beim Laden der Datei wieder zur Verfügung stehen.

2.2 Arbeiten mit Fenstern

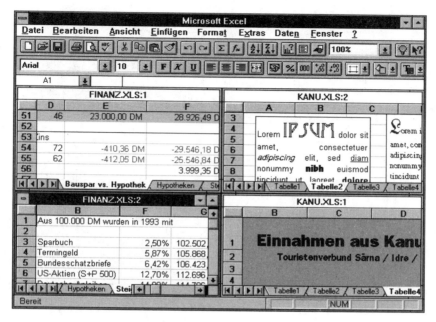

Bild 2.13: *Durchnumerierte Fenster*

Schließen von Fenstern

So praktisch die Arbeit mit mehreren Fenstern auch ist, so schnell kommt man an den Punkt, an dem man den Überblick verliert. Aber Excel hilft Ihnen, wenn Sie sich wie der Zauberlehrling fühlen, der die Geister (bzw. Fenster), die er gerufen hat, nicht wieder los wird.

Möchten Sie zusätzliche Fenster schließen, wählen Sie im Systemmenü des Fensters den entsprechenden Befehl SCHLIEßEN aus oder benutzen Sie die Tastenkombination [Strg]+[F4]. Sehen Sie dazu auch das nächste Bild.

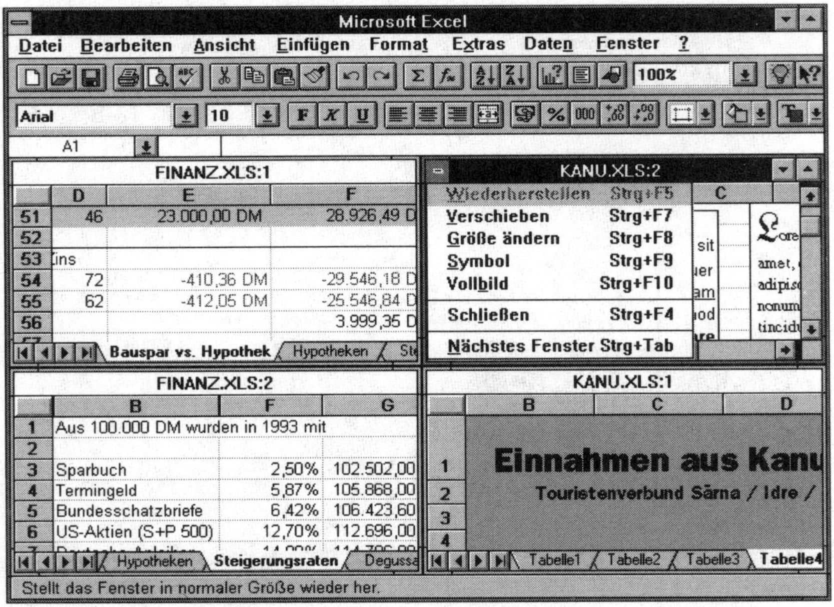

Kapitel 2 So behalten Sie den Überblick

Bild 2.14: Systemmenü eines Fensters

Wechseln von Fenstern

Normalerweise wechseln Sie das aktive Fenster, indem Sie ein anderes anklicken. Was aber, wenn das Fenster, das Sie aktivieren wollen, von anderen überdeckt ist? Über den Menüpunkt FENSTER erhalten Sie eine Liste der geladenen Dateien und deren Fenster. Durch Anwahl der gewünschten Datei über die vorangestellte Zahl oder durch Anklicken mit der Maus wird das Fenster nach vorn geholt.

Ordnung ist das halbe Leben

Excel bietet Ihnen Befehle, um die Vielzahl Ihrer Fenster übersichtlich am Bildschirm anzuordnen. Wählen Sie dazu FENSTER • FENSTER ANORDNEN. Im Dialogfeld FENSTER ANORDNEN finden Sie vier Varianten, wie Sie Ihre Fenster gruppieren können.

2.2 Arbeiten mit Fenstern

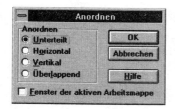

Bild 2.15: Dialogfeld zu FENSTER • FENSTER ANORDNEN

Die Auswahl UNTERTEILT verteilt die offenen Fenster gleichmäßig innerhalb des Excel-Fensters. Mit HORIZONTAL werden alle Fenster über die volle Breite des Anwendungsfensters dargestellt und sind untereinander angeordnet. Die Option VERTIKAL ordnet die Fenster nebeneinander an. Die Auswahl ÜBERLAPPEND legt die Fenster versetzt übereinander.

Wählen Sie den Punkt FENSTER DER AKTIVEN ARBEITSMAPPE an, so werden alle Fenster der aktiven Arbeitsmappe in den Vordergrund geholt. Fenster anderer Dokumente plaziert Excel in den Hintergrund.

Verstecken von Fenstern

Benötigen Sie geladene Fenster gerade nicht, so können Sie sie ausblenden. Mit dem Punkt AUSBLENDEN im Menü FENSTER wird das Fenster versteckt. Das Arbeitsblatt ist damit aber noch nicht geschlossen, sondern nur unsichtbar.

Über EINBLENDEN machen Sie ein ausgeblendetes Fenster wieder sichtbar.

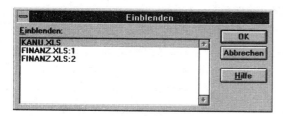

Bild 2.16: Dialogfeld zu FENSTER • EINBLENDEN

Kapitel 2 So behalten Sie den Überblick

Darstellung als Symbol

Excel kennt noch eine weitere Möglichkeit, Fenster vorübergehend auszublenden. Sie können mit Hilfe des Abwärtspfeils rechts oben im Fenster oder des jeweiligen Systemmenüs Fenster minimieren. Dadurch werden sie als Symbol innerhalb des Excel-Anwendungsfensters abgelegt.

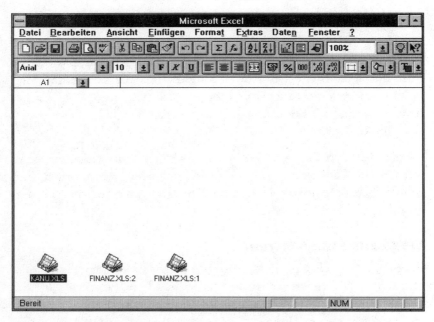

Bild 2.17: Arbeitsblätter als Symbole

Die Symbole werden wie alle Symbole in Windows behandelt: Ein Doppelklick auf das Symbol erweckt es wieder zum Leben, während ein einfacher Klick das Systemmenü des jeweiligen Fensters öffnet.

Mit Hilfe des Menüpunkts FENSTER • SYMBOLE ANORDNEN, der nur erscheint, wenn Sie Fenster zu Symbolen verkleinert haben, können Sie Ihre Symbole im Excel-Anwendungsfenster ordnen.

Zoom

Für jedes Fenster können Sie die Größe der Darstellung festlegen. Mit Hilfe des Befehls ANSICHT • ZOOM oder des Drop-down-Feldes auf der Standard-Symbolleiste ist eine Vergrößerung bzw. Verkleinerung der Darstellung in Schritten von 200%, 100%, 75%, 50% oder 25% möglich. Mit Hilfe der Auswahl BENUTZERDEFINIERT können Sie den Zoom-Faktor stufenlos zwischen 10% und 400% einstellen.

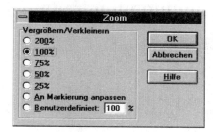

Bild 2.18: Dialogfeld zu ANSICHT • ZOOM

Neben den fest eingestellten Auswahlwerten bietet dieses Dialogfeld zwei weitere Optionen: AN MARKIERUNG ANPASSEN paßt die aktuelle Selektion, d.h. Ihre markierten Zellen, in das Fenster ein. Über BENUTZERDEFINIERT können Sie eigene Prozentsätze vorgeben. In Bild 2.19 auf der folgenden Seite sehen Sie Arbeitsblätter in verschiedenen Vergrößerungen bzw. Verkleinerungen.

Kapitel 2 So behalten Sie den Überblick

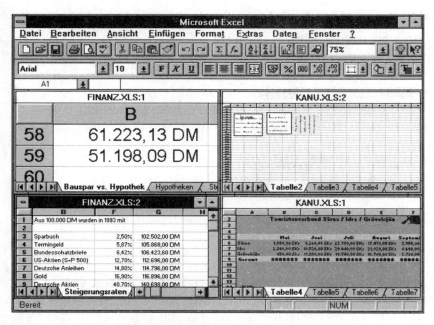

Bild 2.19: Arbeitsblätter in verschiedenen Größen

2.3 Ansichten

Arbeitsblätter verändern sich ständig, sie werden ergänzt und verbessert. Sie bewegen den Cursor auf dem Arbeitsblatt, lassen sich verschiedene Bereiche anzeigen und definieren Druckbereiche. Mit Hilfe des Befehls ANSICHT • ANSICHTEN-MANAGER können Sie verschiedene Ansichten mit Anzeigeoptionen und Druckeinstellungen benennen. Um zu einer Ansicht und Einstellung zurückzukehren, müssen Sie nur den entsprechenden Namen der Ansicht selektieren.

Sollte der Befehl ANSICHTEN nicht in Ihrem Menü auftauchen, so ist der entsprechende Excel-Zusatz, auch Add-In genannt, nicht geladen. Bei einer Excel-Standardinstallation wird dieser Zusatz normalerweise in das Menü eingebaut. Um dieses Add-in nachträglich zu installieren, wählen Sie EXTRAS • ADD-IN-MANAGER und klicken Sie die entsprechende Option an.

2.3 Ansichten

Benennen einer Ansicht

Rufen Sie mit dem Befehl ANSICHT • ANSICHTEN-MANAGER das folgende Dialogfenster auf.

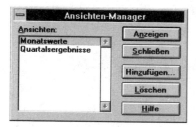

Bild 2.20: Dialogfeld zu ANSICHT • ANSICHTEN-MANAGER

Die Schaltfläche HINZUFÜGEN öffnet ein weiteres Dialogfeld, in dem Sie den Namen der Ansicht bestimmen können. Zudem können Sie hier definieren, ob die Seiteneinrichtung bzw. versteckte Zeilen und Spalten in die Ansicht einbezogen werden sollen.

Bild 2.21: Dialogfeld ANSICHT HINZUFÜGEN

Anzeigen einer Ansicht

Um eine benannte Ansicht aufzurufen, wählen Sie den entsprechenden Namen im Dialogfeld ANSICHT aus und aktivieren Sie die Schaltfläche ANZEIGEN.

Löschen einer Ansicht

Mit Hilfe der Schaltfläche LÖSCHEN entfernen Sie definierte Ansichten aus Ihrem Arbeitsblatt.

Kapitel 2   So behalten Sie den Überblick

2.4 Gruppenarbeit

Excel ermöglicht es Ihnen, im sogenannten Gruppen-Modus mehrere Arbeitsblätter gleichzeitig zu bearbeiten. Wir haben zur besseren Erklärung ein einfaches Beispiel entwickelt. Das folgende Bild zeigt Ihnen eine einfache Einnahmen-Ausgaben-Rechnung.

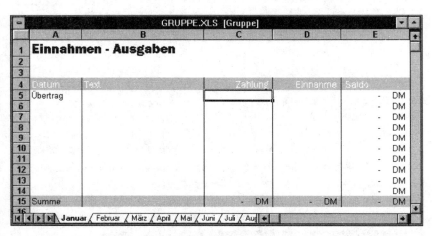

Bild 2.22: Einnahmen-Ausgaben-Blatt

Am unteren Rand des Fensters sehen Sie, daß wir die Registerlaschen der einzelnen Arbeitsblätter mit Monatsnamen versehen haben, denn die Einnahmen und Ausgaben eines Monats sollen jeweils auf ein eigenes Blatt.

Es wäre jetzt mühsam, die Texte, Formeln und Formatierungen für jeden Monat erneut einzutippen. Schneller ist es dann schon, das Blatt für den Januar fertig zu stellen und auf die anderen Monate zu kopieren.

Die schnellste Methode jedoch ist die Verwendung des Gruppen-Modus. Sie können die Arbeitsblätter so anwählen und markieren, daß Texte, Formeln und Formatierungen, die Sie auf einem Blatt eintragen, automatisch auf alle markierten, d.h. gruppierten Arbeitsblätter übernommen werden.

2.4 Gruppenarbeit

In unserem Beispiel haben wir die zwölf Monate gruppiert. Zur Markierung der Arbeitsblätter stehen Ihnen mehrere Wege offen.

- Wählen Sie im Kontextmenü der Registerlasche den Punkt ALLE BLÄTTER AUSWÄHLEN an, um alle Blätter einer Arbeitsmappe zu markieren.
- Sie können einzelne Blätter zu einer Gruppe hinzufügen, indem Sie die Registerlasche der jeweiligen Arbeitsblätter bei gedrückter [Strg]-Taste anklicken oder
- Sie klicken das erste gewünschte Blatt an und selektieren dann das letzte Blatt für die Gruppe bei gehaltener [⇧]-Taste an. Alle Blätter zwischen dem ersten und dem letzten werden markiert.

Nachdem die zwölf Blätter unseres Beispiels markiert sind, haben wir Texte, Formeln und Formatierungen in das Arbeitsblatt Januar eingetragen. Durch den Gruppierungsmodus, der übrigens in der Titelleiste des Blattes mit [Gruppe] angezeigt wird, werden alle Eintragungen im Blatt Januar auf alle gruppierten Arbeitsblätter übertragen.

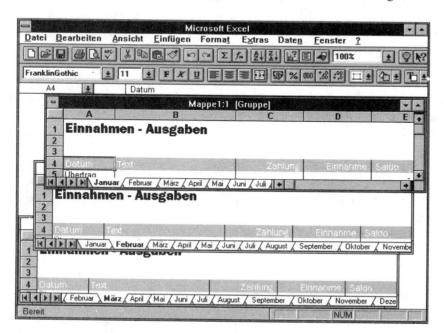

Bild 2.23: Gruppierte Arbeitsblätter

Auf diese Weise haben wir sehr schnell alle zwölf Blätter identisch ausgefüllt. Lösen Sie die Gruppe im Kontextmenü mit GRUPPIERUNG AUFHEBEN wieder auf, so können Sie anschließend jedes Blatt einzeln weiterbearbeiten.

2.5 Symbolleisten

Dieser Abschnitt behandelt den Einsatz und die Verwendung von Symbolleisten. Schaltflächen auf Symbolleisten erlauben einen schnelleren Zugriff auf Befehle und Funktionen. Oft ist es der Fall, daß die Schaltflächen, die man benötigt, auf verschiedenen Symbolleisten verteilt sind. Aktiviert man alle Symbolleisten, bleibt oft nur noch eine kleine Excel-Arbeitsfläche zurück. Zum Glück lassen sich jedoch Symbolleisten sehr leicht an eigene Bedürfnisse anpassen. Sie können sowohl vorhandene Symbolleisten anpassen als auch neue, persönliche kreieren und so den Überblick auf einem Arbeitsblatt behalten. Jede Änderung der Symbolleisten wird beim Verlassen von Excel gespeichert und beim Starten einer neuen Arbeitssitzung erneut aufgerufen.

2.5.1 Der Umgang mit Symbolleisten

Sie laden eine andere Symbolleiste, indem Sie eine Stelle des Hintergrundes der eingeblendeten Symbolleiste mit der rechten Maustaste anklicken. In dem so geöffneten Kontextmenü läßt sich eine andere Leiste durch Anklicken auswählen.

Wenn Sie eine Symbolleiste verschieben möchten, klicken Sie diese an einer Stelle des Hintergrundes an und schieben Sie sie an den gewünschten Ort.

Um eine Symbolleiste auszublenden, selektieren Sie sie entweder erneut im Kontextmenü oder ziehen Sie sie auf das Arbeitsblatt, so daß sie mit ihrer Titelleiste angezeigt wird und selektieren Sie das Systemmenüfeld.

2.5.2 Symbolleisten anpassen

Microsoft hat einiges an Aufwand betrieben, um herauszufinden, welche Funktionen am häufigsten benutzt werden, um diese als Tasten auf die Symbolleiste zu legen. Trotzdem kommt es vor, daß man selbst eine andere Taste oft braucht und auch diese gerne auf der Symbolleiste liegen hätte. Nichts einfacher als das. Klicken Sie die Standard-Symbolleiste mit der rechten Maustaste an und selektieren Sie die Option BENUTZERDEFINIERT, um das im folgenden Bild gezeigte Dialogfeld zu öffnen.

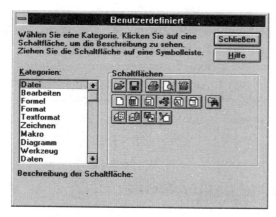

Bild 2.24: Dialogfeld zu BENUTZERDEFINIERT

Klicken Sie eine der dargestellten Taste an, so finden Sie links unten die Beschreibung ihrer Funktion. Benötigen Sie eine der Tasten auf einer Symbolleiste, so verschieben Sie sie einfach mit Hilfe Ihrer Maus auf diese Leiste. Wir haben auf diese Weise die Zeichnen-Symbolleiste um die zwei Schaltflächen unten rechts im Fenster der Symbolleiste aus der Kategorie ZEICHNEN ergänzt.

Kapitel 2 So behalten Sie den Überblick

Bild 2.25: Erweiterte Zeichnen-Symbolleiste

Um Tasten auf der Symbolleiste in Gruppen anordnen zu können, ziehen Sie einfach mit der Maus an der entsprechenden Taste, um Platz zwischen den Tasten zu schaffen, oder ziehen Sie sie ganz an die vorangehende heran, um sie direkt daneben anzuordnen.

2.5.3 Eigene Symbolleisten kreieren

Möchten Sie eine eigene Symbolleiste mit Ihrer individuellen Sammlung an Schaltflächen erstellen, aktivieren Sie mit Hilfe von OPTIONEN oder über das Kontextmenü das Dialogfeld SYMBOLLEISTEN.

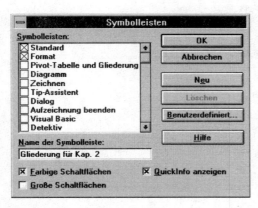

Bild 2.26: Dialogfeld zu OPTIONEN • SYMBOLLEISTEN

2.5 Symbolleisten

Überschreiben Sie das Eingabefeld unter NAME DER SYMBOLLEISTE mit Ihrem eigenen. Klicken Sie dann die Taste NEU oder BENUTZERDEFINIERT an, um das in Bild 2.26 dargestellte Dialogfeld zu öffnen. Dadurch wird auf Ihrem Arbeitsblatt eine neue Symbolleiste angezeigt, auf die Sie durch Verschieben die benötigten Tasten bringen können.

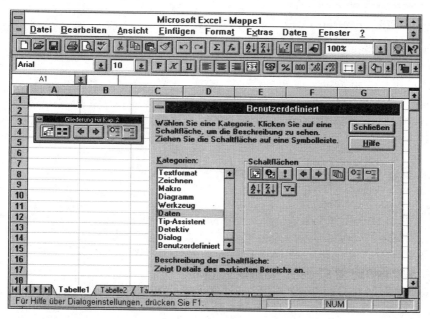

Bild 2.27: Neue Symbolleiste

Wir haben für Bild 2.27 eine benutzerdefinierte Symbolleiste zusammengestellt, die Sie im nächsten Abschnitt, »Gliederungen«, verwenden können.

Überflüssige Symbolleisten löschen Sie im Dialogfeld zu SYMBOLLEISTEN mit der LÖSCHEN-Taste.

Optionen

In Bild 2.26 bieten drei Optionsfelder noch weitere Einstellungsmöglichkeiten. Ist die Option FARBIGE SCHALTFLÄCHEN nicht angeklickt, so werden alle Symbole in den Symbolleisten schwarzweiß angezeigt. Auf monochromen Monitoren oder auf Notebook- und Laptop-Bildschirmen sind die Symbole oft besser zu erkennen, wenn sie nicht farbig dargestellt werden.

Mit GROßE SCHALTFLÄCHEN können Sie beispielsweise bei hochauflösender Darstellung große Schaltflächen anzeigen lassen.

Die kleinen gelben Hilfestellungen, QUICKINFO, die angezeigt werden, wenn Sie Ihren Mauszeiger länger auf einer Schaltfläche stehen lassen, können mit der entsprechenden Option ein- oder ausgeschaltet werden.

2.6 Gliederungen

Das Gliedern von Arbeitsblättern bietet eine weitere Möglichkeit, bei großen Tabellen den Überblick zu behalten. Sowohl bei der Definition von Unterfenstern wie auch bei der Teilung eines Fensters sind die Möglichkeiten und nicht zuletzt der Platz auf dem Monitor begrenzt. Das Ausblenden von einzelnen Zeilen oder Spalten bringt zwar die gewünschten Ergebnisse, ist aber etwas umständlich zu handhaben. Durch eine Gliederung der Tabelle können Sie weniger wichtige Zeilen und Spalten einfach verstecken.

Automatische Gliederung

Im folgenden Bild ist eine Umsatzstatistik zu sehen. Mit Hilfe der Gliederungstechnik werden jetzt die drei Zeilen der Bezirke ausgeblendet. Dazu werden zunächst diese Zeilen markiert.

2.6 Gliederungen

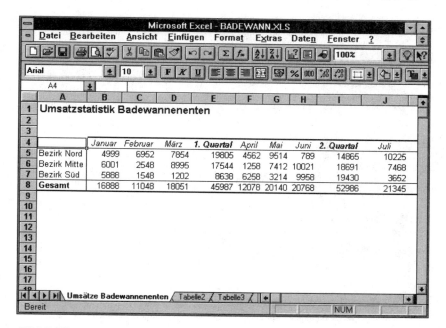

Bild 2.28: Ausgangstabelle

Mit DATEN • GLIEDERUNG • AUTOGLIEDERUNG weisen Sie Excel an, Ihre Tabelle zu gliedern. Excel versucht, bei der automatischen Gliederung Ihr Arbeitsblatt zu interpretieren und Gliederungsstufen einzubauen. Dabei orientiert sich Excel an den Bezügen der Zellen im Gliederungsbereich. In den obigen Beispielen würde Excel beispielsweise die Summenformeln als Anhaltspunkte benutzen, die beispielsweise in Zeile 8 und in den Spalten E, I und weiteren stehen.

Kapitel 2 So behalten Sie den Überblick

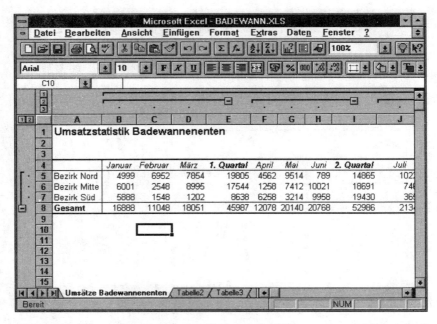

Bild 2.29: Mit AutoGliederung gegliederte Tabelle

Am linken und oberen Rand des Fensters wird die Gliederungstiefe angezeigt. Durch Anwählen des Minuszeichens oder DATEN • GLIEDERUNG • DETAIL AUSBLENDEN verschwinden die Zeilen oder Spalten, die im Gliederungsrandbereich mit einem Punkt versehen sind. Alle Rechenanweisungen in den versteckten Zeilen sind weiterhin aktiv. Eine Gliederung kann bis zu acht Stufen tief sein.

Wenn Sie das Pluszeichen oder DATEN • GLIEDERUNG • DETAIL EINBLENDEN wählen, werden die markierten Zeilen wieder eingeblendet.

Für das Aus- und Einblenden können Sie auch die beiden links abgebildeten Schaltflächen der Symbolleiste »Pivot-Tabelle und Gliederung« verwenden.

Im nächsten Bild sehen Sie das Zusammenziehen für Quartals- und Jahresergebnisse.

2.6 Gliederungen

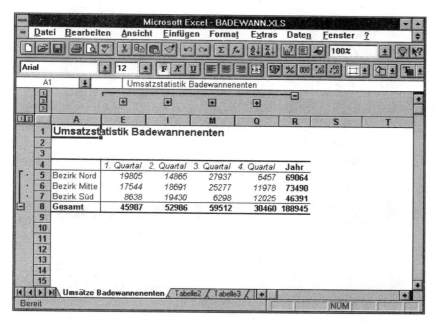

Bild 2.30: *Quartalsergebnisse*

Eine weitere Möglichkeit zum Anwählen einer Gliederungsebene bieten die kleinen Zahlen oben oder links des Gliederungsbereichs. Klikken Sie das entsprechende Tastenfeld mit der Zahl der gewünschten Gliederungsebene an, so wird Excel die Gliederung dieser Ebene anzeigen oder aufheben.

Ein Beispiel für die Verwendung der Zahlenfelder kann an obigem Bild gegeben werden. Angenommen, Sie möchten nur die Quartalsergebnisse sehen. Dann müßten Sie in unserem Beispiel bis zu viermal das Minuszeichen der zweiten Ebene anklicken, um alle Einzelmonate auszublenden. Einfacher wäre hier jetzt das Anwählen der kleinen Zwei, um mit einem Mausklick für die gesamte zweite Ebene die gegliederten Zellen ein- oder auszublenden.

Kapitel 2 So behalten Sie den Überblick

Manuelle Gliederung

Sie können Ihre Tabellen auch manuell gliedern, d.h., Sie müssen sich nicht darauf verlassen, daß Excel mit der AutoGliederung eine sinnvolle Gliederung findet.

Markieren Sie die Spalten oder Zeilen, die gegliedert werden sollen und rufen Sie DATEN • GLIEDERUNG • GRUPPIERUNG auf oder drücken Sie die links dargestellte Tastenfläche oder geben Sie die Tastenkombination [Alt]+[⇧]+[→] ein. Die Markierung wird entsprechend gegliedert.

Bild 2.31: *Links markiert, rechts gegliedert*

Markieren Sie nur einen Bereich von Zellen und nicht eine gesamte Spalte oder Zeile, wird das folgende Dialogfeld angezeigt, in dem Sie festlegen können, ob Sie Spalten oder Zeilen gliedern möchten.

Bild 2.32: *Dialogfeld GRUPPIERUNG*

Mit DATEN • GLIEDERUNG • GRUPPIERUNG AUFHEBEN, der links abgebildeten Tastenfläche oder mit [Alt]+[⇧]+[←] können Sie Ihre Gliederungen wieder rückgängig machen.

2.6 Gliederungen

Einrichten der Gliederung

Für die Gliederung lassen sich in dem im folgenden Bild dargestellten Dialogfeld eine Reihe von Einstellungen festlegen. Sie erhalten das Dialogfeld über DATEN • GLIEDERUNG • EINRICHTEN.

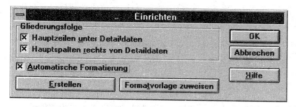

Bild 2.33: Dialogfeld zu DATEN • GLIEDERUNG • EINRICHTEN

Mit Hilfe des Tastenfelds ERSTELLEN können Sie Ihre ausgewählten Bereiche gliedern lassen. Bei der automatischen Gliederung kann Excel Zellformatierungen einfügen, um Gliederungen hervorzuheben. Dazu muß der Punkt AUTOMATISCHE FORMATIERUNG angeklickt sein.

Mit FORMATVORLAGE ZUWEISEN läßt sich eine Gliederung nachträglich mit Gliederungsformatierungen versehen.

Mit der Tastenkombination [Strg]+[7] können Sie die Gliederungssymbole ein- oder ausblenden. Ihr Arbeitsblatt wird bei ausgeblendeten Gliederungssymbolen wie gewohnt angezeigt, die Gliederungen bleiben aber aktiv. Den gleichen Effekt können Sie übrigens auch über das Register ANSICHT im Registerdialogfeld zu EXTRAS • OPTIONEN erreichen, indem Sie den Auswahlpunkt GLIEDERUNGSSYMBOLE entsprechend ein- oder ausschalten.

Auswerten von Daten 3

Sortieren von Daten	**50**
Datenbankmasken	**54**
Filter	**57**
Teilergebnisse	**63**

Kapitel 3 Auswerten von Daten

Für Listen mit Daten bietet Excel eine Reihe von Bearbeitungsmöglichkeiten und Funktionen. Die Daten in Listen werden in Excel oft als Datenbank bezeichnet. Eine Datenbank innerhalb einer Tabellenkalkulation ist nicht mit einem professionellen Datenbankprogramm zu vergleichen, aber die angebotenen Befehle und Funktionen für die Bearbeitung von Listen und »Datenbanken« können jedoch die Arbeit erleichtern.

Zusätzlich zu den Excel-eigenen Datenbankfunktionen liefert Microsoft das Programm MS-Query aus. Mit Hilfe von MS-Query lassen sich Dateien anderer Datenbankprogramme bearbeiten und abfragen. Zu MS-Query finden Sie ein entsprechendes Kapitel in diesem Buch.

3.1 Sortieren von Daten

Mit dem Befehl SORTIEREN aus dem Menü DATEN lassen sich die Bereiche Ihrer Kalkulation sortieren. Es kann jeder markierte Bereich sortiert werden. Im nächsten Bild sind die Aktienkurse alphabetisch nach den Namen der Firmen sortiert. Um die Kurse nach dem Wert zu sortieren, markieren Sie die zu sortierenden Daten.

3.1 Sortieren von Daten

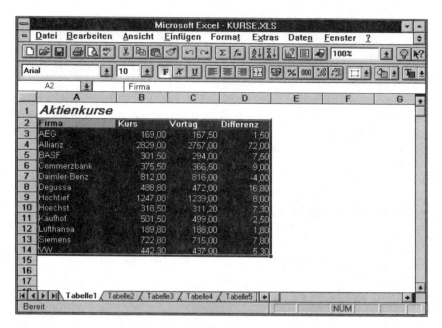

Bild 3.1: *Bereich zum Sortieren markiert*

Nach der Auswahl des Befehls SORTIEREN erhalten Sie das folgende Dialogfeld:

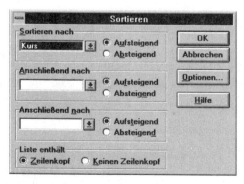

Bild 3.2: *Dialogfeld zu* DATEN • SORTIEREN

Kapitel 3   Auswerten von Daten

Die drei Gruppen sind für die Angabe der Sortierschlüssel bestimmt. Geben Sie hier die Spalte an, nach der Excel sortieren soll. Im Beispiel wurden die Kurswerte ausgewählt, und zwar in aufsteigender Reihenfolge, d.h. die kleinen Werte zuerst. In der Gruppe LISTE ENTHÄLT können Sie einstellen, ob die erste Zeile, der ZEILENKOPF, mit in die Sortierung einbezogen werden soll. Haben Sie einen Zeilenkopf mit Überschriften für die einzelnen Spalten definiert, so möchten Sie diesen normalerweise nicht mit einsortieren.

Nach dem Starten des Ordnungslaufs erhalten Sie das folgende Bild:

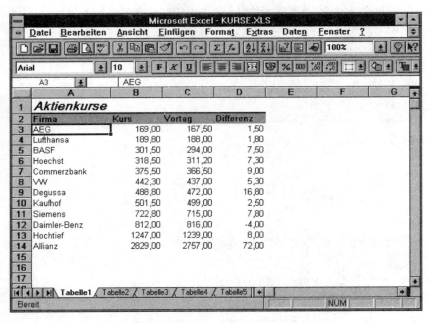

Bild 3.3: Nach Kurs sortierter Bereich

Excel bietet die Möglichkeit zum mehrstufigen Sortieren, d.h., durch die Angabe eines zweiten bzw. dritten Sortierschlüssels kann man innerhalb eines Sortierbegriffs weiter ordnen. Als Beispiel sei die Sortierung nach Namen erwähnt. Hier kann es durchaus vorkommen, daß Sie drei Müller im Sortierbereich haben. Deren Reihenfolge ist dann nicht bestimmt. Durch die Hinzunahme z.B. des Vornamens

3.1 Sortieren von Daten

oder des Geburtsdatums als zweiten bzw. dritten Schlüssel können Sie die »Müllers« in die richtige Reihenfolge bringen.

In der Symbolleiste finden Sie zwei Tasten, mit deren Hilfe Sie auf- oder absteigend sortieren können. Der Sortierschlüssel im Bereich ist die Spalte mit der aktuellen Zelle.

> **Hinweise (Sortieren):** Bei größeren Datenmengen und bei mehrstufigem Sortieren kann der Sortiervorgang je nach der Leistung Ihres PCs längere Zeit in Anspruch nehmen.

Im Dialogfeld SORTIEREN (Bild 3.2) finden Sie die Schaltfläche OPTIONEN, die das folgende Dialogfeld aufruft.

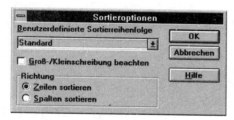

Bild 3.4: Sortieroptionen

Bestimmen Sie hier eine BENUTZERDEFINIERTE SORTIERREIHENFOLGE und die RICHTUNG, in der sortiert werden soll. Durch Anklicken der Option GROSS-/KLEINSCHREIBUNG BEACHTEN wird die Schreibweise Ihrer Tabelleneinträge beim Sortieren beachtet.

Benutzerdefinierte Suchreihenfolgen erlauben Ihnen, die Sortierung in einer von Ihnen bestimmten Art und Weise vorzunehmen.

Kapitel 3 Auswerten von Daten

3.2 Datenbankmasken

Anhand eines Beispiels sind die Funktionen der Datenbankmaske einfach zu erklären. Im nächsten Bild sind einige Aktienkurse zu sehen.

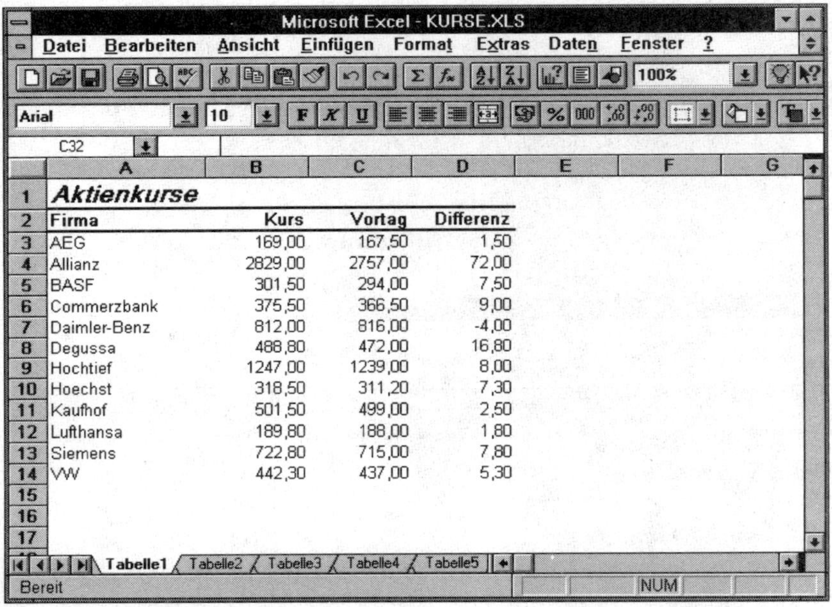

Bild 3.5: Kurstabelle

Wenn Sie zu diesen Kursen weitere hinzufügen oder die vorhandenen abändern möchten, so müssen Sie beim Eintippen darauf achten, immer die richtige Zeile und Spalte zu benutzen und so weiter. Excel bietet Ihnen hier zur Erleichterung eine bequeme Maske zur Eingabe und Änderung Ihrer Daten.

Markieren Sie hierzu die entsprechenden Daten zusammen mit den Überschriften der Spalten. Diese Überschriften sollten die Einträge der jeweiligen Spalten charakterisieren, denn Excel benutzt diese Angaben später in den Masken als Feldnamen.

3.2 Datenbankmasken

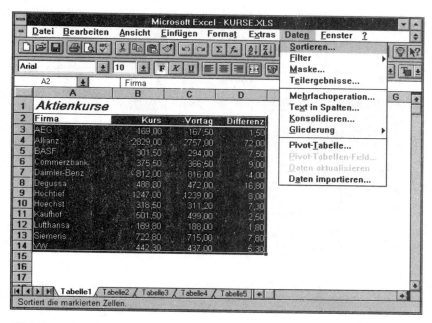

Bild 3.6: Menü DATEN

Wählen Sie danach den Punkt MASKE im Menü aus. Sie erhalten dann eine solche oder ähnliche Maske am Bildschirm, wie sie im nächsten Bild gezeigt wird.

Kapitel 3 Auswerten von Daten

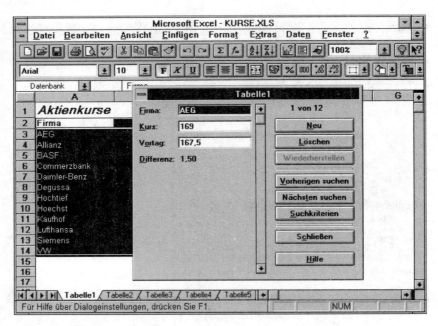

Bild 3.7: Datenbankmaske

Wie Sie sehen, hat Excel die Spaltenüberschriften für die Benennung der Felder herangezogen. Sollten Sie keine Überschriften definiert haben, so interpretiert Excel einfach die Zellen der ersten Zeile als Feldnamen. Dies ist jedoch nicht sehr sinnvoll.

Mit Hilfe des Rollbalkens in der Mitte des Dialogfeldes können Sie sich datensatzweise im Listenbereich bewegen. Dasselbe ist mit den Pfeiltasten ⬆ und ⬇ möglich. Mit den Tasten auf der rechten Seite des Dialogfelds lassen sich die im folgenden beschriebenen Funktionen aktivieren:

- N EU hängt einen neuen Datensatz, d.h. eine weitere Zeile mit Daten, an den Listenbereich an.
- LÖSCHEN entfernt den aktuellen, d.h. den angezeigten Datensatz, aus der Liste.
- Mit WIEDERHERSTELLEN können Änderungen am Datensatz rückgängig gemacht werden.

3.3 Filter

- Mit den Tasten VORHERIGEN SUCHEN und NÄCHSTEN SUCHEN können Sie von Datensatz zu Datensatz blättern.
- Mit der Taste SUCHKRITERIEN können Bedingungen für das Weiterblättern definiert werden. Im nächsten Bild wurde als Suchkriterium die Bedingung `Kurs>500` vorgegeben. Mit den beiden Suchtasten werden dann nur Zeilen angezeigt, die dieser Bedingung genügen. Sie können auch mehrere Bedingungen gleichzeitig bestimmen.
- Mit der Taste SCHLIEßEN beenden Sie dieses Dialogfeld.

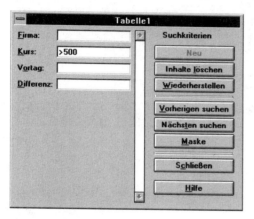

Bild 3.8: Suchbedingungen

Innerhalb des Menüs DATEN gibt es noch weitere Menüpunkte, die sich auf Listenbereiche beziehen.

3.3 Filter

Mit Hilfe von Filtern können Sie Ihre Daten gezielt nach bestimmten Einträgen durchsuchen. Excel bietet Ihnen mit sogenannten AUTOFILTERN ein einfaches und schnelles Hilfsmittel, Ihre Daten auszuwerten. Für komplexere Probleme können Sie Spezialfilter einsetzen.

Kapitel 3 Auswerten von Daten

3.3.1 AutoFilter

Zur Definition von AUTOFILTERN markieren Sie Ihre Daten, wobei die Überschrift mit eingeschlossen werden muß. Hier im Beispiel wäre das der Bereich von A2:D14. Wählen Sie dann den Befehl DATEN • FILTER Untermenü AUTOFILTER.

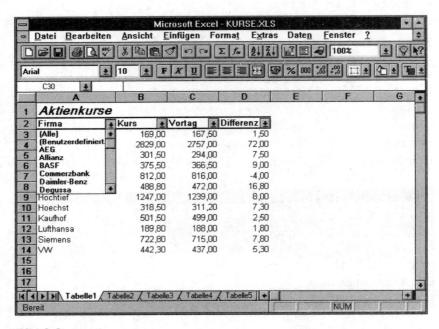

Bild 3.9: AUTOFILTER

Excel legt über die Spaltenüberschriften Auswahlfelder, in denen Sie Kriterien für eine Auswertung der Daten vorgeben können. In Bild 3.9 ist das Auswahlfeld für Firma aufgeklappt. Ist (Alle) angewählt, sind keine Filterbedingungen aktiv. Selektieren Sie einen der unteren Einträge, z.B. AEG, so wird nur die Zeile von AEG gezeigt.

Die Auswahl von (Benutzerdefiniert) bringt das im folgenden Bild dargestellte Dialogfeld auf den Schirm.

3.3 Filter

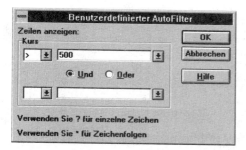

Bild 3.10: Dialogfeld zu BENUTZERDEFINIERTER AUTOFILTER

Ein benutzerdefinierter AUTOFILTER bietet Ihnen weitere Möglichkeiten der Auswertung. Wir haben beispielsweise für die Spalte Kurs den benutzerdefinierten AUTOFILTER so gesetzt (Bild 3.10), daß nur Aktien mit einem Kurs über 500,– DM angezeigt werden. Das Ergebnis ist im folgenden Bild illustriert:

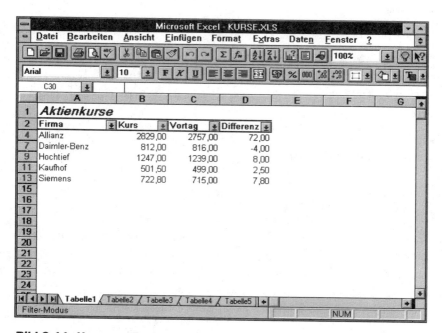

Bild 3.11: Herausgefilterte Kurse

Sind die AUTOFILTER-Bedingungen aktiviert, sind die Zeilenaufschriften und der Drop-Down-Pfeil blau gefärbt und in der Statusleiste wird `Filter-Modus` angezeigt.

Sie können für mehrere Spalten gleichzeitig Bedingungen angeben. Mehrere Kriterien für eine Spalte bestimmen Sie im Dialogfeld BENUTZERDEFINIERTER AUTOFILTER, indem Sie hier bis zu zwei Bedingungen mit UND oder ODER verknüpfen.

Excel kennt auch die Suche mit sogenannten Jokerzeichen. Jokerzeichen sind Platzhalter, die für ein oder mehrere beliebige Zeichen stehen. Ein * steht für beliebig viele Zeichen, ein ? für ein beliebiges Zeichen. Wahrscheinlich sind Ihnen diese Jokerzeichen von DOS her bekannt. Das folgende Suchkriterium findet z.B. alle Firmen in unserer Kurstabelle finden, die mit H anfangen:

`H*`

Die Bedingung

`M??er`

findet z.B. alle Variationen des Namens Meier, wie z.B. Maier, Meyer und so weiter. Nicht gefunden wird aber der Name »Maurer«, denn zwei Fragezeichen stehen für zwei Buchstaben zwischen dem M und dem er.

Die AUTOFILTER-Auswahlfelder (Drop-Down-Felder) werden natürlich nicht mit ausgedruckt.

3.3.2 Spezialfilter

Für den Einsatz von Spezialfiltern müssen Sie einen weiteren Bereich anlegen, der der Spaltenstruktur Ihrer Daten entspricht. Insbesondere muß die erste Zeile die Spaltenüberschriften Ihrer Daten enthalten. Der neue Bereich soll Ihre Suchbedingungen aufnehmen.

Kopieren Sie dafür einfach Ihre Feldnamen in einen Bereich Ihres Arbeitsblattes, der nicht zum Datenbereich gehört. Die Anzahl der Zeilen ist beliebig und hängt nur davon ab, wie viele Bedingungen für die Datenbanksuche Sie gleichzeitig definieren möchten. Achten Sie aber darauf, daß Sie keine Leerzeilen in Ihre Suchkriterien aufnehmen. Da »leere« Kriterien auf alle Datensätze zutreffen, werden auch immer alle Datensätze gefunden.

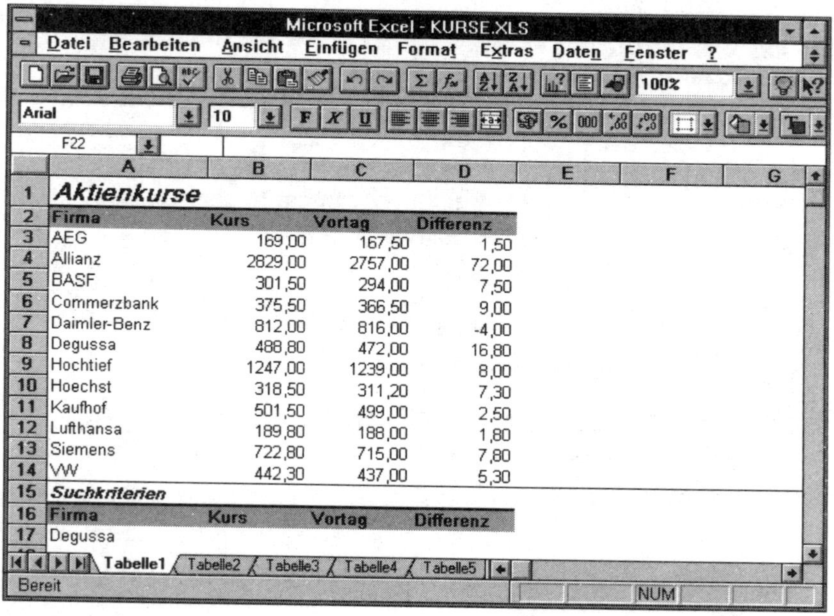

```
                A              B         C         D         E    F    G
 1   Aktienkurse
 2   Firma              Kurs        Vortag      Differenz
 3   AEG                169,00      167,50      1,50
 4   Allianz            2829,00     2757,00     72,00
 5   BASF               301,50      294,00      7,50
 6   Commerzbank        375,50      366,50      9,00
 7   Daimler-Benz       812,00      816,00      -4,00
 8   Degussa            488,80      472,00      16,80
 9   Hochtief           1247,00     1239,00     8,00
10   Hoechst            318,50      311,20      7,30
11   Kaufhof            501,50      499,00      2,50
12   Lufthansa          189,80      188,00      1,80
13   Siemens            722,80      715,00      7,80
14   VW                 442,30      437,00      5,30
15   Suchkriterien
16   Firma              Kurs        Vortag      Differenz
17   Degussa
```

Bild 3.12: Suchkriterienbereich

Tragen Sie jetzt in die Zeilen unter den Spaltenüberschriften des Suchbereichs Ihre Suchkriterien ein. In unserem Bild suchen wir nach der Firma Degussa.

Kapitel 3 Auswerten von Daten

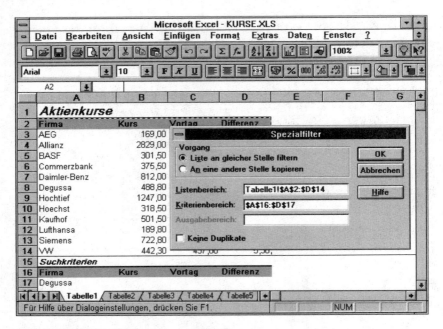

Bild 3.13: Dialogfeld zu SPEZIALFILTER

Im Dialogfeld können Sie in der Gruppe VORGANG bestimmen, ob Sie Ihre Daten nur filtern wollen oder die herausgefilterten Daten in einen Ausgabebereich kopieren möchten. Dieser AUSGABEBEREICH muß im entsprechenden Feld, das nur aktiv ist, wenn AN EINE ANDERE STELLE KOPIEREN angewählt ist, festgelegt werden.

Unter LISTENBEREICH geben Sie den Zellenbereich Ihrer Daten an. Entsprechend wird unter KRITERIENBEREICH die Stelle angegeben, an der Ihre Suchkriterien abgelegt sind.

Mit OK starten Sie die Auswertung. Haben Sie KEINE DUPLIKATE angeklickt, so werden doppelte Datensätze bei der Auswertung unterdrückt.

Wenn Sie mehrere Spalten in einer Zeile des Suchbereichs ausfüllen, so wird ein Datensatz dann ausgewählt, wenn alle Bedingungen zutreffen (UND-Verknüpfung). Wenn Sie mehrere Zeilen mit Bedingungen vorgeben, so wird ein Datensatz dann angesprungen, wenn eine der Zeilen zutrifft (ODER-Verknüpfung).

Wie auch für die AutoFilter sind Abfragen mit * und ? möglich. Es sind auch numerische Abfragen erlaubt. Alle Aktien mit einem Wert größer 500 DM sind durch den folgenden Eintrag in der Spalte KURS feststellbar:

>500

Sollten Sie bei der Eingabe von Suchbedingungen Schwierigkeiten mit den Sonderzeichen bekommen, so beginnen Sie Ihre Bedingung mit einem Gleichheitszeichen und schließen sie in Anführungszeichen ein, beispielsweise:

=">500"

3.4 Teilergebnisse

Eine oft benötigte Funktion bei der Auswertung von Daten sind Zwischensummen. Im folgenden Bild ist eine Tabelle mit Verkaufszahlen dargestellt, die nach der Artikelnummer sortiert sind. Sie möchten jetzt ermitteln, wieviel Stück pro Artikelnummer verkauft wurden. Normalerweise würden Sie jetzt entsprechende Summenformeln in die Tabelle einfügen, um die Zwischensummen zu berechnen, also beispielsweise in Zeile 10 eine Zeile einfügen und in Spalte B die Formel =SUMME(B5:B9) aufnehmen. Bei langen Listen mit vielen Artikeln ist diese Methode sehr arbeitsaufwendig. Verändert sich Ihre Liste, kommen z.B. neue Artikel hinzu, müßten Sie die entsprechenden Formeln ergänzen.

Kapitel 3 Auswerten von Daten

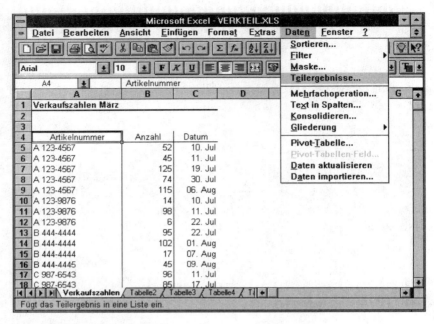

Bild 3.14: Ausgangstabelle

Sinnvoller ist es, Excel die Arbeit zu überlassen. Dazu sind die folgenden Schritte notwendig:

- Sortieren Sie die Tabelle nach der Spalte, für die die Zwischenergebnisse gebildet werden sollen. Hier im Beispiel sind das die Artikelnummern in Spalte A. Die Spalten müssen Überschriften aufweisen. Hier im Beispiel haben wir Artikelnummer, Anzahl und Datum festgelegt.

- Positionieren Sie den Cursor in den Bereich, der ausgewertet werden soll. Excel versucht den Bereich automatisch zu ermitteln. Möchten Sie die automatische Ermittlungsfunktion nicht nutzen, markieren Sie den gewünschten Bereich auf Ihrem Arbeitsblatt.

- Wählen Sie im Menü DATEN den Befehl TEILERGEBNISSE aus. Das folgende Dialogfeld wird geöffnet:

3.4 Teilergebnisse

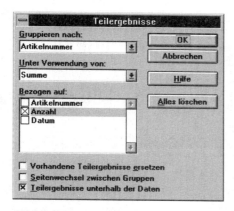

Bild 3.15: Dialogfeld zu DATEN • TEILERGEBNISSE

Die im Dialogfeld in Bild 3.15 festgelegten Einstellungen ermitteln für jede `Artikelnummer` eine Zwischen-`Summe` bezogen auf die `Anzahl` der verkauften Artikel. Die Teilergebnisse werden unterhalb der Daten in die Tabelle eingefügt.

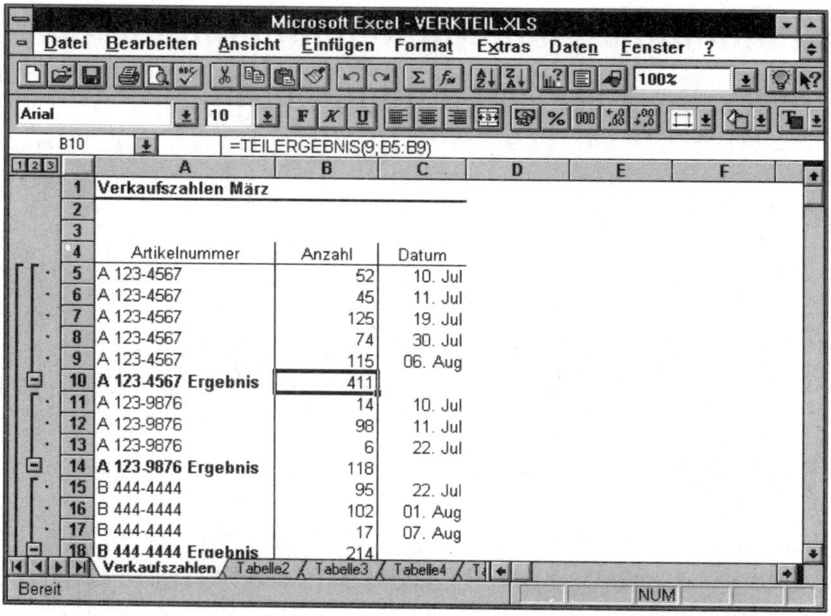

Bild 3.16: Tabelle mit Teilergebnissen

Kapitel 3 Auswerten von Daten

Excel erstellt neue Zeilen für die Zwischenergebnisse und gliedert die Tabelle. Die Gliederung von Arbeitsblättern haben wir in Kapitel 2, »So behalten Sie den Überblick«, besprochen.

Das folgende Bild zeigt nur die Teilergebnisse. Es wurde dazu eine andere Gliederungsebene angewählt.

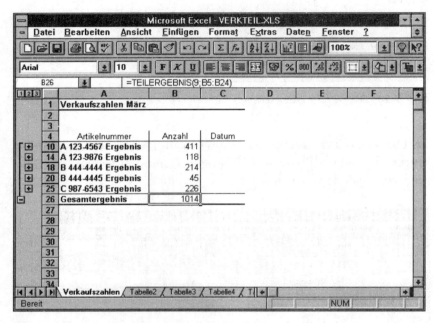

Bild 3.17: Zusammengezogene Ergebnisse

Interessiert Sie neben der Summe auch noch der mittlere Wert der pro Artikelnummer verkauften Einheiten, so können Sie durch einen weiteren Aufruf des Dialogfeldes TEILERGEBNISSE beispielsweise die Mittelwerte bestimmen lassen.

Mögliche mathematische Operationen sind: Summe, Anzahl, Mittelwert, Maximum, Minimum, Produkt, Anzahl (nur Zahlen), Standardabweichung (Stichprobe), Standardabweichung (Grundgesamtheit), Varianz (Stichprobe) und Varianz (Grundgesamtheit). Schlagen Sie bitte die genauen Bedeutungen der Funktionen im Anhang nach.

3.4 Teilergebnisse

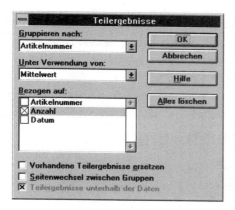

Bild 3.18: Dialogfeld TEILERGEBNISSE

Im Dialogfeld TEILERGEBNISSE in obigem Bild haben wir die Einstellungen für eine Mittelwertermittlung aufgenommen. Das Ergebnis zeigt die folgende Darstellung:

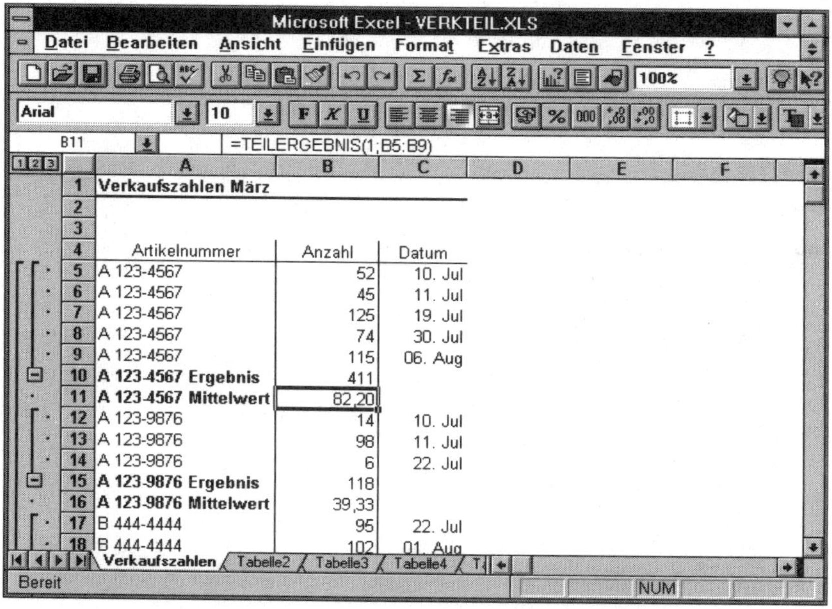

Bild 3.19: TEILERGEBNISSE Summe und Mittelwert

Kapitel 3 Auswerten von Daten

Haben Sie im Dialogfeld TEILERGEBNISSE die Option VORHANDENE TEILERGEBNISSE ERSETZEN angewählt, werden die Zwischensummen durch die Mittelwerte ersetzt. Mit einem SEITENWECHSEL ZWISCHEN GRUPPEN können Sie jedes Teilergebnis auf einer neuen Seite ausgeben. Klicken Sie die Option TEILERGEBNISSE UNTERHALB DER DATEN nicht an, werden die Ergebnisse oberhalb der Daten ausgegeben.

Rechnereien 4

Reihenberechnung 70
Matrixoperationen 76
Komplexe Zahlen 83
Die Fourier-Transformation 86

Kapitel 4 Rechnereien

Schwerpunkt einer Tabellenkalkulation ist die mathematische Aufbereitung von Problemen. In diesem Kapitel behandeln wir einige ausgewählte mathematische Methoden und Funktionen von Excel.

4.1 Reihenberechnung

Für viele Arbeitsblätter benötigen Sie Zahlen- oder Datumsreihen. Es ist sehr einfach, mit Excel Reihen zu berechnen. Schreiben Sie dazu die beiden ersten Zahlen der von Ihnen gewünschten Reihe untereinander und markieren Sie dann diese beiden Zellen, wie Sie es im folgenden Bild links sehen. Mit der Maus können Sie dann an dem kleinen schwarzen Quadrat rechts unten so lange ziehen, wie Ihre Reihe lang werden soll.

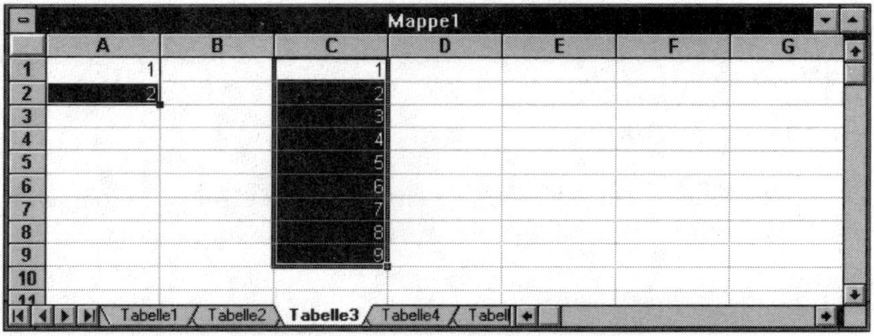

Bild 4.1: Links: markierter Reihenanfang,
Rechts: vervollständigte Reihe

Das folgende Bild soll Ihnen an verschiedenen Beispielen zeigen, welche Reihen Sie auf diese einfache Art und Weise erstellen können. Dabei sind links jeweils die beiden Ausgangszellen abgebildet, rechts finden Sie die damit erstellte Reihe.

4.1 Reihenberechnung

	A	B	C	D	E	F	G	H
1	1	2		1	2	3	4	
2	1	3		1	3	5	7	
3	2	4		2	4	6	8	
4	1	11		1	11	21	31	
5	10	9		10	9	8	7	
6								
7	1 DM	2 DM		1 DM	2 DM	3 DM	4 DM	5
8	1 kg	2 kg		1 kg	2 kg	3 kg	4 kg	5 kg
9	2 Räder	3 Räder		2 Räder	3 Räder	4 Räder	5 Räder	6 Räder
10								
11								
12	01.01.1994	01.02.1994		01.01.1994	01.02.1994	01.03.1994	01.04.1994	01.05.
13	10.01.1994	10.04.1994		10.01.1994	10.04.1994	10.07.1994	10.10.1994	10.01.
14								
15	Ostern 93	Ostern 94		Ostern 93	Ostern 94	Ostern 95	Ostern 96	Ostern 97
16	1. Geburtstag	2. Geburtstag		1. Geburtstag	2. Geburtstag	3. Geburtstag	4. Geburtstag	5. Geburt

Bild 4.2: Verschiedene Reihen

Die erste Reihe ist ein einfaches Hochzählen von Zahlen, in der zweiten Reihe werden nur ungerade, in der dritten nur gerade Zahlen aufgeführt. Die vierte Reihe überspringt immer neun Zahlen, die fünfte zählt von 10 an rückwärts.

Die Reihe in Zeile 7 wurde mit DM formatiert und wie Sie sehen, funktioniert das Bilden von Reihen auch mit formatierten Zahlen. In den beiden darauffolgenden Zeilen wurde Text hinter den Zahlen eingefügt, die Eingabe wird als Text, nämlich linksbündig dargestellt. Trotzdem funktioniert das Bilden der Reihen, Excel zählt die vor dem Text stehenden Zahlen weiter.

Mit Hilfe der Maus können Sie ebenso schnell Datumsreihen erzeugen. Dabei wurde zunächst eine Folge von aufeinanderfolgenden Tagen kreiert, als zweites Beispiel wurde vierteljährlich der 10. eines Monats aufgeführt.

Die beiden letzten Beispiele bestehen noch einmal aus einer Mischung von Zahlen und Texten. Dabei spielt es keine Rolle, wie lang der Text ist, ob der Text vor oder hinter der Zahl steht.

Es gibt einige vordefinierte Reihen, die nur eine Eingabe erfordern, um eine Reihe bilden zu können. Sie sind im folgenden Bild dargestellt.

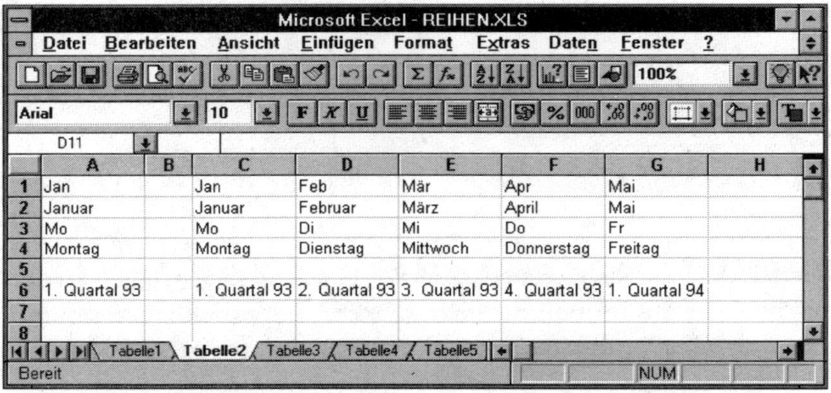
Microsoft Excel - REIHEN.XLS
Datei Bearbeiten Ansicht Einfügen Format Extras Daten Fenster ?
100%
Arial
10
D11
A B C D E F G H
1 Jan Jan Feb Mär Apr Mai
2 Januar Januar Februar März April Mai
3 Mo Mo Di Mi Do Fr
4 Montag Montag Dienstag Mittwoch Donnerstag Freitag
5
6 1. Quartal 93 1. Quartal 93 2. Quartal 93 3. Quartal 93 4. Quartal 93 1. Quartal 94
7
8
Tabelle1 Tabelle2 Tabelle3 Tabelle4 Tabelle5
Bereit
NUM

Bild 4.3: Vordefinierte Reihen

Diese Reihen sind in Excel vordefiniert. Ähnliche Reihen können Sie auch selbst bestimmen. Wählen Sie dazu den Befehl EXTRAS • OPTIONEN aus und in dem aufgerufenen Registerdialogfeld das Blatt AUTOAUSFÜLLEN. Entweder Sie tippen die Begriffe der benötigten Reihe ein oder, falls die Reihe bereits auf Ihrem Arbeitsblatt existiert, können Sie sie markieren und mit der Schaltfläche IMPORTIEREN in das Register AUTOAUSFÜLLEN übernehmen. Mit der Taste EINFÜGEN wird die erstellte Reihe in die Benutzerliste übernommen.

4.1 Reihenberechnung

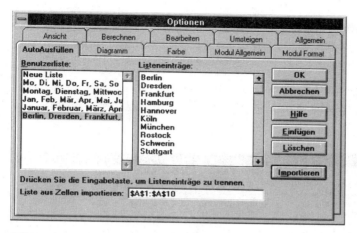

Bild 4.4: Selbstdefinierte Reihe

Wir haben eine Reihe erstellt, die die Geschäftsstellen einer Firma enthält. Damit ist es nun möglich, schnell eine Liste für Berechnungen, Übersichten und Statistiken zu erstellen, wie Sie es im folgenden Bild sehen können.

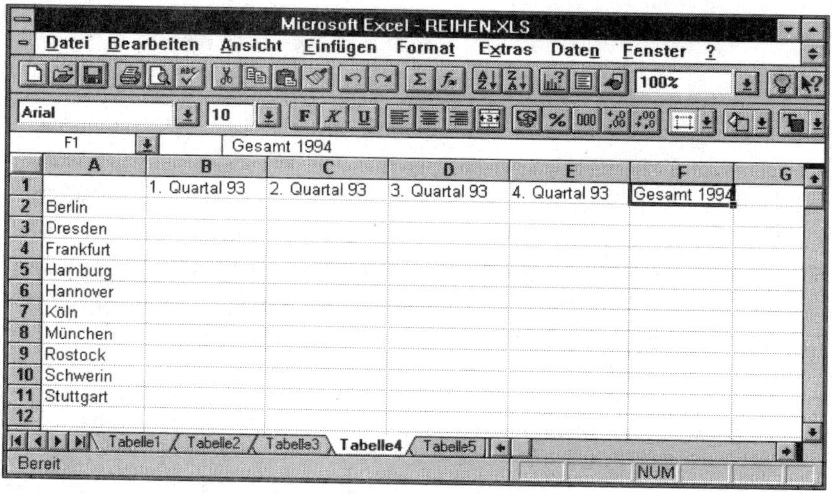

Bild 4.5: Eingefügte selbstdefinierte Reihe

Kapitel 4 Rechnereien

Es besteht zudem die Möglichkeit, verschiedene Reihen mit Hilfe des Dialogfelds REIHE zu erstellen, das Sie mit dem Befehl BEARBEITEN • AUSFÜLLEN und der Auswahl von REIHE aufrufen können.

Beginnen Sie damit, den ersten Wert Ihrer Reihe, in unserem Fall eine 1, in die Zelle zu schreiben, in der beispielsweise eine Numerierung beginnen soll. Aktivieren Sie dann das folgende Dialogfeld.

Bild 4.6: Dialogfeld zu REIHE

Um die oben beschriebene Numerierung zu erhalten, müssen im Dialogfeld die Optionen SPALTEN und ARITHMETISCH selektiert sein. Das INKREMENT, der Zuwachs, ist mit 1 bereits richtig bestimmt. Sie haben nun in diesem Fenster die Möglichkeit, einen ENDWERT einzugeben. Das Ende Ihrer Reihe können Sie aber auch festlegen, indem Sie auf Ihrer Tabelle den Bereich markieren, in den die Reihe geschrieben werden soll.

Die geometrische Reihe unterscheidet sich von der arithmetischen durch ihre Rechenvorschrift. Dabei wird das nächste Reihenglied nicht dadurch gefunden, daß zum letzten ein bestimmter Wert addiert wird, sondern die nächste Zahl wird durch Multiplikation des letzten Reihengliedes mit dem vorgegebenen INKREMENT bestimmt.

In der nächsten Tabelle können Sie je zwei arithmetische und geometrische Reihen sehen. Das zur Berechnung benutzte Inkrement ist über den jeweiligen Reihen vermerkt.

4.1 Reihenberechnung

	A	B	C	D	E
		Arithmetisch		Geometrisch	
1	Inkrement	1	3	2	10
2		1	1	1	1
3		2	4	2	10
4		3	7	4	100
5		4	10	8	1000
6		5	13	16	10000
7		6	16	32	100000
8		7	19	64	1000000
9		8	22	128	10000000
10		9	25	256	100000000
11		10	28	512	1000000000

Bild 4.7: Vergleich verschiedener Reihen

Sehr nützlich kann auch eine Reihe aus Datumswerten sein. Selektieren Sie dazu als Reihentyp DATUM. Zusätzlich können Sie nun festlegen, ob tageweise, nur Wochentage, Monate oder Jahre gezählt werden sollen.

Bild 4.8 wurde, beginnend mit dem 31.1.92, in der ersten Spalte tageweise weitergezählt. In der zweiten Spalte wurden nur Wochentage aufgereiht. In der dritten Spalte wurde die Reihe monate-, in der vierten jahresweise vervollständigt.

	A	B	C	D
	Tag	Wochentag	Monat	Jahr
	30.12.1993	30.12.1993	30.12.1993	30.12.1993
	31.12.1993	31.12.1993	30.01.1994	30.12.1994
	01.01.1994	03.01.1994	28.02.1994	30.12.1995
	02.01.1994	04.01.1994	30.03.1994	30.12.1996
	03.01.1994	05.01.1994	30.04.1994	30.12.1997
	04.01.1994	06.01.1994	30.05.1994	30.12.1998
	05.01.1994	07.01.1994	30.06.1994	30.12.1999
	06.01.1994	10.01.1994	30.07.1994	30.12.2000
	07.01.1994	11.01.1994	30.08.1994	30.12.2001
	08.01.1994	12.01.1994	30.09.1994	30.12.2002
	09.01.1994	13.01.1994	30.10.1994	30.12.2003
	10.01.1994	14.01.1994	30.11.1994	30.12.2004

Bild 4.8: Datumsreihen

Kapitel 4 Rechnereien

Durch Anklicken der Option TREND können Sie in Ihrer Kalkulation eine Trendberechnung einfügen, d.h. Sie können die angegebenen Datenpunkte durch eine Gerade annähern lassen.

4.2 Matrixoperationen

Excel beherrscht das Rechnen mit Matrizen. Wir möchten Ihnen in diesem Abschnitt einen kleinen Überblick darüber geben, wie Matrizen in Excel zu behandeln sind.

Wir gehen im weiteren davon aus, daß Sie mit den mathematischen Grundlagen der Matrizenrechnung vertraut sind.

4.2.1 Einfache Matrixoperationen

Als Beispiel einer einfachen Matrixoperation soll die Matrix (A1:C4) des folgenden Bildes skalar mit der Zahl 5 multipliziert werden.

Markieren Sie dazu einen rechteckigen Bereich in Ihrem Arbeitsblatt, der so groß ist, wie die zu multiplizierende Matrix, da jeder Wert der ursprünglichen Matrix mit dem Faktor multipliziert werden soll.

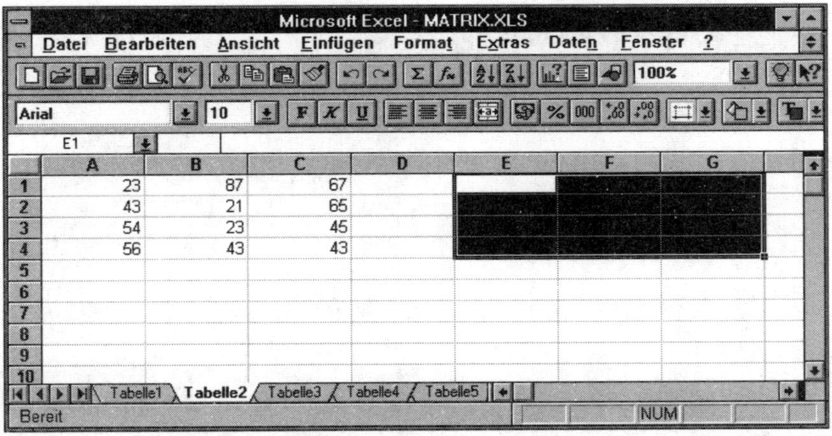

Bild 4.9: Auswahl der Matrixformel

4.2 Matrixoperationen

Tippen Sie jetzt als Formel

```
=A1:C4*5
```

ein. Schließen Sie dann Ihre Eingabe nicht wie gewohnt mit der Eingabetaste ab, sondern mit der Kombination [Strg]+[⇧]+[↵]. Durch diese Bestätigung erkennt Excel, daß die vorliegende Formel als Matrixoperation zu verstehen ist. Excel »umrahmt« Ihre Formel in der Bearbeitungszeile mit geschweiften Klammern in der Form: {A1:C4*5}.

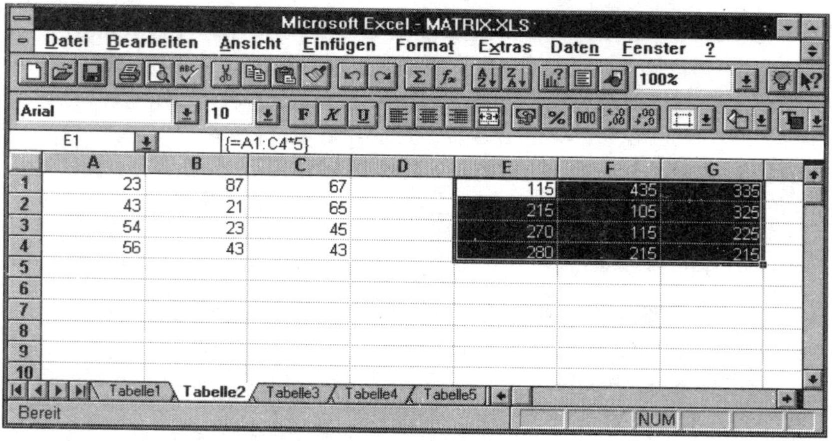

Bild 4.10: Ergebnis der Matrixoperation

Hinweis (Matrixklammern): Tippen Sie die Klammern nicht mit Hilfe Ihrer Tastatur ein, da Excel dann die Klammern nicht als Matrixklammern erkennt.

4.2.2 Bearbeiten von Matrixformeln

Eine Matrixformel gilt für alle Zellen des Matrixbereiches. Es ist nicht möglich, und es macht eigentlich auch keinen Sinn, einzelne Zeilen aus einer Matrixformel zu verändern. Versuchen Sie beispielsweise eine einzelne Zelle aus einem als Matrixoperation festgelegten Bereich zu löschen, erhalten Sie sofort eine Fehlermeldung.

Kapitel 4 Rechnereien

Bild 4.11: Fehlermeldung beim Versuch, eine Zelle eines Matrixbereiches zu löschen

Es besteht allerdings die Möglichkeit, eine Matrixformel nachträglich zu bearbeiten. Selektieren Sie dazu eine Zelle des Matrixbereiches und aktivieren Sie die Bearbeitungszeile. Sie können in der Bearbeitungszeile sehen, daß die Matrixklammern verschwinden. Nehmen Sie eine Änderung der Formel vor und schließen Sie sie mit [Strg]+[⇧]+[↵] als Matrixformel ab. Damit übertragen Sie automatisch die Änderung auf die anderen, zum Matrixbereich, gehörenden Zellen.

4.2.3 Funktionen zur Matrizenrechnung

Excel stellt einige Funktionen zur Verfügung, um mit Matrizen zu rechnen. Einige davon befinden sich in der Kategorie MATRIX. Allerdings haben nicht alle Funktionen, die in diese Kategorie gehören, auch ihren Weg dahinein gefunden. Einige der Funktionen finden Sie nur in der Kategorie ALLE, vielleicht hat Microsoft dieses in Ihrer Version von Excel schon geändert. Wir möchten Ihnen im folgenden einige der Funktionen und den Umgang mit ihnen vorstellen.

Matrizenmultiplikation

Die im folgenden Bild dargestellte Matrix soll mit dem dahinterstehenden Vektor multipliziert werden. Voraussetzung dafür, daß sich zwei Matrizen multiplizieren lassen, ist, daß die Anzahl der Spalten der ersten Matrix und die Anzahl der Reihen der zweiten übereinstimmen. Zur Matrizenmultiplikation stellt Excel die Funktion MMULT(Matrix1;Matrix2) zur Verfügung.

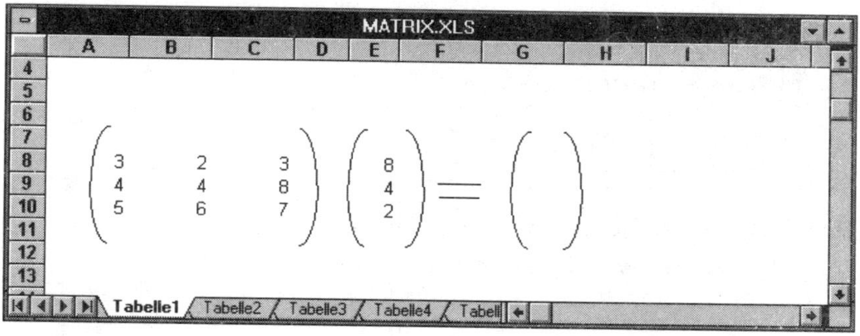

4.2 Matrixoperationen

$$\begin{pmatrix} 3 & 2 & 3 \\ 4 & 4 & 8 \\ 5 & 6 & 7 \end{pmatrix} \begin{pmatrix} 8 \\ 4 \\ 2 \end{pmatrix} = \begin{pmatrix} \\ \\ \end{pmatrix}$$

Bild 4.12: Vorzunehmende Matrixmultiplikation

Markieren Sie, bevor Sie die Funktion zur Matrizenmultiplikation aufrufen, den Bereich, in den die Ergebnismatrix aufgenommen werden soll. Dieser Bereich muß entsprechend den Regeln der Matrizenmultiplikation so viele Reihen enthalten, wie die erste Matrix Reihen enthält (hier 3) und so viele Spalten, wie die zweite Matrix Spalten (hier 1) aufweist.

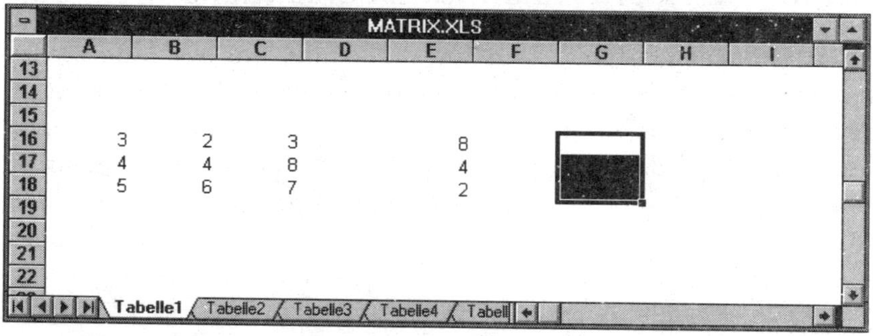

Bild 4.13: Markierter Bereich für das Ergebnis der Matrizenmultiplikation

Aktivieren Sie nun mit dem Befehl EINFÜGEN • FUNKTION und der Auswahl der Funktion MMULT aus der Kategorie ALLE das folgende Dialogfeld und tragen Sie die Zellbezüge der beiden zu multiplizierenden Matrizen ein.

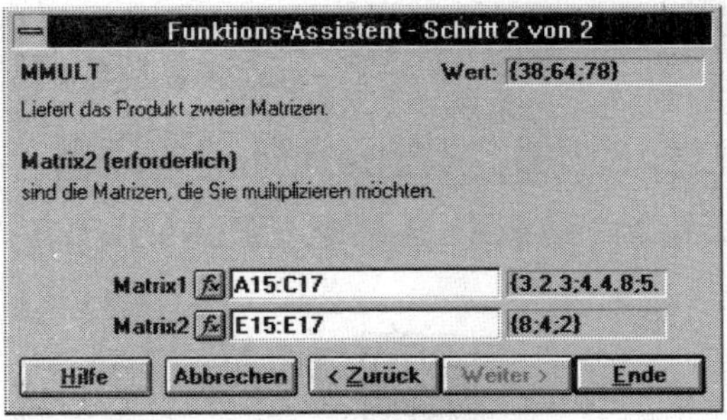

Kapitel 4 Rechnereien

Bild 4.14: Assistent für die Funktion MMULT()

Bestätigen Sie die Auswahl, so erhalten Sie das folgende Ergebnis auf Ihrem Bildschirm. Beim Arbeiten mit Matrizen muß die Funktion mit [Strg]+[⇧]+[↵] bestätigt werden. Aktivieren Sie dazu jetzt erneut die Bearbeitungszeile.

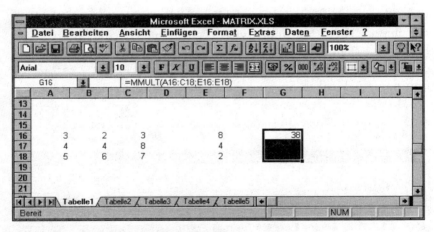

Bild 4.15: Eingefügte Funktion MMULT()

Bestätigen Sie den Eintrag in der Bearbeitungszeile mit der Tastenkombination [Strg]+[⇧]+[↵], erhalten Sie die geschweiften Klammern, die Ihnen eine Matrixformel anzeigen.

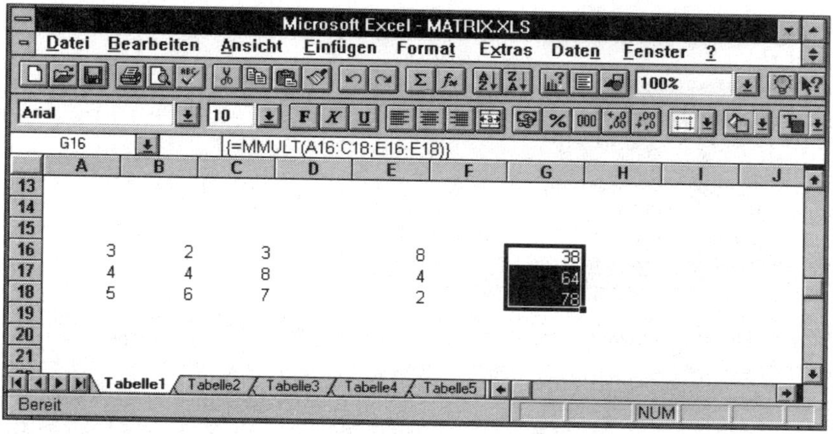

4.2 Matrixoperationen

Bild 4.16: Funktion als Matrizenformel bestätigt

Transponieren einer Matrix

Eine Matrix zu transponieren, bedeutet, man vertauscht ihre Spalten mit ihren Zeilen. Sie finden zum Transponieren einer Matrix die Funktion MTRANS(Matrix) in der Kategorie MATRIX. Die im folgenden Bild dargestellte 4×3-Matrix wurde damit in die 3×4-Matrix transponiert. Denken Sie auch hier daran, daß die eingefügte Funktion in der Bearbeitungszeile mit [Strg]+[⇧]+[↵] bestätigt werden muß, um sie in den gesamten markierten Bereich einzutragen.

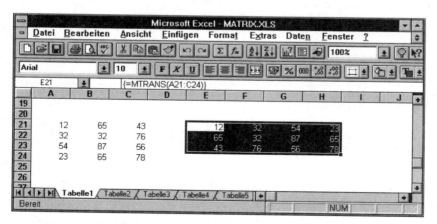

Bild 4.17: Matrix und transponierte Matrix

Kapitel 4 Rechnereien

Inverse einer Matrix

Die Inverse einer quadratischen Matrix ist diejenige Matrix, die, mit der ursprünglichen multipliziert, die Einheitsmatrix ergibt. Eine Einheitsmatrix besteht nur aus Nullen und Einsen, wobei die Einsen nur in der Diagonalen stehen. Wir haben im folgenden Bild mit Hilfe der Funktion MINV(Matrix) aus der Kategorie ALLE die Inverse der links stehenden Matrix berechnet.

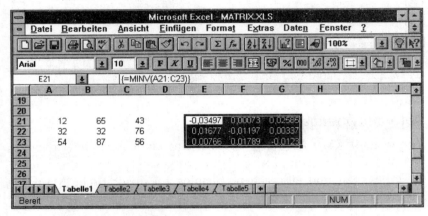

Bild 4.18: Berechnung der inversen Matrix

Zur Probe wurde aus der ursprünglichen Matrix und der inversen die Einheitsmatrix durch Matrizenmultiplikation ermittelt (siehe Bild 4.19).

4.3 Komplexe Zahlen

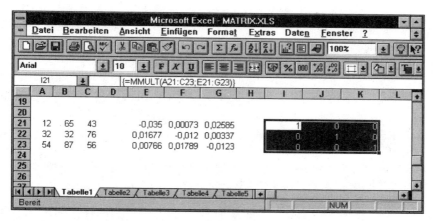

Bild 4.19: Multiplikation einer Matrix mit ihrer Inversen

Determinantenberechnung

Von quadratischen Matrizen läßt sich eine eindeutige Determinante bestimmen. Die von Excel dafür vorgesehene Funktion heißt MDET(Matrix) und läßt sich problemlos auf quadratische Matrizen anwenden.

4.3 Komplexe Zahlen

Quadratische Gleichungen mit reellen Koeffizienten lassen sich mit reellen Zahlen nicht immer lösen; so gibt es beispielsweise keine reelle Zahl x, mit der die Gleichung $x^2+1=0$ lösbar wäre. Man führt als Lösung dieser Gleichung die imaginäre Einheit i ein, für die die Beziehung $i^2=-1$ gilt. Mit Hilfe der imaginären Einheit wird eine komplexe Zahl als

$$z = x + iy$$

definiert.

Auch Excel kennt die Darstellung von komplexen Zahlen und kann damit rechnen. Als Voraussetzung müssen allerdings mit dem Befehl EXTRAS • ADD-IN-MANAGER die ANALYSE-FUNKTIONEN geladen wor-

Kapitel 4 Rechnereien

den sein. Sie können dann auf dem Arbeitsblatt eine komplexe Zahl in der allgemeinen Form

$=x+yi$

eingeben. Ebenso ist die von Ingenieuren oft bevorzugte Form

$=x+yj$

möglich, um die imaginäre Einheit j nicht mit der Stromstärke i zu verwechseln. Komplexe Zahlen können direkt in eine Zelle eingetragen werden, oder Sie verwenden dazu die Funktion

KOMPLEXE(REALTEIL;IMAGINÄRTEIL;SULFIX),

die Sie in der Kategorie TECHNISCH finden. Ersetzen Sie die Argumente REALTEIL und IMAGINÄRTEIL durch die von Ihnen gewünschten Zahlen oder Zellbezüge. Den SULFIX brauchen Sie nur anzugeben, falls die imaginäre Einheit mit j bezeichnet werden soll, da standardmäßig von Excel i verwendet wird. Bei der Eingabe des Sulfixes ist darauf zu achten, i oder j in kleinen Buchstaben einzutragen, da die Eingabe von J oder I einen Fehler erzeugt.

> **Hinweis (Sulfix):** Es können nur komplexe Zahlen mit gleichem Sulfix innerhalb einer Funktion verwendet werden. Ansonsten erhalten Sie die Fehlermeldung: #WERT!.

Eine komplexe Zahl wird von Excel wie eine Texteingabe behandelt und linksbündig dargestellt. Soll eine negative komplexe Zahl in eine Zelle eingetragen werden, ist darauf zu achten, daß dem »-«-Zeichen ein Apostroph vorausgeht. Ansonsten besteht die Möglichkeit, eine negative Zahl mit der Funktion KOMPLEXE() einzugeben.

Um mit komplexen Zahlen rechnen zu können, finden Sie diverse Funktionen in der Kategorie TECHNISCH. Entsprechend den Regeln für das Rechnen mit komplexen Zahlen werden zwei komplexe Zahlen z_1 und z_2 mit der Funktion

```
IMSUMME(Komplexe_Zahl1;Komplexe_Zahl2;..),
```

wie

$z_1+z_2=(x_1+x_2)+i(y_1+y_2)$

4.3 Komplexe Zahlen

addiert. Dabei können Sie für die Argumente entweder Zellbezüge verwenden oder Sie geben die komplexen Zahlen direkt als Argumente ein. Allerdings müssen Sie dann wie Text als

=IMSUMME("3+4i";"4+3i")

eingetippt werden, um eine Fehlermeldung zu vermeiden.

Die folgende Tabelle soll einen Überblick über die Funktionen geben, die Excel zum Rechnen mit komplexen Zahlen zur Verfügung stellt.

Tabelle 4.1: Funktionen zum Rechnen mit komplexen Zahlen

Funktion	Beschreibung
KOMPLEXE(Realteil; Imaginärteil;Sulfix)	erzeugt aus dem angegebenen Real- und Imaginärteil eine komplexe Zahl. Die Angabe des Sulfixes ist optional.
IMSUMME(Komplexe_ Zahl1;Komplexe_ Zahl2;..)	addiert alle als Argument eingetragenen Summanden.
IMSUB(Komplexe_ Zahl1;Komplexe_Zahl2)	subtrahiert das zweite Argument vom ersten.
IMPRODUKT(Komplexe_ Zahl1;Komplexe_ Zahl2;..)	multipliziert nach den Regeln der Multiplikation für komplexe Zahlen die angegebenen Argumente.
IMDIV(Komplexe_Zahl1; Komplexe_Zahl2)	berechnet den Quotienten zweier komplexer Zahlen.
IMABS(Komplexe_Zahl)	bestimmt den absoluten Betrag $|z|$ der komplexen Zahl z, die sich auch durch $z = |z|(\cos \beta + i \sin \beta)$ schreiben läßt.
IMARGUMENT(Komplexe_ Zahl)	gibt das Argument β der komplexen Zahl z aus.
IMREALTEIL(Komplexe_ Zahl), IMAGINÄRTEIL (Komplexe_Zahl)	extrahiert den Real- bzw. Imaginärteil einer komplexen Zahl.
IMKONJUGIERTE(Komplexe_Zahl)	gibt die zur angegebenen komplexen Zahl konjugierte komplexe Zahl an, also die Zahl deren Imaginärteil ein anderes Vorzeichen aufweist.

Tabelle 4.1: Funktionen zum Rechnen mit komplexen Zahlen (Forts.)

IMSIN(Komplexe_Zahl), IMCOS(Komplexe_Zahl)	bestimmt den Sinus oder Cosinus einer komplexen Zahl.
IMEXP(Komplexe_Zahl)	liefert das Ergebnis der Exponentialfunktion mit einem komplexen Exponenten. Entsprechend der Eulerschen Formel gilt: $e^z = e^{x+iy} = e^x(\cos y + i \sin y)$.
IMLN(Komplexe_Zahl), IMLOG10(Komplexe_Zahl), IMLOG2(Komplexe_Zahl)	berechnet den natürlichen Logarithmus, den Logarithmus zur Basis 10 oder 2 einer komplexen Zahl.
IMAPOTENZ(Komplexe_Zahl;Potenz)	bestimmt die ganzzahlige Potenz einer komplexen Zahl.
IMWURZEL(Komplexe_Zahl)	liefert die Quadratwurzel einer komplexen Zahl.

4.4 Die Fourier-Transformation

Die Verwendung der Fourier-Transformation in Excel möchten wir Ihnen an einem Beispiel erläutern.

Das folgende Bild zeigt als Sprach-Zeit-Signal das Wort »Konferenz«. Auffallend sind die stimmhaften Laute o und e, die durch hohe Energien und einen nahezu periodischen Verlauf bestimmt werden. Die dazwischenliegenden stimmlosen Laute sind durch ihren rauschförmigen regellosen Verlauf zu erkennen.

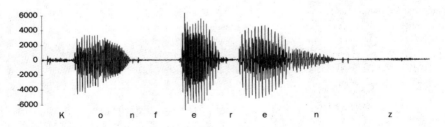

Bild 4.20: Sprach-Zeit-Signal des Wortes »Konferenz«

4.4 Die Fourier-Transformation

Es soll im folgenden das Leistungsspektrum des Ausschnitts des Vokals »o« berechnet werden, den Sie im nächsten Bild sehen können. Das Leistungsspektrum berechnet sich aus der Fourier-Transformation des Zeitsignals. Aus den komplexen Zahlen der transformierten Koeffizienten wird der Betrag gebildet und dieser dann logarithmiert.

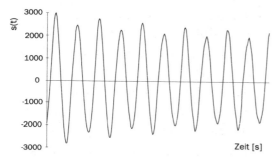

Bild 4.22: Sprach-Zeit-Signal des Vokals »o«

Wenn Sie mit EXTRAS • ADD-IN-MANAGER die ANALYSE-FUNKTIONEN geladen haben, können Sie in ANALYSE-FUNKTIONEN das folgende Dialogfeld aktivieren, in dem Sie die Option FOURIERANALYSE selektieren können.

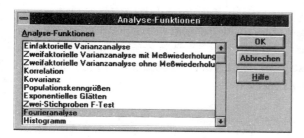

Bild 4.21: Dialogfeld zu EXTRAS • ANALYSE-FUNKTIONEN

Im Dialogfeld FOURIERANALYSE lassen sich die Bereiche für die Ein- und Ausgabe Ihrer Daten festlegen. Zudem können Sie mit dem Optionsfeld unten angeben, ob Sie eine inverse Transformation durchführen bzw. eine Transformation rückgängig machen möchten.

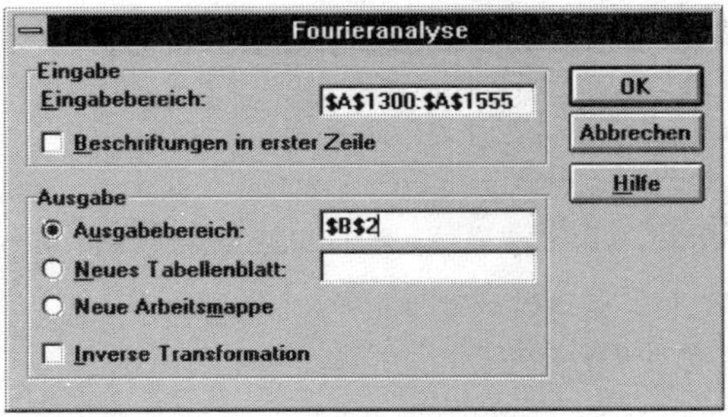

Kapitel 4 Rechnereien

Bild 4.23: Dialogfeld FOURIERANALYSE

Im EINGABEBEREICH geben Sie den Bezug der Daten ein, deren Fourier-Transformation bestimmt werden soll. Die Daten können reell oder komplex sein, komplexe Zahlen müssen allerdings in der im vorangegangenen Kapitel besprochenen Form vorliegen. Die Anzahl der Daten darf maximal 1024 betragen und die Anzahl muß eine gerade Potenz zur Basis 2 sein, andernfalls erhalten Sie das folgende Feld angezeigt.

Bild 4.24: Fehlermeldung, wenn Anzahl der Eingabewerte keine gerade Potenz von 2 ist

Die Ausgabe der transformierten Daten kann entweder auf demselben Arbeitsblatt, auf einem neuen Blatt oder in einer neuen Arbeitsmappe erfolgen.

Wird eine Fourieranalyse von komplexen Zahlen vorgenommen, ist darauf zu achten, daß die Endung der komplexen Zahlen entweder übereinstimmend mit i oder mit j versehen wurde.

Microsoft Excel
Fourieranalyse - Alle komplexen Zahlen müssen die gleiche Endung haben, entweder "i" oder "j".
OK
Hilfe

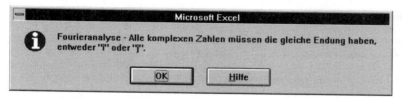

Bild 4.25: Fehlermeldung bei der Verwendung unterschiedlicher Endungen für komplexe Zahlen

Im folgenden Bild sind die komplexen Zahlen zu sehen, die mit Hilfe der Fourier-Transformation aus 256 Werten des Zeitsignals entstanden sind. Dabei wird deutlich, daß aus den 256 reellen Werten komplexe Zahlen wurden.

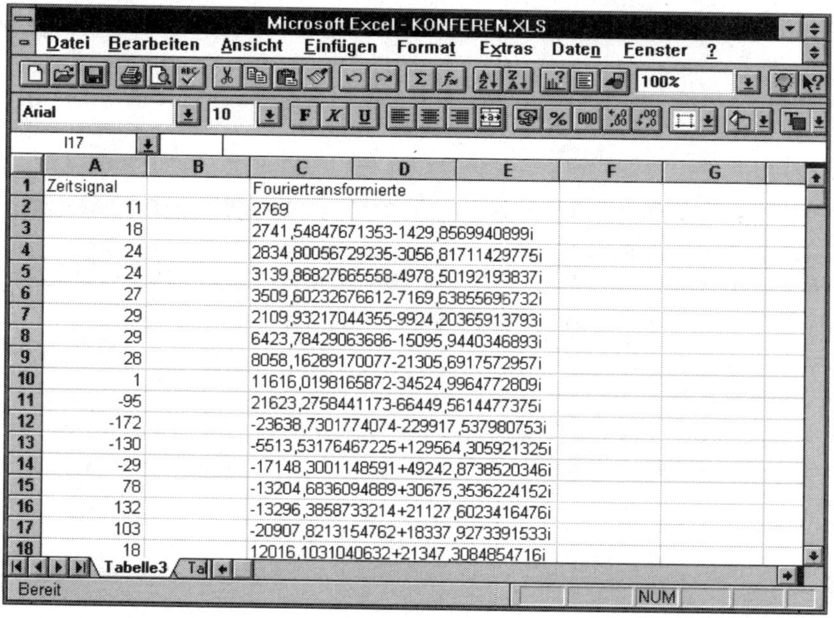

Microsoft Excel - KONFEREN.XLS
Datei Bearbeiten Ansicht Einfügen Format Extras Daten Fenster ?
100%
Arial
10
I17
A B C D E F G
1 Zeitsignal Fouriertransformierte
2 11 2769
3 18 2741,54847671353-1429,8569940899i
4 24 2834,80056729235-3056,81711429775i
5 24 3139,86827665558-4978,50192193837i
6 27 3509,60232676612-7169,63855696732i
7 29 2109,93217044355-9924,20365913793i
8 29 6423,78429063686-15095,9440346893i
9 28 8058,16289170077-21305,6917572957i
10 1 11616,0198165872-34524,9964772809i
11 -95 21623,2758441173-66449,5614477375i
12 -172 -23638,7301774074-229917,537980753i
13 -130 -5513,53176467225+129564,305921325i
14 -29 -17148,3001148591+49242,8738520346i
15 78 -13204,6836094889+30675,3536224152i
16 132 -13296,3858733214+21127,6023416476i
17 103 -20907,8213154762+18337,9273391533i
18 18 12016,1031040632+21347,3084854716i
Tabelle3 Ta
Bereit
NUM

Bild 4.26: Fourier-Transformierte Daten

Als nächstes wurden die Beträge der komplexen Werte mit der Funktion IMABS() berechnet, wie Sie es im folgenden Bild in der Spalte D sehen können. Davon haben wir dann den Logarithmus bestimmt.

Kapitel 4 Rechnereien

Dazu wurden jeweils nur 128 Werte verwendet, da das Spektrum einer Folge von reellen Zahlen symmetrisch ist und die zweite Hälfte dieselben Werte wie die erste enthält, nur in umgekehrter Reihenfolge.

	A	B	C	D	E
1	Zeitsignal		Fouriertransformierte	Betrag	log. Betrag
2	11		2769	2769	3,44232296
3	18		2741,54847671353-1429,8569940899i	3092,01861	3,4902421
4	24		2834,80056729235-3056,81711429775i	4168,95972	3,6200277
5	24		3139,86827665558-4978,50192193837i	5885,93698	3,76981561
6	27		3509,60232676612-7169,63855696732i	7982,54505	3,90214138
7	29		2109,93217044355-9924,20365913793i	10146,0156	4,00629552
8	29		6423,78429063686-15095,9440346893i	16405,8688	4,21499923
9	28		8058,16289170077-21305,6917572957i	22778,6411	4,35752781
10	1		11616,0198165872-34524,9964772809i	36426,7388	4,56142029
11	-95		21623,2758441173-66449,5614477375i	69879,255	4,84434827
12	-172		-23638,7301774074-229917,537980753i	231129,539	5,36385545
13	-130		-5513,53176467225+129564,305921325i	129681,565	5,11287824
14	-29		-17148,3001148591+49242,8738520346i	52143,3104	4,7171986
15	78		-13204,6836094889+30675,3536224152i	33396,7212	4,52370383
16	132		-13296,3858733214+21127,6023416476i	24963,3623	4,39730308
17	103		-20907,8213154762+18337,9273391533i	27810,3681	4,44420674
18	18		12016,1031040632+21347,3084854716i	24496,8225	4,38910976

Bild 4.27: *Fourier-Transformierte mit Betrag und logarithmiertem Betrag*

Daraus ergab sich das im folgenden Bild dargestellte logarithmische Leistungsspektrum aus 128 Werten, die einem Frequenzbereich von 0 bis 4 kHz entsprechen.

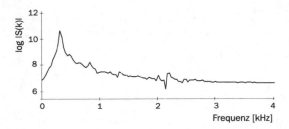

Bild 4.28: *Logarithmisches Leistungsspektrum*

Diagramme für Fortgeschrittene 5

Verbunddiagramme	92
Regression	95
Logarithmische Darstellung	99
Vorzugsdiagramme	104
Diagramme mit Fehlerbalken	107

Kapitel 5 Diagramme für Fortgeschrittene

5.1 Verbunddiagramme

Für unser nächstes Beispiel bestand die Anforderung, ein Diagramm zu entwickeln, in dem Umsätze in Tsd. DM und Deckungsbeiträge in % gleichzeitig eingetragen werden sollen.

Die handschriftliche Skizze als Vorgabe zeigt, daß die Umsätze als Fläche und die Deckungsbeiträge als Linie eingezeichnet werden sollen. Das Diagramm soll zwei y-Achsen erhalten, eine links für die Umsätze in Tsd. DM und eine rechts für die Deckungsbeiträge in Prozent.

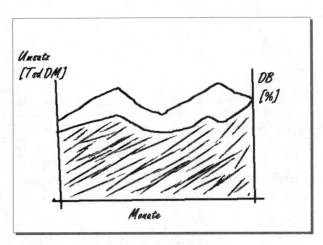

Bild 5.1: Vorgabe für das Diagramm

Im nächsten Bild sind die Daten zu sehen, die im Diagramm dargestellt werden sollen.

5.1 Verbunddiagramme

	A	B	C	D
1		Umsätze	Kosten	Deckungsbeitrag
2	Jan	4.500	4.301	4%
3	Feb	6.523	4.530	31%
4	Mär	8.547	5.298	38%
5	Apr	6.588	4.457	32%
6	Mai	5.214	4.477	14%
7	Jun	4.800	4.258	11%
8	Jul	4.759	4.159	13%
9	Aug	6.895	4.917	29%
10	Sep	9.452	5.216	45%
11	Okt	10.225	5.855	43%
12	Nov	9.632	5.763	40%
13	Dez	7.410	5.002	32%
14	Summe	84.545	58.233	31%
15	in Tsd. DM			

Bild 5.2: Umsatz, Kosten und errechneter Deckungsbeitrag

Für das Diagramm werden die Bereiche A1:B13 und D1:D13 markiert. Sie selektieren nicht zusammenhängende Bereiche, in dem Sie sie bei gehaltener [Strg]-Taste markieren. Anschließend wird der Diagramm-Assistent aufgerufen und dort die Auswahl VERBUND vorgenommen. Im dritten Dialogfeld des Assistenten erhalten Sie dann die in Bild 5.3 gezeigten Varianten für die Verbunddiagramme.

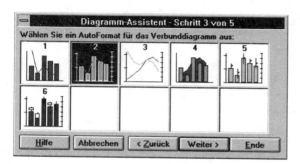

Bild 5.3: Verbunddiagramm-Varianten

Kapitel 5 Diagramme für Fortgeschrittene

Wir haben die zweite Option, da diese ein Diagramm mit zwei y-Achsen bietet, selektiert und erhalten somit das folgende Bild in Schritt 4 des Diagramm-Assistenten.

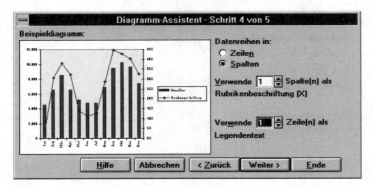

Bild 5.4: Verbunddiagramm im Assistenten

Das mit dem Assistenten erstellte Diagramm wurde nachbearbeitet, beispielsweise wurde ein Titel hinzugefügt und die Skalierung der rechten y-Achse mit den Prozentwerten von 0% bis 50% geändert. Aus den Säulen der Umsätze wurde eine Fläche erzeugt. Dazu haben wir die Datenreihe der Umsätze angeklickt und mit FORMAT • DIAGRAMMTYP das Dialogfeld DIAGRAMMTYP aufgerufen. Für die GRUPPE Säulengruppe haben wir dann den Diagrammtyp Flächen selektiert.

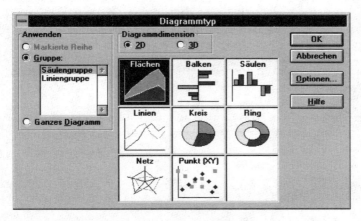

Bild 5.5: Dialogfeld zu FORMAT • DIAGRAMMTYP

Das Ergebnis der Formatierungsarbeiten ist im folgenden Bild dargestellt.

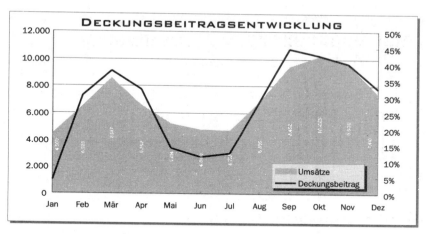

Bild 5.6: Diagramm zur Deckungsbeitragsentwicklung

5.2 Regression

Beim Darstellen von wissenschaftlichen Daten begegnet man oft dem Problem, für einen linearen Sachverhalt einzelne Datenpunkte gemessen zu haben und aus diesen Punkten mit Hilfe einer linearen Regression den Verlauf einer Geraden anzunähern.

Bild 5.7 zeigt die Korrelation zwischen 100 m-Zeiten und Weiten im Weitsprung. Biomechanische Untersuchungen haben gezeigt, daß die Leistung im Weitsprung vom Sprintvermögen des Probanten abhängig ist. Der Zusammenhang soll mit einer Geraden durch Punkte verdeutlicht werden.

Excel bietet Ihnen entsprechende Funktionen zur Erstellung von Regressionsgeraden an. Sie könnten die Regression auf dem Arbeitsblatt mit der TREND()-Funktion errechnen, d.h. eine neue Spalte mit Regressionswerten erstellen und diese im Diagramm anzeigen. Einfacher und schneller ist die Nutzung der sogenannten Trendlinien für Diagramme, die wir hier im Beispiel verwendet haben.

Kapitel 5 Diagramme für Fortgeschrittene

Das nächste Bild zeigt die Daten und das fertig aufbereitete Diagramm.

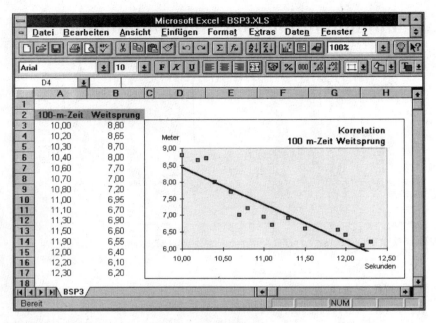

Bild 5.7: Geraden einer linearen Regression

Für die Grafik wurden beide Spalten markiert. Mit Hilfe des Diagramm-Assistenten wurde ein XY-Diagramm erstellt.

Bild 5.8: Auswahldialogfeld im DIAGRAMM-ASSISTENTEN

5.2 Regression

Die einfachste Version (1) für XY-Diagramme wurde im Diagramm-Assistenten gewählt. Im folgenden Bild ist dargestellt, wie der Diagramm-Assistent die Daten standardmäßig darstellt.

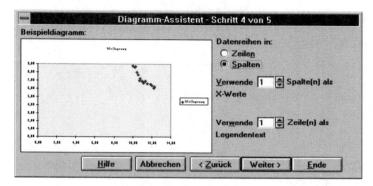

Bild 5.9: XY-Diagramm im Diagramm-Assistenten

Wir haben das Diagramm dann überarbeitet, indem z.B. die Skalierung der Achsen verändert wurde. Die x-Achse läuft statt von 0 bis 14,00 Sekunden nur von 10,00 bis 12,50 Sekunden, da nur für diesen Bereich Werte vorliegen. Entsprechend wurde die Skalierung der y-Achse geändert. Darüber hinaus haben wir die Beschriftungen geändert und verschoben.

Kapitel 5 Diagramme für Fortgeschrittene

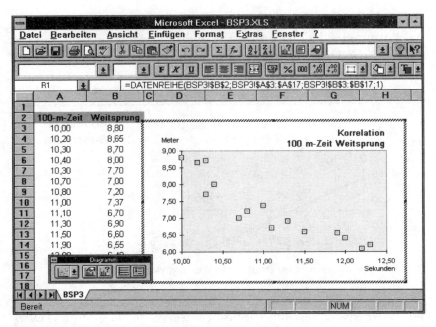

Bild 5.10: Markierte Datenreihe

Für das obige Bild wurde das Diagramm aktiviert und die Datenreihe angewählt. Mit EINFÜGEN • TRENDLINIE oder über das Kontextmenü erhalten Sie das folgende Registerdialogfeld TRENDLINIE.

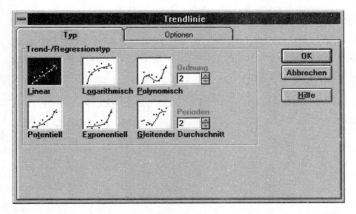

Bild 5.11: Registerdialogfeld zu TRENDLINIE im Register TYP

5.3 Logarithmische Darstellung

Excel bietet Ihnen sechs verschiedene Trend- und Regressionstypen an. Für unseren Fall haben wir die lineare Variante gewählt, die von Excel in das Diagramm eingefügt wird, so wie es das nächste Bild illustriert.

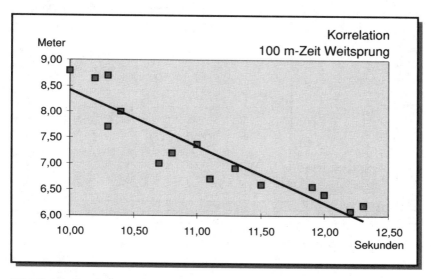

Bild 5.12: Fertiges XY-Diagramm

5.3 Logarithmische Darstellung

In Wissenschaft und Technik werden sehr oft logarithmische Diagramme benötigt. Wir möchten ein Beispiel aus der Baudenkmalrestaurierung verwenden, in dem die Korngrößen von historischen Mörteln eintragen werden sollen.

Die Ausgangswerte für das zu erstellende logarithmische Diagramm zeigt das nächste Bild. Die vier Bereiche sollen vier Kurven ergeben, die einander überlagern sollen. Die x-Werte sollen logarithmisch dargestellt werden.

Kapitel 5 Diagramme für Fortgeschrittene

	A	B	C	D	E	F	G
1	Normsand						
2	2,000	100,00					
3	1,000	67,50					
4	0,500	32,60					
5	0,250	22,00					
6	0,125	3,00					
7	0,063	0,10					
8							
9							
10	Histor. Mörtel 1		Histor. Mörtel 2		Histor. Mörtel 3		
11	4	100,00	4	81,69	4	100,00	
12	2	95,31	2	68,74	2	95,16	
13	1	80,96	1	53,25	1	72,87	
14	0,5	44,96	0,5	33,75	0,5	37,37	
15	0,25	16,03	0,25	17,35	0,25	14,94	
16	0,125	7,97	0,125	8,98	0,125	8,99	
17	0,063	4,72	0,063	5,68	0,063	4,15	

Bild 5.13: Ausgangsdaten

Wir haben den ersten, mit Normsand überschriebenen Bereich markiert und den Diagramm-Assistenten aufgerufen. Im Assistenten wurde als Darstellungsform XY-Diagramm selektiert. Im folgenden Bild sehen Sie die angebotenen Varianten für diese Diagrammart.

Bild 5.14: Auswahlmöglichkeiten für XY-Diagramme

5.3 Logarithmische Darstellung

Die Optionen (4) und (5) bieten eine logarithmische Darstellung. Leider trifft keine der Möglichkeiten die von uns geforderte logarithmische Darstellung der x-Achse. Aus diesem Grund haben wir die Option (6) angewählt und werden die logarithmische Achsenaufteilung nachträglich einstellen.

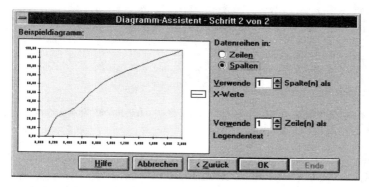

Bild 5.15: XY-Diagramm im Assistenten

Für das mit dem Assistenten erzeugte Diagramm muß die Skalierung der x-Achse geändert werden, um eine logarithmische Darstellung zu erhalten. Dazu wird das Diagramm zur Bearbeitung selektiert und anschließend die x-Achse markiert.

Mit [Strg]+[1] oder über das Kontextmenü haben wir das Registerdialogfeld ACHSEN FORMATIEREN aktiviert, in dem wir das Register SKALIERUNG angewählt haben. Wir haben hier die Option LOGARITHMISCHE SKALIERUNG selektiert.

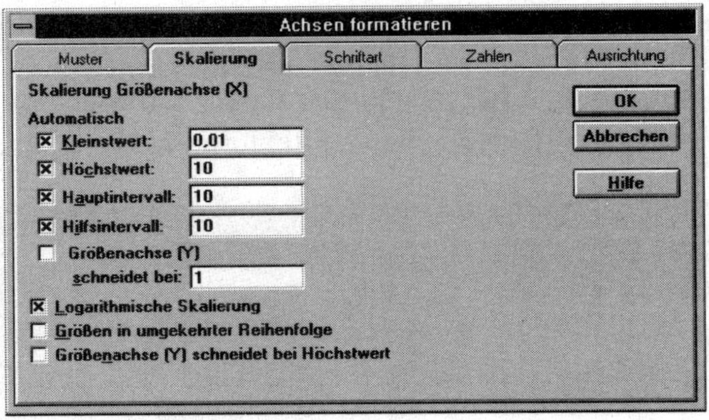

Kapitel 5 Diagramme für Fortgeschrittene

Bild 5.16: Registerdialogfeld ACHSEN FORMATIEREN - Register SKALIERUNG

Unsere mit dem Assistenten erstellte Grafik ist mit einer logarithmischen x-Achse versehen worden. Allerdings schneidet die y-Achse die x-Achse bei dem Wert 1. Diesen Wert gibt Excel vor, denn der sonst übliche Schnittpunkt bei 0 kann nicht verwendet werden, da der Logarithmus von 0 nicht definiert ist.

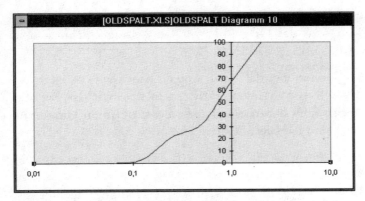

Bild 5.17: Diagramm mit logarithmischer x-Achse

Um die y-Achse an den linken Rand des Diagramms zu setzen, haben wir im Register SKALIERUNG des Registerdialogfelds ACHSEN FORMATIEREN den Schnittpunkt mit der Größenachse bei 0,01 festgelegt. Zusätzlich wurden, um das im folgenden Bild gezeigte Diagramm zu

5.3 Logarithmische Darstellung

erhalten, Gitternetzlinien für die x- und y-Achse eingeschaltet, wobei für die x-Achse sowohl Haupt- wie Hilfsgitternetzlinien aktiviert wurden. Die Hilfsgitternetzlinien der x-Achse wurden gestrichelt formatiert.

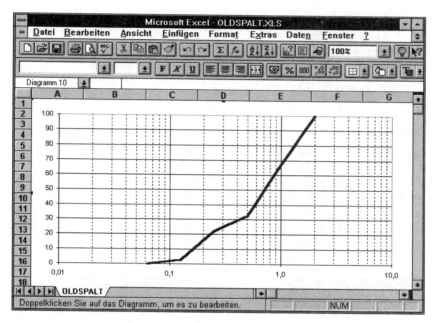

Bild 5.18: *Diagramm mit Gitternetzlinien*

Anschließend an die Grundformatierung des Diagramms wurden die Beschriftungen und die Legende definiert und gestaltet.

Die Werte der drei weiteren Kurven mit den historischen Mörteln, die in Bild 5.13 dargestellt sind, wurden durch BEARBEITEN • KOPIEREN und BEARBEITEN • EINFÜGEN in das Diagramm eingefügt und entsprechend formatiert. Das Ergebnis zeigt das folgende Bild.

Kapitel 5 Diagramme für Fortgeschrittene

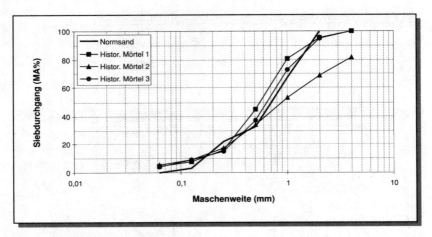

Bild 5.19: Historische Mörtel

5.4 Vorzugsdiagramme

Sollten Sie oft mit gleichartigen Diagrammen arbeiten, beispielsweise Diagramme mit logarithmischer Darstellung, wie im vorigen Abschnitt beschrieben, so ist es lästig, ein solches Diagramm jedesmal wieder neu formatieren zu müssen.

In diesem Fall stellt Ihnen Excel die sogenannten Vorzugsdiagramme zur Verfügung. Formatieren Sie ein Diagramm und definieren Sie es als Vorzugsdiagramm, können Sie ein beliebiges Diagramm in die im Vorzugsdiagramm festgelegte Form bringen.

Aktivieren Sie das Diagramm, das Sie als Vorzugsdiagramm verwenden wollen, als wenn Sie es weiter bearbeiten wollen. Wählen Sie dann im Menü EXTRAS den Punkt OPTIONEN an. Sie erhalten das Registerdialogfeld OPTIONEN, in dem Sie nun das Registerblatt DIAGRAMM selektieren.

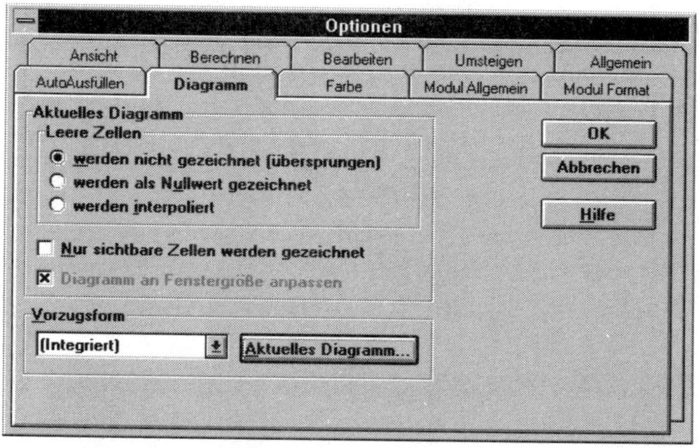

5.4 Vorzugsdiagramme

Bild 5.20: Registerdialogfeld zu EXTRAS • OPTIONEN Register DIAGRAMM

In der Gruppe VORZUGSFORM ist links das zur Zeit gewählte Vorzugsdiagramm zu sehen. (Integriert) steht für die fest eingebaute Standardform, ein Säulendiagramm. Das Drop-down-Feld ermöglicht die Auswahl des aktiven Vorzugsdiagramms aus der Liste der Vorzugsdiagramme.

Mit Hilfe der Schaltfläche AKTUELLES DIAGRAMM können Sie das von Ihnen selektierte Diagramm in die Liste der Vorzugsformen aufnehmen. Ist die Schaltfläche nicht freigegeben, liegt das daran, daß Sie kein Diagramm vor Aufruf des Registerdialogfelds OPTIONEN selektiert haben.

Die Schaltfläche AKTUELLES DIAGRAMM ruft das folgende Dialogfeld auf, in das Sie einen beschreibenden Text für Ihr Diagramm aufnehmen können.

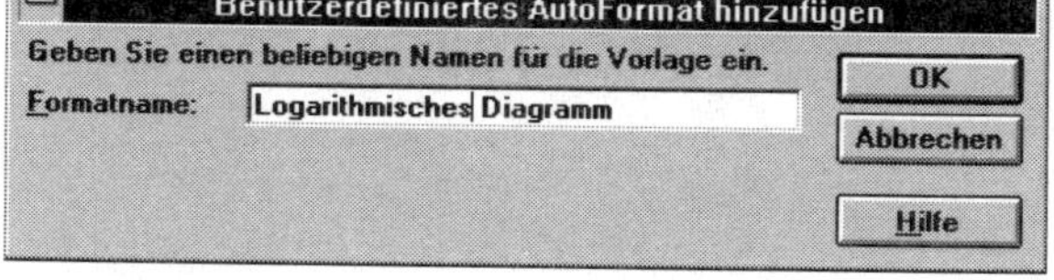

Bild 5.21: Dialogfeld AUTOFORMAT • HINZUFÜGEN

Kapitel 5 Diagramme für Fortgeschrittene

Mit Hilfe der links dargestellten Taste können Sie danach die im Registerdialogfeld OPTIONEN eingestellte Vorzugsform auf ein bestehendes Diagramm übertragen.

Die Zuweisung einer Vorzugsform ist auch über das Dialogfeld AUTOFORMAT möglich. Sie erreichen das Dialogfeld über das Kontextmenü OPTION • AUTOFORMAT oder mit FORMAT • AUTOFORMAT. Das folgende Bild zeigt das Dialogfeld, in dem wir BENUTZERDEFINIERT in der Gruppe VORLAGEN ANZEIGEN selektiert haben.

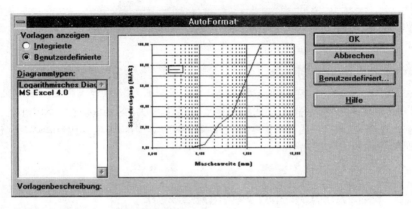

Bild 5.22: Dialogfeld AUTOFORMAT

Links außen im Dialogfeld AUTOFORMAT werden die benutzerdefinierten DIAGRAMMTYPEN aufgelistet. Wird ein Eintrag ausgewählt, erscheint im mittleren Feld ein Beispiel für die entsprechende Diagrammform.

Wählen Sie die Schaltfläche BENUTZERDEFINIERT an, können Sie im nächsten Dialogfeld weitere benutzerdefinierte Diagrammtypen hinzufügen oder löschen.

5.5 Diagramme mit Fehlerbalken

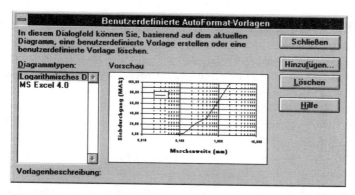

Bild 5.23: Dialogfeld BENUTZERDEFINIERTE AUTOFORMAT-VORLAGEN

> **Hinweis (AutoFormat):** Alle benutzerdefinierten Vorzugsdiagramme werden in der Datei XL5FORMT.XLS im Verzeichnis XLSTART unterhalb Ihres Excel-Verzeichnisses abgelegt. Rufen Sie diese Datei zur Bearbeitung auf, können Sie Ihre Vorzugsdiagramme nachträglich ändern.

5.5 Diagramme mit Fehlerbalken

Meßdaten sind im allgemeinen mit Fehlern behaftet. Bei der Darstellung von Meßgrößen möchte man deshalb einen Eindruck geben, wie groß die entsprechenden Fehler sind, mit denen gerechnet werden muß.

Wir haben in diesem Buch zwei Beispiele aufgenommen, um den Umgang mit Fehlerbalken in Diagrammen zu demonstrieren.

Kapitel 5 Diagramme für Fortgeschrittene

5.5.1 Abweichungen vom Mittelwert

Die folgende Tabelle zeigt zehn Messungen für sechs verschiedene Proben. Für jede Probe wurde der Mittelwert mit der entsprechenden statistischen Funktion

`=MITTELWERT(B5:B14)`

berechnet und die Standardabweichung vom Mittelwert mit

`=STABWN(B5:B14)`

angegeben.

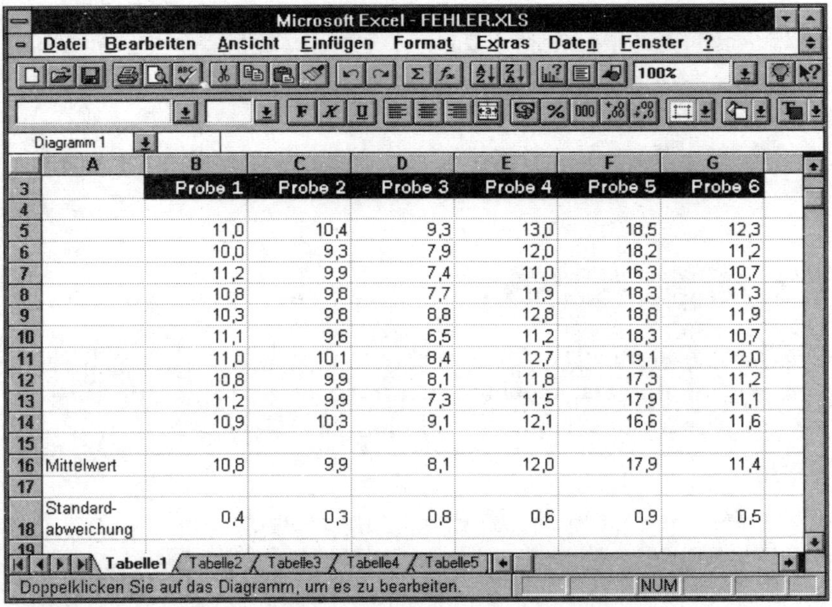

	A	B	C	D	E	F	G
3		Probe 1	Probe 2	Probe 3	Probe 4	Probe 5	Probe 6
4							
5		11,0	10,4	9,3	13,0	18,5	12,3
6		10,0	9,3	7,9	12,0	18,2	11,2
7		11,2	9,9	7,4	11,0	16,3	10,7
8		10,8	9,8	7,7	11,9	18,3	11,3
9		10,3	9,8	8,8	12,8	18,8	11,9
10		11,1	9,6	6,5	11,2	18,3	10,7
11		11,0	10,1	8,4	12,7	19,1	12,0
12		10,8	9,9	8,1	11,8	17,3	11,2
13		11,2	9,9	7,3	11,5	17,9	11,1
14		10,9	10,3	9,1	12,1	16,6	11,6
15							
16	Mittelwert	10,8	9,9	8,1	12,0	17,9	11,4
17							
18	Standard-abweichung	0,4	0,3	0,8	0,6	0,9	0,5

Bild 5.24: Statistische Probe mit Mittelwert und Standardabweichung

Wir möchten Ihnen nun zeigen, wie Sie vorgehen können, um ein Säulendiagramm mit Fehlerbalken zu erstellen, wie Sie es in Bild 5.27 sehen können.

5.5 Diagramme mit Fehlerbalken

Markieren Sie dazu zunächst die berechneten Mittelwerte und legen Sie ein Säulendiagramm an. Aktivieren Sie das Diagramm und selektieren Sie mit der rechten Maustaste die Datenreihe. Wählen Sie dann im Kontextmenü FEHLERINDIKATOREN EINFÜGEN an, so öffnen Sie das folgende Dialogfeld.

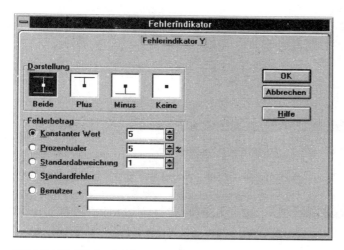

Bild 5.25: Dialogfeld FEHLERINDIKATOR

Im Dialogfeld können Sie zunächst die Darstellung Ihrer Fehlerbalken auswählen. Sie können hier festlegen, ob eine Abweichung nach oben und unten, nur nach unten oder nur nach oben eingetragen werden soll.

Im unteren Teil des Dialogfeldes besteht dann die Möglichkeit, den Betrag des Fehlers festzulegen. Es kann eine konstante Abweichung, ein prozentualer Fehler, die Standardabweichung vom Mittelwert der Datenpunkte oder ein vom Benutzer berechneter Fehler verwendet werden.

Da wir unseren Fehler, nämlich die berechnete Standardabweichung, bereits ausgerechnet haben, können wir die Zeile der Standardabweichungen im Dialogfeld hinter BENUTZER eintragen, wie Sie es im folgenden Bild sehen können.

Kapitel 5 Diagramme für Fortgeschrittene

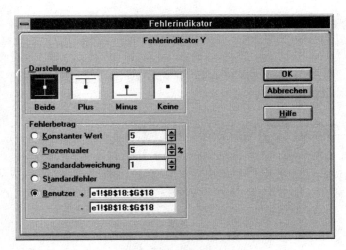

Bild 5.26: Vom Benutzer errechneter Fehler

Dabei unterschiedet sich die von uns berechnete Standardabweichung von der im Dialogfeld mit Standardabweichung bezeichneten grundlegend.

Während wir für jede Probe die Standardabweichung vom Mittelwert berechnet haben, bestimmt Excel von den Datenpunkten, die im Diagramm angezeigt werden, den Mittelwert und die entsprechende Standardabweichung. Das jedoch macht in unserem Beispiel keinen Sinn.

Im Diagramm erscheinen nach Bestätigung der getroffenen Auswahl die Säulen mit Fehlerbalken.

5.5 Diagramme mit Fehlerbalken

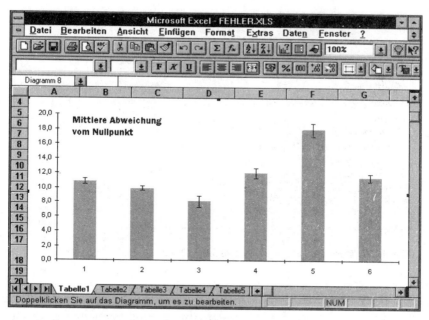

Bild 5.27: Säulendiagramm mit Fehlerbalken

5.5.2 Fehler in x- und y-Richtung

Das im folgenden verwendete Beispiel kennen Sie bereits. Es stellt den Zusammenhang zwischen 100 m-Zeiten und Weitsprungweiten dar. Beide Meßgrößen sind natürlich ebenfalls mit Fehlern behaftet. Wie Sie im folgenden Bild sehen können, besteht in XY-Diagrammen die Möglichkeit, Fehlerbalken sowohl in x-Richtung als auch in y-Richtung anzugeben. Betrachtet man das Diagramm und die eingetragenen Fehler, so könnte man zu der Überzeugung kommen, daß der Zusammenhang zwischen 100 m-Zeiten und Weitsprungweiten nicht wirklich linear ist, da die Gerade an vielen Stellen außerhalb des durch die Fehlerbalken erlaubten Bereiches verläuft.

Kapitel 5 Diagramme für Fortgeschrittene

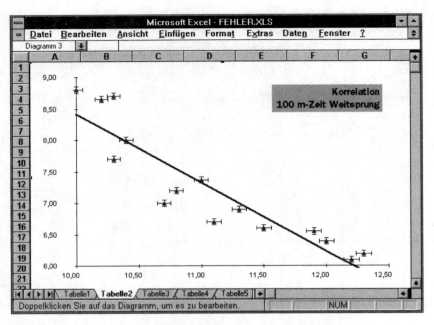

Bild 5.28: Diagramm mit Fehlerbalken in x- und y-Richtung

In einem XY-Diagramm erhalten Sie beim Aufruf der Funktion FEHLERINDIKATOREN EINFÜGEN zwei Registerblätter, mit denen Sie die Fehler in x- und in y-Richtung unterschiedlich festlegen können. So haben wir beispielsweise für den Fehler in x-Richtung angenommen, daß die verwendeten Stoppuhren eine generelle Ungenauigkeit von bis zu einem halben Prozent aufweisen können. Beim Ablesen des Maßbandes haben wir angenommen, daß durch falsches Anhalten oder Ablesen bis zu 5 cm falsche Weiten angegeben werden können. Entsprechend wurde im Registerblatt FEHLERINDIKATOR X ein Fehler von 0,5% angegeben, während im Registerblatt FEHLERINDIKATOR Y ein konstanter Fehler von 0,05 m eingetragen wurde.

5.5 Diagramme mit Fehlerbalken

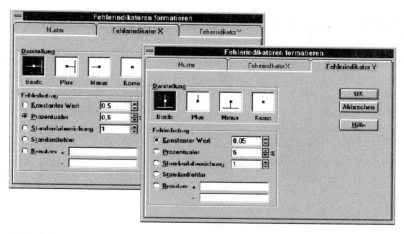

Bild 5.29: Fehlerindikatoren für die x- und y-Richtung

Mustervorlagen 6

Mustervorlagen erstellen	*116*
Mustervorlagen laden	*117*
Mustervorlagen ändern	*119*
Standardarbeitsmappe ändern	*119*
Formulare erstellen	*121*

Kapitel 6 Mustervorlagen

Dieses Kapitel soll Ihnen Methoden zeigen, um Excel-Arbeitsmappen speziell auf Ihre Bedürfnisse anzupassen. Sie können dazu Mustervorlagen anlegen, die Ihre individuell angepaßten Arbeitsmappen enthalten. Mustervorlagen können für Briefköpfe, Faxvorlagen, Kalkulationen usw. angelegt werden. Dazu stellen wir Ihnen in diesem Kapitel das Erstellen, Laden und Ändern von Mustervorlagen vor.

Bereiten Sie Arbeitsblätter für andere Excel-Anwender und Mitarbeiter vor, so können Sie diese so definieren, daß die Anwender die Arbeitsblätter als Formular ausfüllen, aber keine Änderungen am Original vornehmen können. In diesem Kapitel werden wir Ihnen zeigen, was Sie wissen sollten, um Formulare zu erstellen.

6.1 Mustervorlagen erstellen

Wir möchten im folgenden ein Arbeitsblatt als Faxvorlage gestalten, das im folgenden Bild dargestellt ist.

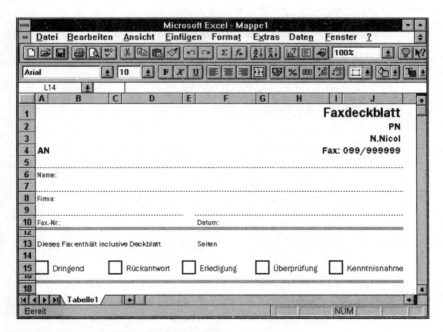

Bild 6.1: Arbeitsblatt als Faxvorlage vorbereitet

6.2 Mustervorlagen laden

Dazu haben wir zunächst alle Tabellen bis auf TABELLE 1 gelöscht. Wir haben die überflüssigen Arbeitsblätter in unserer Arbeitsmappe zunächst markiert, indem wir die Laschen der Tabellen angeklickt und gleichzeitig die [Strg]-Taste betätigt haben. Durch Anklicken der markierten Tabellen mit der rechten Maustaste kann dann ein Kontextmenü mit der Option LÖSCHEN geöffnet werden.

Um ein vorbereitetes Arbeitsblatt als Mustervorlage zu speichern, finden Sie die Option MUSTERVORLAGE im Dialogfenster zu DATEI • SPEICHERN UNTER. Unten im Dialogfeld sehen Sie ein Drop-Down-Menü unter DATEITYP. In der Regel wird dort MICROSOFT EXCEL-ARBEITSMAPPE angezeigt. Ein weiteres Format in DATEITYP ist MUSTERVORLAGE. Mustervorlagen werden automatisch mit der Endung .XLT abgelegt.

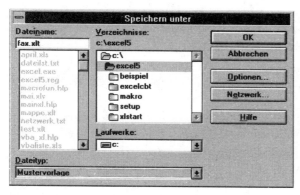

Bild 6.2: Dialogfeld zu DATEI • SPEICHERN UNTER (Mustervorlage)

6.2 Mustervorlagen laden

Laden Sie eine Mustervorlage, wird sie automatisch schreibgeschützt, d.h., wenn Sie Änderungen an diesem Arbeitsblatt vornehmen, so müssen Sie es unter einem neuen Dateinamen abspeichern. Wie Sie in der Titelleiste im folgenden Bild sehen können, wird die neue Datei mit dem Namen der Mustervorlage versehen. Zusätzlich erscheint dahinter eine Zahl, mit der die Anzahl der geöffneten Dateien dieser Mustervorlage durchnumeriert wird.

Kapitel 6 Mustervorlagen

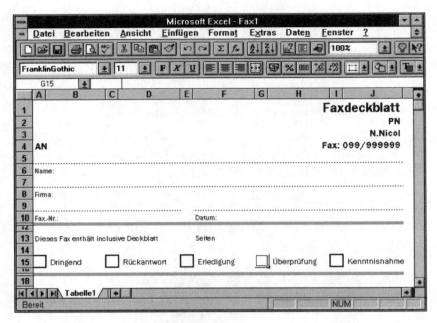

Bild 6.3: Geladene Mustervorlage FAX

Zum Aufrufen der Mustervorlagen bietet Ihnen Excel eine elegante Hilfe. Sie können Ihre Mustervorlagen über den Befehl DATEI • NEU anwählen. Im folgenden Dialogfenster sehen Sie die von uns definierte Mustervorlage FAX.

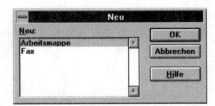

Bild 6.4: Mustervorlagen im Dialogfeld zu DATEI • NEU

Damit eine Mustervorlage in diesem Dialogfenster erscheint, müssen Sie sie in das Unterverzeichnis XLSTART sichern oder kopieren. Das Verzeichnis wird bei der Installation von Excel unterhalb des Excel-

Verzeichnisses angelegt. Alle in diesem Verzeichnis vorhandenen .XLT-Dateien werden beim Aufruf von DATEI • NEU im entsprechenden Dialogfeld angezeigt.

Normale Arbeitsblätter mit der Endung .XLS, die in das Verzeichnis XLSTART hinein kopiert wurden, werden beim Start von Excel automatisch geladen.

6.3 Mustervorlagen ändern

Mustervorlagen sind vorbereitete Arbeitsmappen, die als solche nicht geändert werden können. Alle Änderungen müssen unter einem anderen Namen gespeichert werden. Doch was müssen Sie tun, wenn die Vorlage selbst geändert werden soll?

Möchten Sie ein als Mustervorlage gespeichertes Arbeitsblatt nachträglich ändern, betätigen Sie beim Laden der Mustervorlage die ⇧-Taste. In der Titelleiste erscheint dann FAX.XLT, woran Sie erkennen, daß die Mustervorlage selbst zum Ändern geladen wurde.

6.4 Standardarbeitsmappe ändern

Sie können bei Bedarf auch die Standardarbeitsmappe von Excel anpassen und so beispielsweise dauerhaft Kopf- und Fußzeileneinstellungen ändern. Oft möchte man die Firmenbezeichnung und das eigene Kürzel nebst Telefonnummer in der Kopfzeile unterbringen, wie es das folgende Bild zeigt.

Kapitel 6 Mustervorlagen

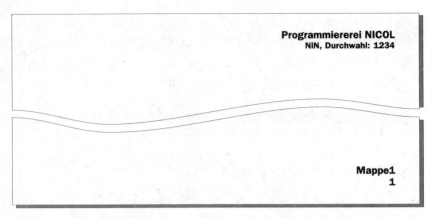

Bild 6.5: *Ausgedrucktes Arbeitsblatt mit neuer Kopf- und Fußzeile*

Dazu wurden zunächst mit Hilfe der ⬆-Taste alle Tabellen einer Arbeitsmappe markiert, um die Kopf- und Fußzeile für alle Arbeitsblätter gleichzeitig zu ändern. Danach wurde in DATEI • SEITE EINRICHTEN die Kopf- und Fußzeile festgelegt. Selektieren Sie dazu das Registerblatt KOPFZEILE/FUSSZEILE. Mit der Schaltfläche BENUTZERDEFINIERTE KOPFZEILE öffnen Sie das folgende Dialogfeld, in dem Sie festlegen können, welche Einträge erscheinen sollen.

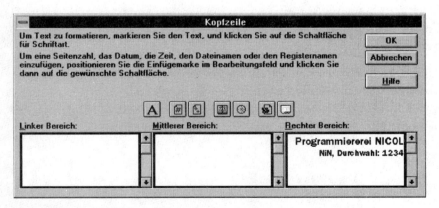

Bild 6.6: *Dialogfeld zu* BENUTZERDEFINIERTE KOPFZEILE

6.5 Formulare erstellen

Im folgenden Dialogfeld sind die eingestellte Kopf- und Fußzeile für unsere neu definierte Standardmappe abgebildet. Als Fußzeile wurde mit den Tasten oben der Dateiname und die Seitennumerierung eingefügt.

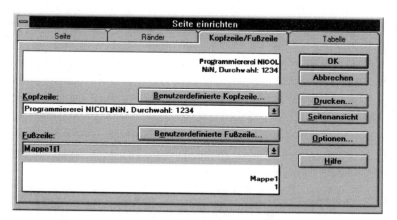

Bild 6.7: Registerblatt KOPFZEILE/FUßZEILE

Speichern Sie das vorbereitete Arbeitsblatt mit DATEI • SPEICHERN UNTER als MUSTERVORLAGE im Verzeichnis XLSTART und zwar unter dem Namen MAPPE.XLT. Schließen Sie dann die Arbeitsmappe. Eine Mustervorlage mit dem Namen MAPPE.XLT wird von Excel als Standardmappe verwendet.

Öffnen Sie nun eine neue Arbeitsmappe mit der links dargestellten Schaltfläche der Standard-Symbolleiste oder mit dem Befehl DATEI • NEU und selektieren dann ARBEITSMAPPE, dann wird die geänderte Version der Arbeitsmappe geladen.

6.5 Formulare erstellen

Wir möchten im folgenden das Erstellen eines einfachen Rechnungsformulars besprechen. Dazu haben wir zunächst alle Tabellen bis auf die erste gelöscht. Die Formatierung des Formulars stellt kein Problem dar. Wir möchten in diesem Abschnitt allerdings kurz beschreiben, wie Sie eigene Zahlenformatierungen automatisch erstellen kön-

Kapitel 6 Mustervorlagen

nen, um Zahlen automatisch in der Rechnung als »3 Stunden«, »5 kg« oder »7 Stück« zu formatieren.

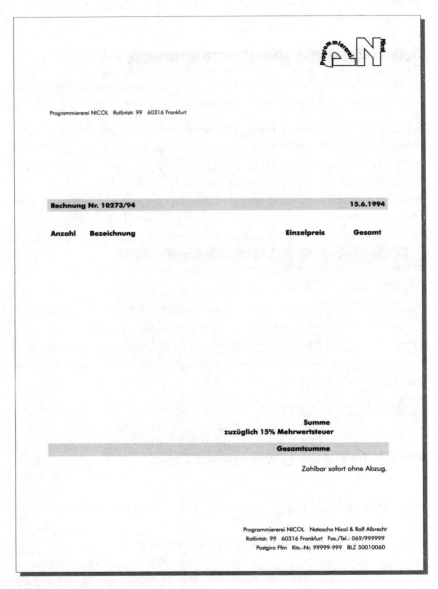

Bild 6.8: Rechnungsformular

6.5 Formulare erstellen

Danach möchten wir Ihnen noch zeigen, welche Möglichkeiten Sie haben, um Zellen vor dem Überschreiben durch den Anwender zu schützen.

6.5.1 Eigene Zahlenformatierung

Es gibt Situationen da reichen die von Excel vorgefertigten Zahlenformate nicht aus und man möchte eigene erstellen.

Selektieren Sie dazu ein Format beispielsweise aus der Gruppe ZAHL, mit so vielen Nachkommastellen, wie benötigt, und ändern Sie es nach Belieben ab, wie dies das folgende Bild an einem Beispiel zeigt. Umgeben Sie dabei den benötigten Text des Formates mit »"«. Im Beispiel wurde die Formatierung »Stunden« eingefügt, ebenso können Sie sich Formatierungen für »km«, »kg« usw. erstellen.

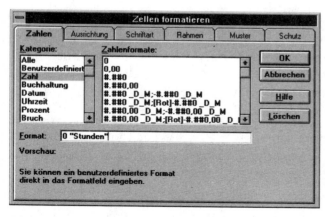

Bild 6.9: Neu erstelltes Zahlenformat

Ein selbsterstelltes Format finden Sie in der Kategorie BENUTZERDEFINIERT wieder.

Erweist sich ein Format als unbrauchbar oder wird es nicht mehr benötigt, können Sie es mit der Schaltfläche LÖSCHEN loswerden.

Bedingte Zahlenformatierung

Excel unterscheidet automatisch Zahlen, die größer bzw. kleiner als Null sind. Sinnvoll ist das vor allem für Währungsformate, wenn negative Zahlen rot dargestellt werden sollen. Dann lautet beispielsweise eine mögliche Formatierung

```
#.##0 DM;[Rot]-#.##0 DM
```

Für alle Zahlen, die größer als Null sind, wird das erste Format vergeben, für die Zahlen, die kleiner sind, das durch Semikolon abgetrennte zweite Format. In eckige Klammern wird die Farbe aufgeführt, falls Sie von der Standardfarbe abweichen soll.

Möchten Sie verschiedene Formate für Zahlen vergeben, die größer, kleiner oder gleich Null sind, können Sie das auf dieselbe Weise machen; ein zweites Semikolon trennt dabei die Darstellung für Zahlen gleich Null ab.

Oft benötigt man für bedingte Formatierungen andere Bedingungen als die Unterscheidung größer oder kleiner Null. Wir haben beispielsweise schon oft eine Singular-Plural-Unterscheidung benötigt. In der Rechnung wäre es schön, bei der Formatierung der Anzahl der Stunden zwischen einer Stunde und mehreren Stunden unterscheiden zu können, denn es heißt »1 Stunde«, aber »3 Stunden«.

Eine Bedingung wird mit »[ ]« eingeschlossen. Es folgt die Formatierung, die erfolgen soll, wenn die Bedingung erfüllt ist, dann die, die bei Nichterfüllen vergeben wird. Damit könnte unsere Formatierung

```
[=1] "1 Stunde";0 "Stunden"
```

heißen. Im folgenden Bild wurde die Anzahl der Stunden mit diesem Format versehen.

6.5 Formulare erstellen

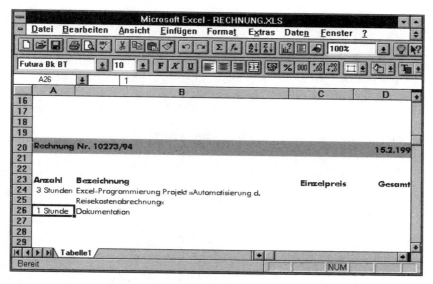

Bild 6.10: Bedingte Zahlenformatierung

6.5.2 Eigene Formatvorlagen erstellen

Sowohl in normalen Arbeitsblättern als auch in Mustervorlagen sind verschiedene Zellen gleich oder ähnlich zu formatieren. Vielleicht haben Sie für die Formatierung bestimmter Bereiche Standards z.B. für die Zahlenformatierung, die Schriftart oder Rahmen vereinbart.

Mit Hilfe von Formatvorlagen können Sie vordefinierte Formatierungen erfassen und quasi auf Knopfdruck bereithalten.

In FORMAT finden Sie den Menüpunkt FORMATVORLAGE, zu dem das im folgenden Bild dargestellte Dialogfeld gehört.

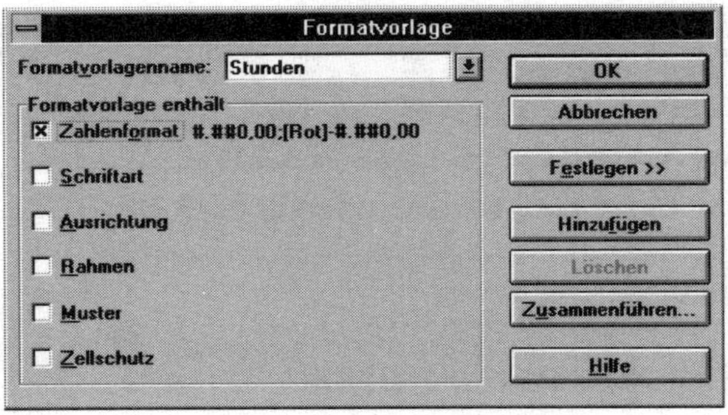

Kapitel 6 Mustervorlagen

Bild 6.11: Dialogfeld zu FORMAT • FORMATVORLAGE

Klicken Sie in diesem Dialogfeld den Pfeil hinter dem Eingabefeld von FORMATVORLAGENNAME an (siehe Bild 6.11), dann finden Sie verschiedene vorgefertigte Formatvorlagen. In dem Feld darunter können Sie die festgelegten Einstellungen bzgl. des Zahlenformats, der Schriftart, -größe usw. nachsehen.

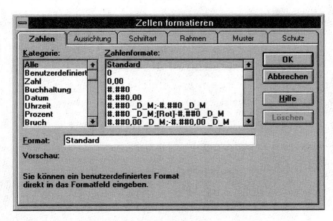

Bild 6.12: Registerdialogfeld ZELLEN FORMATIEREN

Möchten Sie eine neue Formatvorlage hinzufügen, ändern Sie den Namen hinter FORMATVORLAGENAME und selektieren Sie FESTLEGEN. Damit aktivieren Sie das Registerdialogfeld ZELLEN FORMATIEREN, in dem Sie die benötigten Formatierungen festlegen können.

6.5 Formulare erstellen

Wir haben für unser Rechnungsformular die Formatvorlage STUNDEN erstellt. Als ZAHLENFORMAT haben wir im Registerdialogfeld ZELLEN FORMATIEREN das zuvor erstellte eigene Zahlenformat in der Kategorie BENUTZERDEFINIERT ausgewählt und zudem als Schriftart FRANKLINGOTHIC 10 Punkt eingestellt. Wie Sie im folgenden Bild sehen können, wurden die Einstellungen bei Bestätigung des Registerdialogfeldes in die Beschreibung übernommen.

Bild 6.13: Neues Zahlenformat

Hinweis (Symbolleiste): Haben Sie verschiedene Formatvorlagen vorbereitet, können Sie sich ein Auswahlfeld für Formatvorlagen auf eine Symbolleiste legen, um einen schnelleren Zugriff auf Formatvorlagen zu haben. Das Auswahlfeld finden Sie in der Kategorie TEXTFORMAT. Wie Sie zusätzliche Schaltflächen auf eine Symbolleiste verschieben können, lesen Sie im Kapitel »So behalten Sie den Überblick« nach.

Haben Sie bereits neue Vorlagen in einer anderen Tabelle erstellt, können Sie diese der aktuellen beifügen, indem Sie die ZUSAMMENFÜHREN-Taste anklicken. Sie öffnen so ein Dialogfenster, in dem Excel-Dateien aufgeführt sind. Durch Auswahl einer Datei werden die Vorlagen dieses Arbeitsblatts zu Ihrer aktuellen Tabelle hinzugeladen.

Kapitel 6 Mustervorlagen

6.5.3 Zellenschutz

Sie haben das Formular nun fertig formatiert. Bevor Sie es als Mustervorlage speichern, stellt sich unter Umständen die Frage, wie Sie Texte oder auch Formeln davor schützen können, absichtlich oder auch unabsichtlich überschrieben zu werden.

Sie können mit EXTRAS • DOKUMENT SCHÜTZEN ein Arbeitsblatt oder die gesamte Arbeitsmappe vor dem Überschreiben schützen. Benutzen Sie diese Option, so ist das gesamte Blatt oder die Mappe mit einem Kennwort geschützt und kann nicht verändert werden. Das ist nicht das, was wir in unserem Fall brauchen, denn entweder können Sie gar keine Änderungen vornehmen, oder es sind, nach der Eingabe des Kennwortes, alle Eingaben und Veränderungen möglich.

Damit auch weiterhin einige der Zellen beschrieben werden können, gibt es eine Option, mit der die Sperrung einzelner Zellen verhindert werden kann.

▶ Markieren Sie dazu zunächst alle Zellen des Formulars, die beschrieben werden sollen, wie Sie es im folgenden Bild sehen.

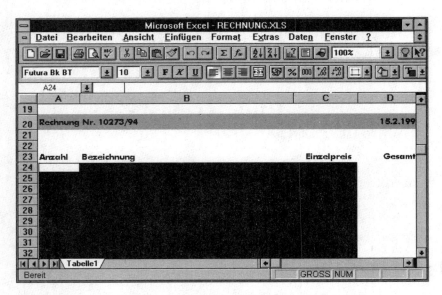

Bild 6.14: Zellen, für die der Schutz aufgehoben werden soll

6.5 Formulare erstellen

▶ Wählen Sie dann im Registerdialogfeld ZELLEN FORMATIEREN, das Registerblatt SCHUTZ, so wird folgendes Bild angezeigt.

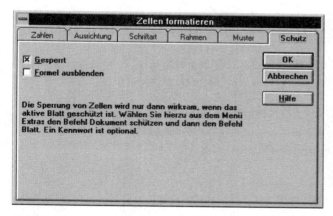

Bild 6.15: *Registerblatt* SCHUTZ

Standardmäßig sind alle Zellen gesperrt, wenn eine Datei geschützt worden ist. Heben Sie nun für die markierten Zellen den Schutz auf, indem Sie das Kreuz vor GESPERRT durch Anklicken entfernen.

▶ Aktivieren Sie jetzt den Zellschutz für die Zellen, deren Zellschutz nicht aufgehoben wurde, indem Sie EXTRAS • DOKUMENT SCHÜTZEN und dann BLATT selektieren. Damit wird das folgende Dialogfeld geöffnet, in dem nach einem Kennwort gefragt wird.

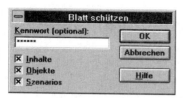

Bild 6.16: *Kennwortabfrage zu* EXTRAS • DOKUMENT SCHÜTZEN

Das Kennwort wird verdeckt eingegeben, d.h., Sie sehen für jeden eingegebenen Buchstaben ein Sternchen. Um zu kontrollieren, ob Sie

Kapitel 6 Mustervorlagen

sich nicht vertippt haben, öffnet sich beim Anklicken der OK-Taste ein weiteres Fenster, in dem Sie die Eingabe bestätigen müssen.

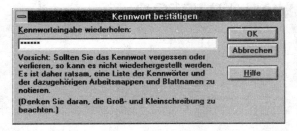

Bild 6.17: Bestätigung des Kennwortes

Versuchen Sie jetzt ein gesperrtes Feld zu beschreiben, erscheint das im nächsten Bild dargestellte Fenster.

Bild 6.18: Fehlermeldung bei geschützter Zelle

Auf einem Arbeitsblatt mit geschützten Zellen können Sie nun mit der ⇥-Taste alle ungeschützten Zellen der Reihe nach anspringen.

Den Dateischutz kann nur außer Kraft setzen, wer das Kennwort kennt. Für eine geschützte Datei finden Sie in EXTRAS den Menüpunkt BLATTSCHUTZ AUFHEBEN. Selektieren Sie diese Option, so wird das vergebene Kennwort abgefragt.

Bild 6.19: Kennwortabfrage zum Aufheben des Dateischutzes

Tabellen verknüpfen 7

Relative und absolute Bezüge 132
Benannte Zellen und Bereiche 134
Verknüpfungen 136
3D-Bezüge 147
Konsolidieren von Arbeitsblättern 149
Über Zellen benannte Arbeitsblätter 156

Kapitel 7 Tabellen verknüpfen

Bisher haben wir uns nur mit Problemstellungen befaßt, die die Arbeit mit nur jeweils einer Tabelle erforderten. Sie können mit Excel auch mit mehreren Arbeitsblättern zur gleichen Zeit arbeiten. Solche gleichzeitig geladenen Kalkulationen können zudem untereinander verknüpft sein.

Unerläßlich ist für diese Arbeit der Umgang mit absoluten und relativen Bezügen. Daher werden wir dies in den beiden folgenden Abschnitten zunächst beschreiben.

7.1 Relative und absolute Bezüge

In der folgenden Tabelle sind die Preise für einige Artikel aufgeführt, deren Nettostückpreise in der zweiten Spalte zu sehen sind. In der folgenden dritten Spalte sollen nun die Bruttopreise berechnet werden. Dazu wurde in die Zelle C5 die Formel

```
=B5*(1+B1)
```

eingefügt. In Zelle B1 finden Sie den aktuellen Prozentsatz der Mehrwertsteuer. Sollten Sie nun versuchen, diese Formel auf die folgenden Zellen C6 bis C10 zu übertragen, indem Sie beispielsweise an dem kleinen Quadrat rechts unten an der Markierung der aktuellen Zelle C5 nach unten ziehen, erhalten Sie für die Zellen C6 bis C10 die Angaben zur Mehrwertsteuer (siehe Bild 7.1).

Leider scheinen die errechneten Werte nicht richtig zu sein. In den Zeilen 7 und 8 wird sogar ein Fehler angezeigt.

Warum zeigt Excel nicht die erwarteten Zahlen? Sehen Sie sich die Formel an, die in C6 steht, so finden Sie dort

```
=B6*(1+B2).
```

Ebenso wie hier Excel für C5 die Zelle C6 einsetzt, hat es B1 zu B2 hochgezählt. Allerdings befindet sich die Mehrwertsteuer in B1 und nicht in B2. In diesem Fall möchten wir also Excel verbieten, eine andere Zelle als B1 zur Berechnung heranzuziehen. Dies ist sehr einfach möglich.

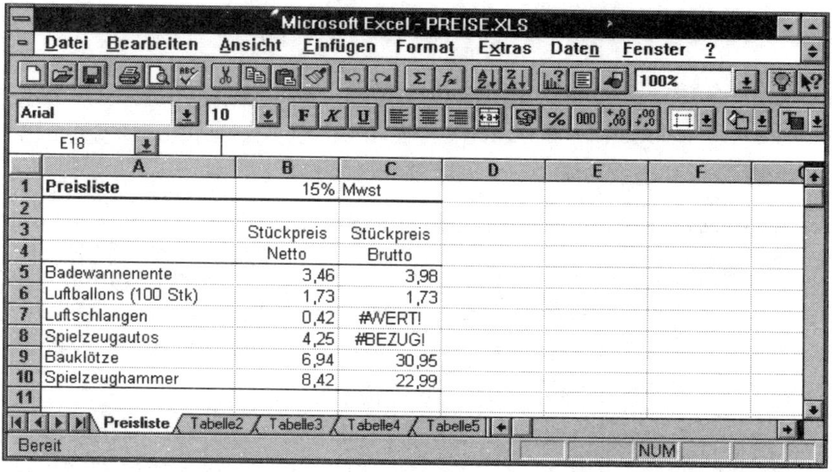

7.1 Relative und absolute Bezüge

Bild 7.1: Mehrwertsteuer nach unten ausfüllen mit der Maus

Stellen Sie den Cursor in die Zelle C5, so daß Sie in der Bearbeitungszeile die Formel =B5*(1+B1) lesen können. Klicken Sie nun dort direkt vor oder nach B1 und drücken Sie die [F4]-Taste. Dadurch ändert sich die Eingabe zu

=B5*(1+$B$1)

Füllen Sie nun nach unten aus, wird von Excel zur Division immer die Zelle B1 benutzt und Sie erhalten Ihre korrekten Ergebnisse.

Durch die $-Zeichen werden absolute Bezüge von relativen unterschieden. Haben Sie Felder mit den $-Zeichen versehen und damit ihre Adressen in absolute umgewandelt, so werden sie von Excel nicht mehr automatisch angepaßt. Sie können auch direkt die $-Zeichen in eine Formel eintippen.

Möchten Sie für eine Rechnung nur die Zeile variieren, die Spalte aber festhalten, so ist auch nur ein »$«-Zeichen in der Zellenangabe möglich, wie beispielsweise $A3. Dann bleibt die Spalte erhalten, nämlich A, die Zeile wird jedoch angepaßt.

7.2 Benannte Zellen und Bereiche

Die Formel im vorherigen Beispiel wäre später noch leichter lesbar, wenn sie

    =B5*(1+Mwst)

heißen würde. Diese Benennung ist in Excel möglich.

Sie können absoluten Bezügen anstelle der »$«-Zeichen Namen zuweisen. Damit erspart man sich das mühsame Suchen nach der entsprechenden Zelle eines absoluten Bezugs, um nachzusehen, was eigentlich darin steht.

Plazieren Sie zunächst den Cursor in B1, um dem Wert dieser Zelle einen Namen zuzuweisen. Wählen Sie zunächst den Befehl EINFÜGEN in der Menüleiste aus.

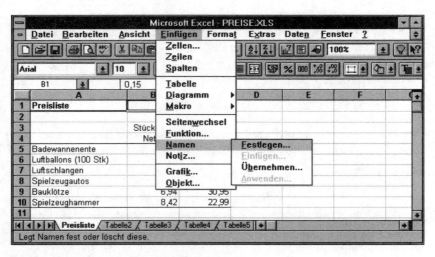

Bild 7.2: Pull-Down-Menü zu EINFÜGEN

7.2 Benannte Zellen und Bereiche

Mit NAMEN FESTLEGEN öffnen Sie das folgende Dialogfeld:

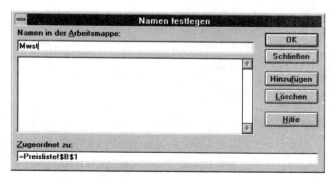

Bild 7.3: *Dialogfeld zu* EINFÜGEN • NAMEN FESTLEGEN

Ist das Feld B1 bereits vor dem Aufrufen des Dialogfeldes markiert gewesen, so erscheint der Eintrag $B$1 im Feld ZUGEORDNET ZU. Darüber können Sie den Namen angeben, den Sie dem Feld geben möchten.

Existiert über dem Feld, das benannt werden soll, oder links daneben eine Texteingabe, so verwendet Excel automatisch diesen Text als Vorschlag. In unserem Fall wurde das Feld mit Preisliste benannt, dies muß in Mwst geändert werden. Bestätigen Sie die Eingabe nun mit OK, so schließt Excel das Dialogfenster. Möchten Sie mehrere Zellen mit verschiedenen Namen belegen, klicken Sie HINZUFÜGEN an und benennen das nächste Feld.

Namen anwenden

Damit in Spalte C die absoluten Bezüge in Mwst umbenannt werden, wählen Sie bitte den Befehl EINFÜGEN • NAMEN ANWENDEN aus. Im Dialogfenster (vgl. Bild 7.4) klicken Sie nun im Auswahlfenster MWST an und bestätigen die Eingabe.

Kapitel 7 Tabellen verknüpfen

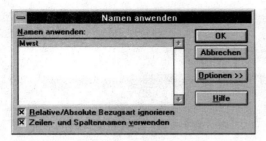

Bild 7.4: Dialogfeld zu EINFÜGEN • NAMEN ANWENDEN

Haben Sie bereits die Formeln der Zellen C6 bis C10 mit absoluten Bezügen für die Zelle B1 versehen, können Sie alle Zellen mit NAMEN ANWENDEN ändern. Sonst verbessern Sie Zelle C5 und übertragen die Formel aus Zelle C5 auf die folgenden mit der Funktion BEARBEITEN • AUSFÜLLEN • UNTEN AUSFÜLLEN.

Die Benennung mit Namen ist insbesondere von Vorteil, wenn Sie mit mehreren Arbeitsblättern arbeiten und diese untereinander verknüpfen. Die Verknüpfung von Excel-Tabellen erläutern die nächsten Abschnitte dieses Kapitels.

7.3 Verknüpfungen

Excel bietet mehrere Verfahren zur Verknüpfung von Arbeitsblättern an. In den folgenden Abschnitten sollen diese Methoden zur Verknüpfung und Konsolidierung besprochen werden. Mit den hier vorgestellten Möglichkeiten können Sie umfangreiche und komplexe Auswertungen Ihrer Tabellen und Daten vornehmen. Durch Verknüpfungen ist es möglich, Werte verschiedener Tabellen z.B. auf einem Blatt zusammenzufassen.

Direkte Verknüpfung

Zum Anfang ein einfaches Beispiel für die Verknüpfung von Arbeitsblättern. Wir haben dazu die gleiche Mappe in zwei Fenstern geöffnet, die mit »Mappe1:1« und »Mappe1:2« überschrieben sind. Mit Hilfe des Menüpunktes FENSTER • ANORDNEN wurden beide Mappen

7.3 Verknüpfungen

nebeneinander positioniert, wie es das nächste Bild illustriert. Im rechten, dem zweiten Fenster, haben wir mit Hilfe der Registerlasche die »Tabelle2« angewählt.

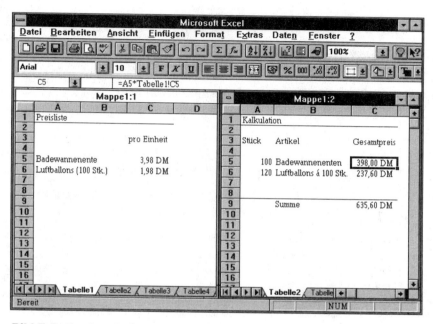

Bild 7.5: Zwei verknüpfte Arbeitsblätter

In das linke Fenster haben wir eine Preisliste eingetippt. In der rechten Tabelle wurde eine Kalkulation erstellt, die den Text und die Preise aus der Preisliste verwendet. In Zelle C5 der Kalkulation »Tabelle2« z.B. steht die Formel

```
=A5 * Tabelle1!C5
```

A5 bezeichnet die Stückzahl der Kalkulation, während die Referenz Tabelle1!C5 auf den Stückpreis im Arbeitsblatt Tabelle1 verweist. Der Tabellenname und die Zelladresse werden durch ein Ausrufezeichen getrennt.

Wir haben das obige Kalkulationsbeispiel für die folgende Arbeit durch ein weiteres Arbeitsblatt ergänzt. Die zusätzliche Tabelle enthält den Entwurf für ein Angebotsschreiben. Alle drei Arbeitsblätter

Kapitel 7 Tabellen verknüpfen

wurden dann in einer Mappe abgespeichert. Die einzelnen Tabellen der Mappe wurden mit Preisliste, Kalkulation und Angebot bezeichnet, so wie es im ersten Abschnitt des Kapitels beschrieben ist.

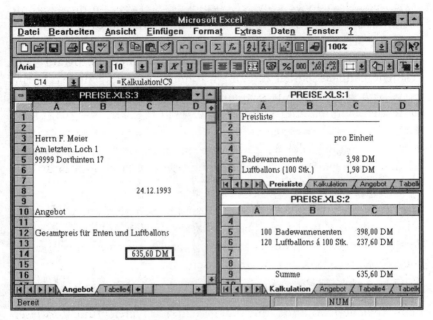

Bild 7.6: Verknüpfte Arbeitsblätter

In das Angebotsschreiben wurde ein Verweis auf die Gesamtsumme der Kalkulation eingearbeitet, Kalkulation!C9.

Wir haben die Zelle C9 im Arbeitsblatt Kalkulation mit dem Namen Summe versehen. Nehmen wir den Namen in die obige Formel auf, so ändert Excel die Formel zu PREISE.XLS!Summe. Da jeder Name in einer Arbeitsmappe nur einmal vergeben werden darf, wurde der Name der Tabelle durch die Bezeichnung der Mappe ersetzt.

Diese Schreibweise wird auch verwandt, wenn Sie auf Zellen anderer Arbeitsmappen verweisen. Der Name der jeweiligen Mappe wird der Zelladresse vorangestellt, beispielsweise =[KALKU.XLS]Angebot!$A$3 verweist auf die Tabelle Angebot in der Mappe KALKU.XLS. Bei Ver-

7.3 Verknüpfungen

weisen in andere Arbeitsmappen wird die Zelladresse in absoluten Koordinaten angegeben.

In der Regel werden Sie bei Verknüpfungen auf absolute Adressen verweisen. Deshalb steht in der Formel der Verweis auf die benannte Zelle Summe, d.h. auf $C$8. Sollten Sie relativ adressieren, so wird auch der Bezug in eine andere Tabelle beim Kopieren und Verschieben von Zellen geändert. Dies kann gerade bei einem Bezug auf nicht geladene Dateien schnell zu Fehlern führen. Deshalb geht Excel prinzipiell von absoluten Adressen aus. Der Verweis auf benannte Zellen ist in der Handhabung komfortabler. [PREISE.XLS]Kalkulation! Summe hat mehr Aussagekraft als [PREISE.XLS]Kalkulation!$C$8. Benennen Sie deshalb die Zellen, die in einer Verknüpfung benutzt werden. Sie behalten dann auch bei komplexen Verweisen und Referenzen noch den Überblick.

Die Verweise zwischen Arbeitsmappen können sich auch auf nicht geladene Blätter beziehen. Dazu müssen Sie den vollen Pfadnamen der Datei angeben. In der Formel wird der Dateiname dann in einfachen Anführungszeichen eingeschlossen, wie z.B.

='C:\EXCEL\DATEN\[UMSATZ.XLS]Tabelle1'!$A$1

Beim Speichern von noch nicht abgesicherten Dateien mit Verweisen auf andere Tabellen, sollten Sie auf die Reihenfolge des Abspeicherns achten. In dem betrachteten Beispiel wurde zuerst die Preisliste abgespeichert, denn in ihr gibt es keine Referenzen auf andere Tabellen. Hätten wir eines der beiden anderen Arbeitsblätter versucht zu speichern, so hätten wir eine Warnung ähnlich der folgenden erhalten.

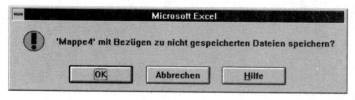

Bild 7.7: Warnhinweis bei Referenzen

Kapitel 7 Tabellen verknüpfen

Ähnlich verhält es sich beim Laden von verknüpften Dateien. Auch hier zeigt eine Warnmeldung die nicht geladene Verknüpfung an.

Bild 7.8: *Warnmeldung bei Bezügen*

Excel kann auch die Bezüge in nicht geöffneten Dateien aktualisieren. Wenn Sie diese Warnungsmeldung mit JA quittieren, so werden die neuesten Werte aus den im Verweis bezeichneten Dateien verwendet. Antworten Sie mit NEIN, so wird mit den zuvor gespeicherten Werten weiter gerechnet.

7.3.1 Verknüpfte Dateien laden

Im Menü steht Ihnen unter dem Punkt BEARBEITEN mit VERKNÜPFUNGEN ein Befehl zur Verfügung, mit dem Sie zum einen den Überblick über Ihre Verknüpfungen behalten und mit dem Sie zum anderen verknüpfte Dateien laden können.

Nach Auswahl des Befehls erhalten Sie das folgende Dialogfenster.

Bild 7.9: *Dialogfeld zu* BEARBEITEN • VERKNÜPFUNGEN

7.3 Verknüpfungen

Mit Hilfe der Schaltfläche ÖFFNEN können Sie eine ausgewählte Datei laden. JETZT AKTUALISIEREN bringt die Werte der Verknüpfung auf den neusten Stand, ohne die verknüpfte Datei zu öffnen. Hierbei ist allerdings zu beachten, daß Verbindungen in eine nicht geöffnete Datei sehr viel mehr Zeit beim Neuberechnen und Aktualisieren benötigen.

Das Schaltfeld QUELLE WECHSELN ermöglicht Ihnen, die Bezugsdatei auszutauschen. Als Beispiel könnten wir annehmen, es gelte ab heute eine neue Preisliste. Sie müßten alle Verweise auf die alte Preisliste, z.B. PREISE.XLS, in Verweise in die neue Liste, PREISNEU.XLS, ändern. Rufen Sie dazu einfach die Schaltfläche QUELLE WECHSELN auf. Sie erhalten dann das folgende Dialogfenster, in dem Sie die neue Tabelle anwählen können. In der gesamten Ausgangstabelle werden die Verknüpfungen entsprechend geändert.

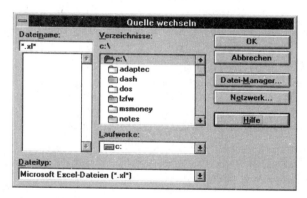

Bild 7.10: Dialogfeld QUELLE WECHSELN

7.3.2 Verknüpfungen einfügen

Für die bisher beschriebenen Verknüpfungen müssen Sie Mappe und Tabelle der Zelle angeben, die Sie verknüpfen möchten. Excel bietet Ihnen eine Methode, hier Schreibarbeit zu sparen und damit vielleicht eine weitere Fehlerquelle auszuschalten.

Der Vorgang der Verknüpfung mit der Unterstützung von Excel entspricht im wesentlichen dem Ablauf, den Sie mit BEARBEITEN • KO-

Kapitel 7 Tabellen verknüpfen

PIEREN und BEARBEITEN • EINFÜGEN vornehmen. Der Befehl BEARBEITEN • EINFÜGEN wird allerdings durch BEARBEITEN • INHALTE EINFÜGEN ersetzt.

Im Bild 7.6 sehen Sie zwei Arbeitsblätter. Ihr Ziel ist es jetzt, in das rechte Blatt das Summenergebnis des linken Blattes einzutragen. Aktivieren Sie dazu das linke Blatt. Bewegen Sie den Cursor auf die Zelle mit der Summe und wählen Sie dann im Menü BEARBEITEN den Befehl KOPIEREN aus. Wechseln Sie jetzt in die rechte Tabelle und bewegen Sie sich zu der Zielzelle B4. Rufen Sie den Menüpunkt INHALTE EINFÜGEN im Menü BEARBEITEN auf.

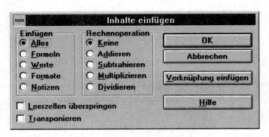

Bild 7.11: Dialogfeld zu BEARBEITEN • INHALTE EINFÜGEN

Durch Betätigung der Schaltfläche VERKNÜPFUNG EINFÜGEN wird die Verknüpfung in die vorher kopierte Zelle eingesetzt. Die weiteren Möglichkeiten des Dialogfelds INHALTE EINFÜGEN besprechen wir im folgenden Abschnitt.

Im rechten Blatt wird in B4 der Verweis auf die Summenzelle im linken Arbeitsblatt in der gewohnten Form `Januar!$B$11` aufgenommen (Bild 7.12).

Wenn Sie mehr als eine Zelle markieren, kopieren und als Verknüpfung einfügen, wird in der Zieltabelle der Verweis in der Matrixschreibweise eingetragen (Bild 7.13).

7.3 Verknüpfungen

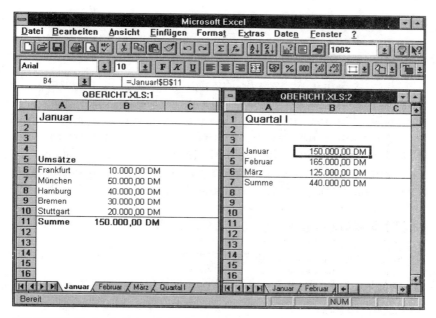

Bild 7.12: Verknüpfung einfügen

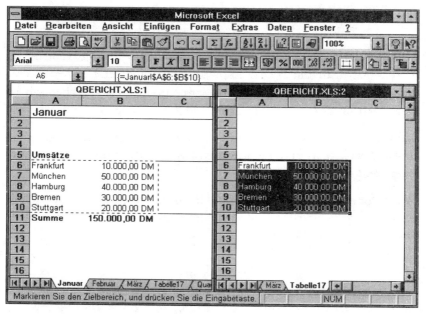

Bild 7.13: Verknüpfung mit Matrixformel

Kapitel 7 Tabellen verknüpfen

In allen Zellen von A6 bis B10 auf der rechten Seite in Tabelle17 steht die gleiche Formel. Die Formel für eine einzelne Zelle einer Matrixformel läßt sich nicht verändern, es kann immer nur die Formel für den ganzen Bereich manipuliert werden. Die Eingabe und Bestätigung einer Matrixformel erfolgt immer mit der Tastenkombination [Strg]+[⇧]+[↵].

Die Arbeit mit Matrixformeln ist gewöhnungsbedürftig und an dieser Stelle nicht in der erforderlichen Ausführlichkeit zu beschreiben. Unsere Empfehlung ist daher, nur einzelne Zellen in der geschilderten Art und Weise zu verknüpfen, so daß Sie nicht die etwas unhandlichen Matrixformeln verwenden müssen.

7.3.3 Inhalte einfügen

Die Funktion INHALTE EINFÜGEN ist vom Arbeitsablauf der Methode VERKNÜPFUNG EINFÜGEN ähnlich. Hier werden aber keine Verweise in die Zielzellen eingetragen, sondern Inhalte übergeben. Anders als beim Befehl EINFÜGEN können Sie hier auswählen, welche Inhalte und Eigenschaften Sie der Zelle zuweisen möchten. Auch diese Funktion kann man einfach anhand eines Beispiels erklären.

Ausgehend von Bild 7.6 kopieren Sie wieder die Summenzelle in die Zwischenablage. Wählen Sie nach dem Wechseln in das rechte Blatt den Befehl INHALTE EINFÜGEN aus dem Menü BEARBEITEN. Auf dem Bildschirm wird das Dialogfeld aus Bild 7.11 erscheinen.

In der linken Gruppe, die mit EINFÜGEN betitelt ist, können Sie angeben, welche der Inhalte und Attribute Ihrer Ausgangszellen übertragen werden sollen.

Die Option ALLES fügt den Inhalt Ihrer Zelle, d.h. die Formel und alle Attribute, wie Formatierung, Muster usw., in den Zielbereich ein. Formeln werden ohne Änderung kopiert, wobei Formel hier für die Formelebene steht, d.h. Zahlen, Texte oder Rechenanweisungen bedeuten kann. Diese Einstellung entspricht dem in Kapitel »Arbeitserleichterungen« besprochenen Befehl EINFÜGEN. FORMELN dagegen übernimmt nur die Formel, nicht jedoch die Formatierung etc. der

7.3 Verknüpfungen

Zellen. Mit der Auswahl WERTE transferieren Sie nur die errechneten Werte, d.h. nicht die Formeln, sondern die Ergebnisse. FORMATE veranlaßt die Übertragung der Formatierung der Zellen, ohne den Inhalt. Sie können so Formateinstellungen einfach übertragen. NOTIZEN als angewählter Punkt bedeutet das Kopieren der Notizen der angewählten Zellen und Bereiche.

In der Gruppe RECHENOPERATION ist die Angabe einer mathematischen Operation für die Verbindung des Ausgangs- und des Zielbereichs möglich. Die Rechenanweisungen beziehen sich nur auf Zahlen oder Formeln. Geben Sie z.B. ADDIEREN vor, so wird der Inhalt der Ausgangszelle zu dem der Zielzelle addiert. Wenn Sie Daten in Zellen einfügen, deren Inhalt eine Formel ist, so wird die Formel entsprechend geändert. Die nächsten beiden Bilder sollen diesen Vorgang illustrieren.

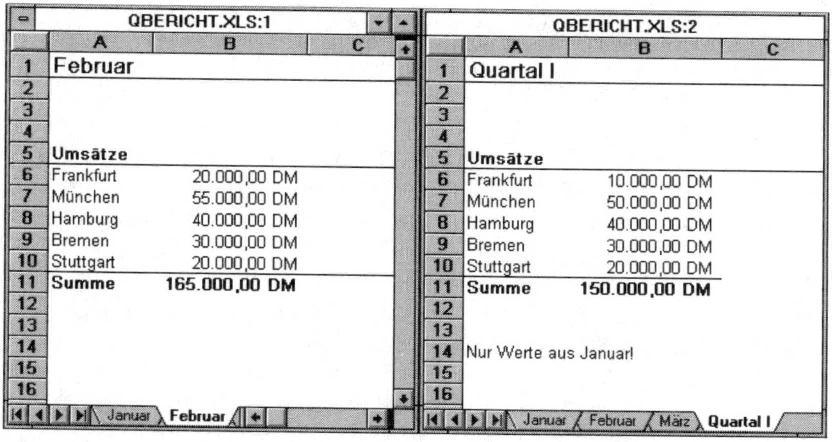

Bild 7.14: Ausgangsposition

Im linken Fenster wird der Bereich B6:B10 markiert und mit BEARBEITEN • KOPIEREN in die Zwischenablage übernommen. Im rechten Arbeitsblatt werden die Zellen mit BEARBEITEN • INHALTE EINFÜGEN eingesetzt, wobei die Option ADDIEREN angeklickt sein muß.

Kapitel 7 Tabellen verknüpfen

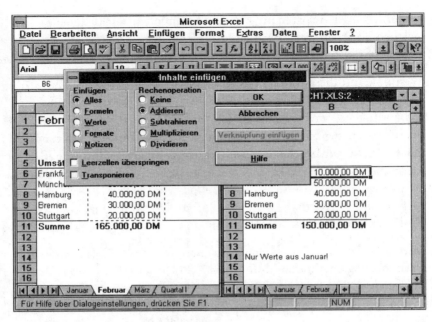

Bild 7.15: Dialogfeld zu INHALTE EINFÜGEN

Man kann mit diesem Verfahren Daten mehrerer Arbeitsblätter zusammenfassen. Außer ADDIEREN sind im Dialogfeld noch die Operationen SUBTRAHIEREN, MULTIPLIZIEREN und DIVIDIEREN möglich.

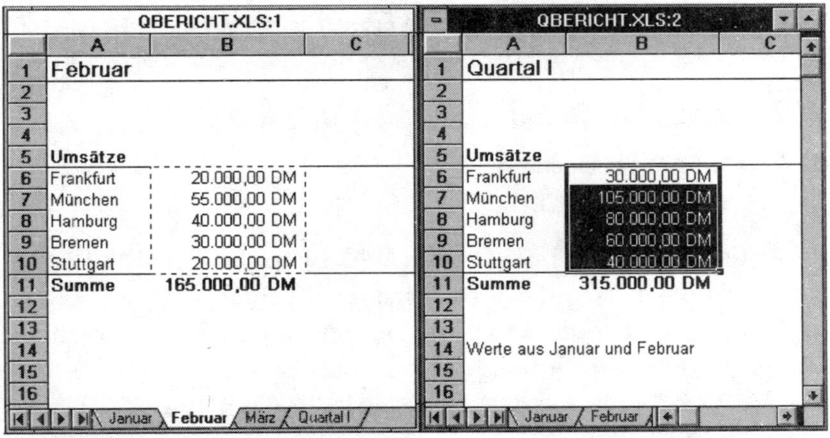

Bild 7.16: Werte addiert

Leider kann man später im Zielblatt nicht mehr nachvollziehen, aus welchen Tabellen welche Daten kopiert wurden. Deshalb sind direkte Verknüpfungen diesem Verfahren vorzuziehen.

Wenn Sie mit diesem Befehl experimentieren, so werden Sie noch die eine oder andere Möglichkeit finden. Interessant ist z.B. das Ergebnis des Einfügens, wenn Formeln aus dem Ausgangsblatt zu Formeln oder Werten des Zielblattes addiert werden. Dann werden nämlich die Formeln entsprechend erweitert, wobei Excel selbsttätig Klammern setzt.

7.4 3D-Bezüge

Mit Hilfe der in den vorangegangenen Abschnitten beschriebenen Verknüpfungsmethoden können Sie Formeln erstellen, deren Bezüge sich auch auf andere Arbeitsblätter erstrecken. Eine spezielle Art der Verknüpfung über eine Reihe von Arbeitsblättern hinweg ist der 3D-Bezug.

In unserem Beispiel im nächsten Bild sehen Sie ein Einnahmen-Ausgaben-Blatt für den Monat Oktober. Wie am unteren Bildschirmrand zu erkennen ist, sind Blätter für weitere Monate angelegt. Insgesamt werden 13 Blätter erstellt: `Januar` bis `Dezember` sowie ein Blatt `Gesamt` für eine Jahresübersicht.

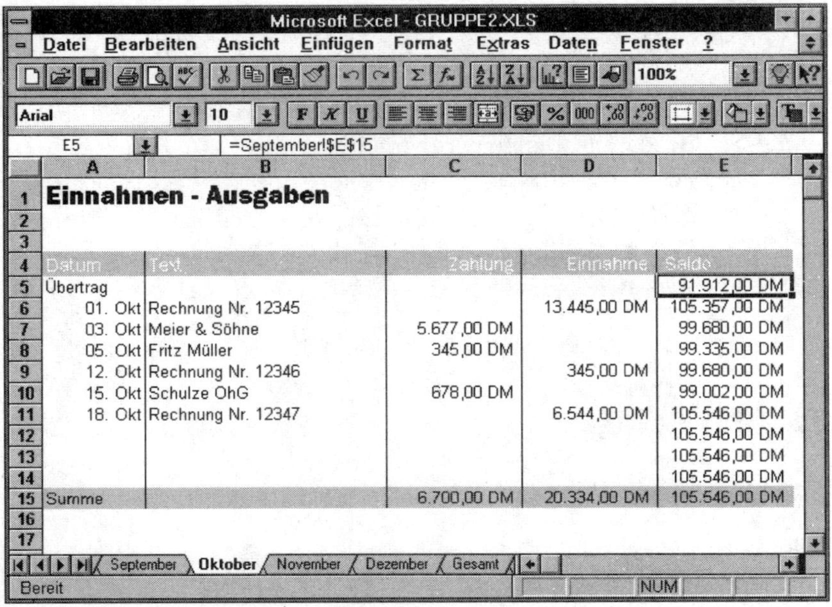

Kapitel 7 Tabellen verknüpfen

	A	B	C	D	E
	\multicolumn{5}{l|}{E5 =September!$E$15}				

Screenshot: Microsoft Excel - GRUPPE2.XLS

	A	B	C	D	E
1	**Einnahmen - Ausgaben**				
2					
3					
4	Datum	Text		Zahlung	Einnahme	Saldo
5	Übertrag				91.912,00 DM
6	01. Okt	Rechnung Nr. 12345		13.445,00 DM	105.357,00 DM
7	03. Okt	Meier & Söhne	5.677,00 DM		99.680,00 DM
8	05. Okt	Fritz Müller	345,00 DM		99.335,00 DM
9	12. Okt	Rechnung Nr. 12346		345,00 DM	99.680,00 DM
10	15. Okt	Schulze OhG	678,00 DM		99.002,00 DM
11	18. Okt	Rechnung Nr. 12347		6.544,00 DM	105.546,00 DM
12					105.546,00 DM
13					105.546,00 DM
14					105.546,00 DM
15	Summe		6.700,00 DM	20.334,00 DM	105.546,00 DM
16					
17					

Blätter: September \ **Oktober** / November / Dezember / Gesamt

Bild 7.17: Monatstabelle Oktober

Auf dem Blatt Gesamt, der Jahresübersicht, möchten wir eine Summe über alle Auszahlungen und Einnahmen errechnen. Hier würden Sie normalerweise für die Summe der Auszahlungen die Formel

=Januar!C15+Februar!C15+März!C15 ...

eintragen. Diese Art der Schreibweise ist so mühsam wie fehlerträchtig. Einfacher läßt sich die Problemstellung mit einem 3D-Bezug lösen. Hierbei wird die dritte Dimension genutzt, nämlich die hintereinander liegenden Arbeitsblätter. Die Formel für die Summe kann so einfach als

=SUMME(Januar:Dezember!C15)

geschrieben werden. Durch den Doppelpunkt werden alle Arbeitsblätter, die zwischen Januar und Dezember liegen, in die Rechnung mit eingeschlossen.

7.5 Konsolidieren von Arbeitsblättern

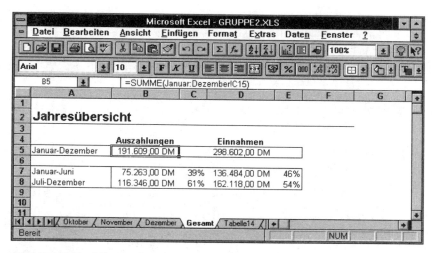

Bild 7.18: Dreidimensionale Summenformel

7.5 Konsolidieren von Arbeitsblättern

Eine weitere Methode für die Auswertung und Verdichtung von verschiedenen Tabellen ist die Konsolidierung. Sie können damit schnell Summen, Mittelwerte und statistische Berechnungen über mehrere Arbeitsblätter hinweg durchführen. Anders als bei dem oben beschriebenen Verfahren können hier Tabellen, die nicht geladen sind, und Tabellen im Lotus-1-2-3-Format einbezogen werden.

Anwendungen für Konsolidierungen wären z.B. die Zusammenfassung von Quartalsberichten zu einer Tabelle mit Jahreswerten oder die Auswertung von Umsatztabellen nach bestimmten Artikeln und deren statistischen Merkmalen. Zur Verdeutlichung der Sachverhalte und des Ablaufs der Konsolidierung möchten wir Ihnen in diesem Abschnitt zwei Beispiele beschreiben.

Beispiel: Quartalsbericht

Ihnen liegen drei Arbeitsblätter mit den Umsatzerlösen der Monate Januar, Februar und März vor. Auf einer vierten Tabelle möchten Sie als Quartalsbericht die Umsatzsummen der Monate addieren.

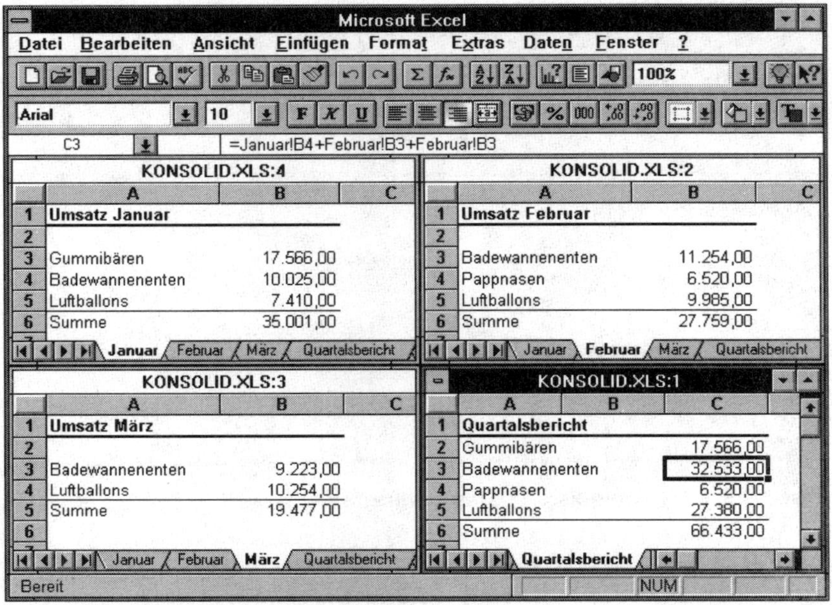

Kapitel 7 Tabellen verknüpfen

Bild 7.19: Ausgangsdaten

Sie können dieses Problem, wie in den obigen Abschnitten gezeigt, durch eine Verknüpfung lösen. Tragen Sie dazu in die Additionsformel die entsprechenden Verweise ein. Bei drei verknüpften Blättern ist dieser Vorgang noch überschaubar, aber bei sechs, sieben oder mehr Verknüpfungen werden die Formeln lang und unhandlich. Insbesondere sind die Rechenanweisungen nicht änderungsfreundlich, denn Sie müssen z.B. bei der Hinzunahme einer weiteren Verknüpfung alle Formeln anpassen. Mit der Konsolidierungsfunktion bietet Excel Ihnen eine elegante und bequeme Möglichkeit, Anwendungen wie Quartalsberichte, zu erstellen.

Öffnen Sie für den Bericht ein neues Arbeitsblatt. Positionieren Sie den Cursor an der Stelle, an der Sie die konsolidierten Werte einfügen möchten. Wählen Sie das Konsolidierungsdialogfenster über den Punkt KONSOLIDIEREN im Menü DATEN.

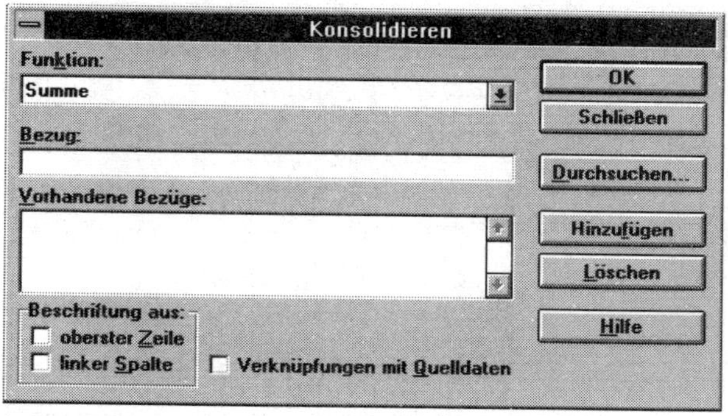

7.5 Konsolidieren von Arbeitsblättern

Bild 7.20: Dialogfeld zu DATEN • KONSOLIDIEREN

Links oben sehen Sie die möglichen mathematischen Funktionen. Für unser Beispiel sollte dort SUMME selektiert sein. Unter BEZUG werden die Verweise auf die zu konsolidierende Tabelle aufgenommen. Über die Schaltfläche HINZUFÜGEN werden diese Bezüge dann nacheinander in die Liste, die mit VORHANDENE BEZÜGE betitelt ist, eingetragen. Es empfiehlt sich, in den Ausgangstabellen die Konsolidierungsbereiche zu benennen. Konsolidierungsbezüge werden in absoluten Koordinaten angegeben.

Das nächste Bild 7.21 zeigt das für unser Beispiel ausgefüllte Dialogfeld. In Bild 7.22 sind die drei Monatsberichte und die Tabelle für den Quartalsbericht nach der Konsolidierung zu sehen.

Die einzelnen Ursprungsbezugsbereiche werden, bildlich gesprochen, übereinander gelegt und addiert. Mögliche mathematische Operationen sind Summe, Anzahl, Mittelwert, Maximum, Minimum, Produkt, Anzahl (nur Zahlen), Standardabweichung (Stichprobe), Standardabweichung (Grundgesamtheit), Varianz (Stichprobe) und Varianz (Grundgesamtheit). Schlagen Sie bitte die genauen Bedeutungen der Funktionen im Anhang nach.

Kapitel 7 Tabellen verknüpfen

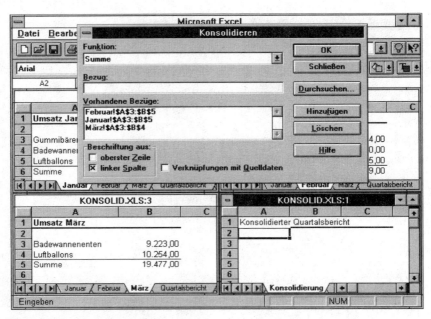

Bild 7.21: Ausgefülltes Dialogfeld

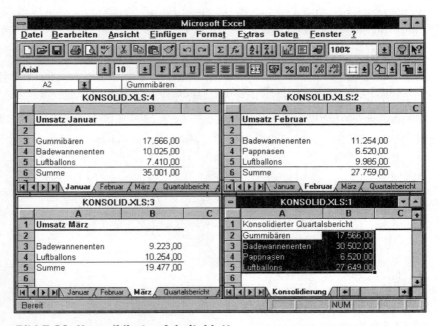

Bild 7.22: Konsolidiertes Arbeitsblatt

7.5 Konsolidieren von Arbeitsblättern

Verknüpfte Konsolidierungen

Die oben beschriebene Art der Konsolidierung hat einen Nachteil. Ändern sich die Werte in einem der Monatsblätter, z.B. aufgrund einer Korrektur von Umsätzen, wird nicht automatisch der Quartalsbericht neu errechnet. Um die neuen Werte zu errechnen, muß die Konsolidierung erneut durchgeführt werden. Mit Hilfe von verknüpften Konsolidierungen ist es möglich, eine Verbindung zwischen Ausgangs- und Konsolidierungstabelle herzustellen, so daß Wertänderungen automatisch aktualisiert werden.

Im Konsolidierungsdialogfeld finden Sie links unten die Option VERKNÜPFUNGEN MIT QUELLDATEN. Durch Ankreuzen dieser Auswahl werden in Ihr Arbeitsblatt die Verknüpfungsformeln entsprechend ihrer Ursprungsbezüge eingebaut. Gleichzeitig wird Ihr Konsolidierungsarbeitsblatt gegliedert. Dadurch werden die Zwischenergebnisse versteckt. Zu jedem Ergebnis fügt Excel den Namen der Ursprungsdatei hinzu. In Bild 7.23 sehen Sie ein so verknüpftes und gegliedertes Blatt, wobei für eine Zeile auch die Gliederungsdetails zu sehen sind.

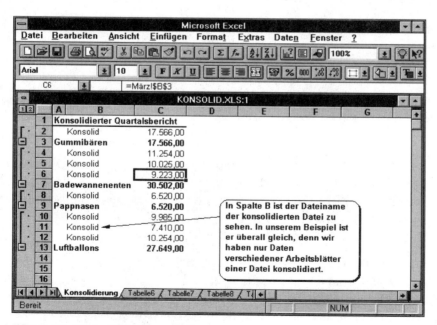

Bild 7.23: Verknüpfte Konsolidierung

Beispiel: Verkaufszahlen

Das Beispiel einer Tabelle mit Verkaufszahlen möchten wir Ihnen in zwei Variationen vorstellen. In beiden Fällen werden wir Rubriken zur Konsolidierung verwenden. Das nächste Bild zeigt die Ausgangssituation für das Beispiel.

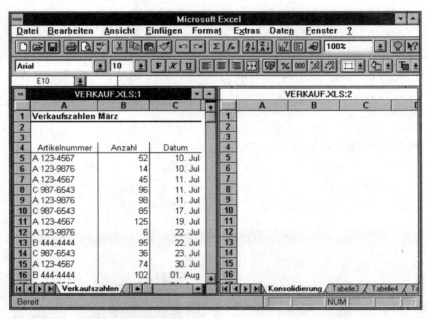

Bild 7.24: Beispiel Verkaufszahlen

Wie Sie im linken Fenster erkennen können, sind eine Reihe der Artikel zwei- oder mehrfach aufgelistet. Mit Hilfe der Konsolidierungsfunktion ist es möglich, die Summen für die einzelnen Artikelnummern zu berechnen. Übrigens kann Excel eine Konsolidierung auch innerhalb ein und desselben Arbeitsblattes durchführen.

Zur Fortführung dieses Beispiels müßten Sie in das rechte Blatt wechseln. Wählen Sie dort dann die Konsolidierungsfunktion an. Als Ursprungsbezug ist der Tabellenbereich A5:B20 des linken Arbeitsblattes anzugeben. Klicken Sie zusätzlich in der Gruppe BESCHRIFTUNG AUS die Auswahl LINKER SPALTE an. Dadurch wird Excel angewiesen, die

7.5 Konsolidieren von Arbeitsblättern

Werte anhand der Aufschrift in der linken Spalte des Bezugsbereichs zu unterscheiden. Ansonsten werden nur Werte konsolidiert, die relativ die gleichen Adressen innerhalb der Bereiche haben.

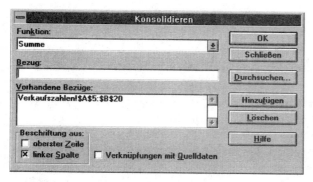

Bild 7.25: Konsolidierungsangaben

Excel konsolidiert die Ausgangsdaten und summiert über die Artikelnummern. Das Ergebnis ist im folgenden Bild illustriert.

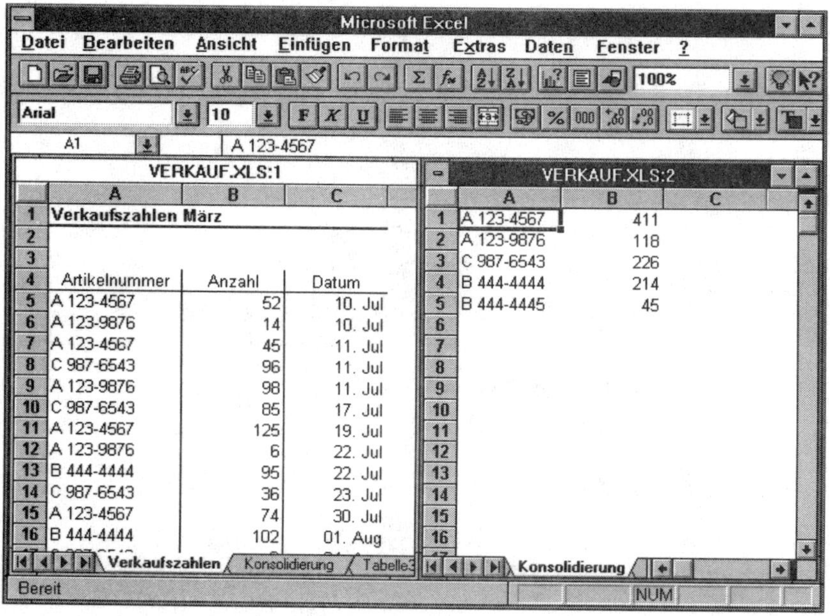

Bild 7.26: Konsolidierte Verkaufszahlen

Kapitel 7 Tabellen verknüpfen

Bei der Angabe der Rubriken gibt es noch weitere Möglichkeiten. Sie können mehrere Rubrikenarten durch die Angabe von Platzhaltersymbolen, wie * und ?, zusammenfassen. Ein Sternchen steht für beliebig viele Zeichen, ein Fragezeichen für ein beliebiges Zeichen.

Im folgenden Bild ist im linken Fenster wieder die Verkaufstabelle zu sehen. Im rechten Fenster wurden die Rubriken für die Konsolidierung geändert. Die Zeilen sind jetzt mit A*, B* und C* vorbesetzt. Der Stern als Platzhaltersymbol steht für beliebig viele Zeichen. In unserem Fall werden alle Rubriken, deren erstes Zeichen mit dem ersten Zeichen der Zeilenaufschrift übereinstimmt, konsolidiert.

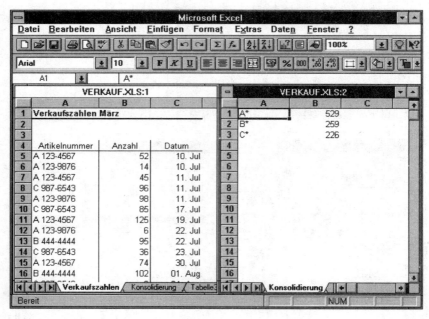

Bild 7.27: Mit Platzhaltersymbolen

7.6 Über Zellen benannte Arbeitsblätter

Viele Konsolidierungen, die wir zu Gesicht bekamen, bestanden aus komplexen Rechnungen mit aufwendigen Formeln, die auf eine Vielzahl von Arbeitsblättern zugriffen. Es wurden z.B. Umsätze und Kosten von Niederlassungen oder Auslandstöchtern einer Firma auf ei-

7.6 Über Zellen benannte Arbeitsblätter

nem Arbeitsblatt zusammengefaßt und verdichtet. Die einzelnen Niederlassungen schickten in monatlichen Abständen eine Diskette mit den neuesten Daten. Diese Daten wurden dann in die zentrale Konsolidierung übernommen. Leider kam es immer wieder vor, daß die Benennung der Arbeitsblattdateien bzw. die Struktur der Arbeitsblätter unterschiedlich waren. Das bedeutete für den Mitarbeiter in der Zentrale, der für die Konsolidierung verantwortlich war, eine Anpassung und Aufbereitung der Formeln und Bezüge.

Sind nur die Dateinamen unterschiedlich, so können, wie oben beschrieben, über den Menüpunkt BEARBEITEN • VERKNÜPFUNGEN die Verknüpfungen geändert werden. Weist die zu konsolidierende Tabelle aber eine andere Struktur als erwartet auf, so bleibt nur die Anpassung der Formeln.

Eine flexible Methode zur Vermeidung der beschriebenen Probleme möchten wir Ihnen im nächsten Beispiel vorstellen.

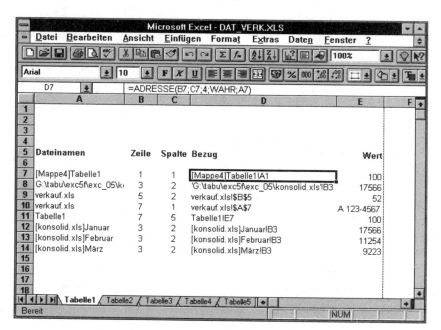

Bild 7.28: Adressierung von Dateien und Blättern

Kapitel 7 Tabellen verknüpfen

Dazu werden die Dateinamen, Bezugszeilen und -spalten in einer Tabelle erfaßt. Diese Angaben werden dann zu einer Adresse verkettet. Der Text der Adresse steht in der Spalte, die mit »Bezug« überschrieben ist.

Der Adressentext kann mit zwei verschiedenen Methoden gebildet werden. Zum einen mit Hilfe einer einfachen Textverkettung mit dem Operator &. Der Ausdruck:

```
=A6&"!A1"
```

würde den Text Tab1!A1 ergeben. Im Bild oben können Sie die zweite Variante mit der Funktion =ADRESSE(...) sehen, die im weiteren beschrieben wird. Das Ergebnis ist in beiden Fällen gleich.

Jetzt muß Excel nur noch angewiesen werden, diesen Adressentext als Bezug auf eine Zelle zu verwenden. Dafür können Sie die Funktion =INDIREKT(Bezug;A1) verwenden, deren Ergebnis in der Spalte »Wert« dargestellt ist. In der Zelle E6 ist dafür die Formel

```
=INDIREKT(D6;WAHR)
```

eingetragen. Der Parameter »Bezug«, hier D6, ist der Adressentext, während der optionale Parameter »A1«, WAHR, angibt, ob der Bezug in der A1- oder Z1S1-Schreibweise vorliegt. Hat der Parameter den Wert WAHR, so wird A1-Schreibweise verwendet. Der Wert FALSCH kennzeichnet die Z1S1-Definition.

Das Zusammensetzen einer Adresse aus den verschiedenen Bestandteilen erleichtert die Funktion ADRESSE(Zeile; Spalte; Abs; A1; Tabellenname). Die Angaben für Zeile, Spalte und Tabellenname werden unter Berücksichtigung der Parameter »Abs« und »A1« zu einem Bezug verknüpft. Der Wert für »A1« entspricht dem gleichnamigen Parameter der INDIREKT-Funktion.

Für den Parameter »Abs«, der die Adressierungsart beschreibt, sind die folgenden Werte möglich.

7.6 Über Zellen benannte Arbeitsblätter

Tabelle 7.1: Adressierungsarten

Wert	Beschreibung
1	Absoluter Bezug (Standard)
2	Absolute Zeile, relative Spalte
3	Relative Zeile, absolute Spalte
4	Relativer Bezug

Hierzu einige Beispiele, die in Bild 7.28 dargestellt sind.

Tabelle 7.2: Adressierungsbeispiele

Zelle	Formel	Bezugstext
D7	=ADRESSE(B7;C7;4;WAHR;A7)	[Mappe1]Tabelle1!A1
D7	=ADRESSE(B9;C9;1;WAHR;A9)	verkauf.xls!$B$6

Mit Hilfe des Bezugstexts und der Funktion INDIREKT() können Sie so Dateinamen, Zeilen- und Spaltenangaben in einer Tabelle verwalten. Diese Methode ist sehr änderungsfreundlich und bietet eine gute Dokumentation der verwendeten Daten.

»Was wäre wenn?«-Modelle   8

Zielwertsuche	162
Szenarien	169
Der Solver	174
Drucken von Berichten	179

Kapitel 8   »Was wäre wenn?«-Modelle

Die Stärken einer Tabellenkalkulation zeigen sich bei Modellrechnungen und »Was wäre wenn?«-Analysen. Damit können Sie mit einfachen Arbeitsschritten Werte und Einstellungen durchspielen und so für Sie wichtige Kenngrößen ermitteln.

Excel unterstützt Sie mit verschiedenen Funktionen bei der Optimierung Ihrer Modellrechnungen. Das Spektrum der angebotenen Funktionen reicht hierbei von einer einfachen Zielwertsuche bis hin zur Methode der linearen Optimierung mit mehreren Veränderlichen.

Die meisten der in den folgenden Abschnitten beschriebenen Funktionen werden nur bei Bedarf geladen, d.h., sie liegen in Form von Add-In-Makros vor. Die hier eingesetzten Add-In-Makros finden Sie im Verzeichnis MAKRO in Ihrem Excel-Unterverzeichnis. Aktiviert werden die Add-In-Makros durch einen entsprechenden Eintrag im ADD-IN-MANAGER, den Sie über das Menü EXTRAS erreichen.

8.1 Zielwertsuche

Die Zielwertsuche ist ein leistungsfähiges Werkzeug für sogenannte »Was-Wenn«-Analysen. Bei der Zielwertsuche wird ein Ausgangswert solange verändert, bis ein Zielwert, der von dem Ausgangswert abhängt, erreicht ist.

Möglich ist auch die Zielwertsuche innerhalb von Grafiken. Sie können, wie wir im weiteren noch beschreiben werden, Zielwerte in einem Balkendiagramm durch Veränderung der Balkengröße vorgeben.

Zur Zielwertsuche möchten wir Ihnen mit der Tabelle in Bild 8.1 ein Beispiel zeigen.

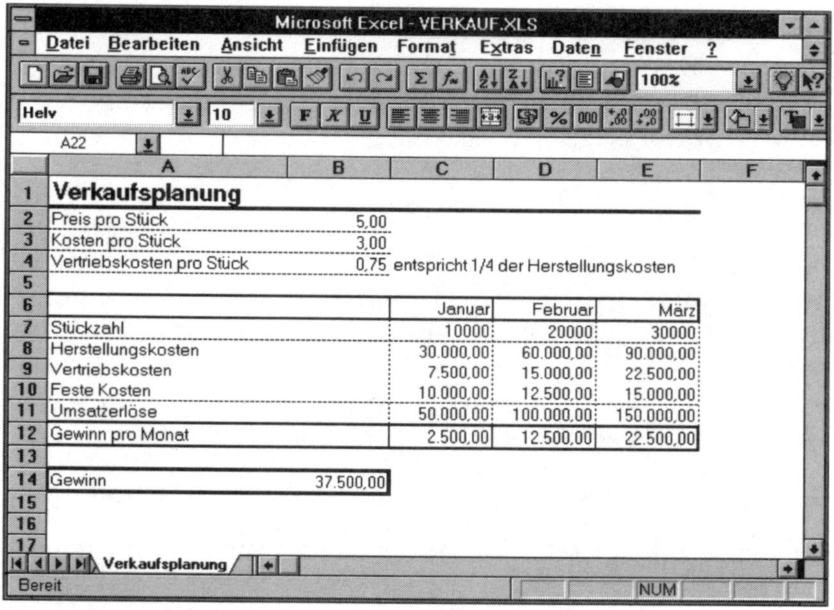

8.1 Zielwertsuche

```
                Microsoft Excel - VERKAUF.XLS
 Datei  Bearbeiten  Ansicht  Einfügen  Format  Extras  Daten  Fenster  ?
```

	A	B	C	D	E	F
1	**Verkaufsplanung**					
2	Preis pro Stück	5,00				
3	Kosten pro Stück	3,00				
4	Vertriebskosten pro Stück	0,75	entspricht 1/4 der Herstellungskosten			
5						
6			Januar	Februar	März	
7	Stückzahl		10000	20000	30000	
8	Herstellungskosten		30.000,00	60.000,00	90.000,00	
9	Vertriebskosten		7.500,00	15.000,00	22.500,00	
10	Feste Kosten		10.000,00	12.500,00	15.000,00	
11	Umsatzerlöse		50.000,00	100.000,00	150.000,00	
12	Gewinn pro Monat		2.500,00	12.500,00	22.500,00	
13						
14	Gewinn	37.500,00				

Bild 8.1: Verkaufsplanung

Welche Möglichkeiten bestehen, um den Gewinn auf 100.000 DM zu bringen? Man könnte am Verkaufspreis, an den Herstellungskosten und an der Stückzahl Veränderungen vornehmen. Wir haben einige Randbedingungen in das Beispielmodell eingebaut, um vernünftige Ergebnisse zu erzielen. Unsere Badewannenentenherstellungsmaschine z.B. kann nur in 10.000er Schritten umgerüstet werden. Jeden Monat werden deshalb 10.000 Enten mehr produziert. Mit der höheren Produktionszahl steigen aber auch unsere Lagerhaltungskosten, die unter dem Punkt »Feste Kosten« in die Rechnung einfließen. Für die Vertriebskosten nehmen wir vereinfachend an, daß sie immer 1/4 der Herstellungskosten betragen.

Mit Hilfe der Zielwertsuche wollen wir jetzt unseren Verkaufspreis so ändern, daß das Gewinn 100.000 DM beträgt. Dazu wählen wir im Menü EXTRAS den Punkt ZIELWERTSUCHE.

Kapitel 8   »Was wäre wenn?«-Modelle

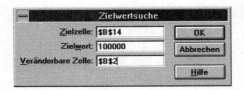

Bild 8.2: Dialogfeld zu EXTRAS • ZIELWERTSUCHE

In dem im Bild oben gezeigten Dialogfenster werden unsere Vorgaben für die Gewinnerhöhung eingegeben. Als ZIELZELLE wird das Feld mit dem Gewinn festgelegt. Der ZIELWERT wird mit 100.000 angegeben. Die VERÄNDERBARE ZELLE ist der Preis. Nach dem Starten der Zielwertsuche meldet sich Excel mit folgender Bildschirmmaske.

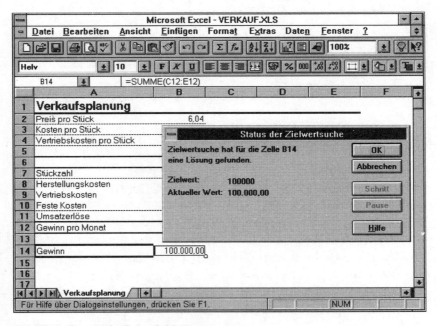

Bild 8.3: Ergebnisdialogfeld ZIELWERTSUCHE

8.1 Zielwertsuche

Mit OK werden die errechneten Werte in das Kalkulationsblatt eingetragen.

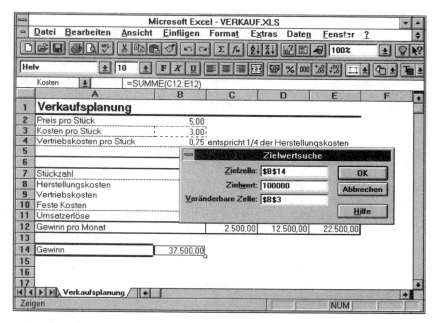

Bild 8.4: Neue Bedingungen

Bei einem Stückpreis von 6,04 DM sind 100.000 DM Gewinn zu erzielen. Was ist aber, wenn man aus Konkurrenzgründen den Preis nicht anheben kann? Bleibt die Senkung der Produktionskosten. Hierzu wird als zu verändernde Zelle B3, die Kosten pro Stück, gewählt, wie es Bild 8.4 zeigt. Das Ergebnis ist im Bild 8.5 auf der nächsten Seite dargestellt.

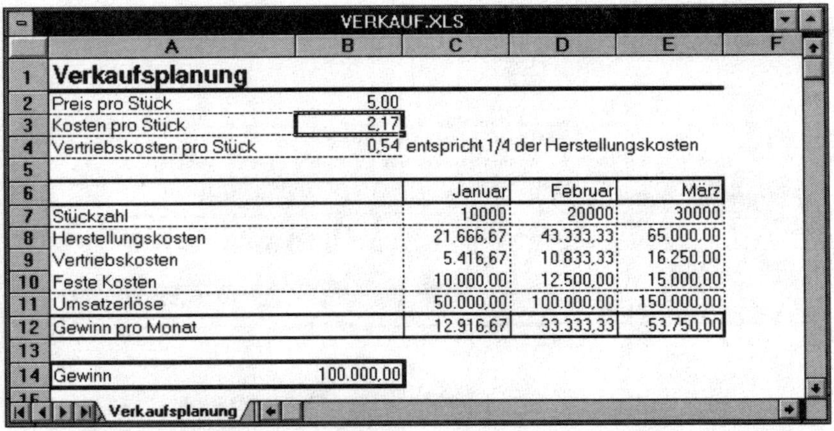

Kapitel 8   »Was wäre wenn?«-Modelle

	A	B	C	D	E	F
1	**Verkaufsplanung**					
2	Preis pro Stück	5,00				
3	Kosten pro Stück	2,17				
4	Vertriebskosten pro Stück	0,54	entspricht 1/4 der Herstellungskosten			
5						
6			Januar	Februar	März	
7	Stückzahl		10000	20000	30000	
8	Herstellungskosten		21.666,67	43.333,33	65.000,00	
9	Vertriebskosten		5.416,67	10.833,33	16.250,00	
10	Feste Kosten		10.000,00	12.500,00	15.000,00	
11	Umsatzerlöse		50.000,00	100.000,00	150.000,00	
12	Gewinn pro Monat		12.916,67	33.333,33	53.750,00	
13						
14	Gewinn	100.000,00				

Bild 8.5: Geänderte Herstellungskosten

Nicht immer kann Excel mit Hilfe der Zielwertsuche ein Ergebnis bestimmen. Für viele Probleme z.B. gibt es überhaupt keine Lösung. Excel bricht die Zielwertsuche dann nach einiger Zeit ab, wenn weitere Iterationsschritte keine Konvergenz erkennen lassen.

Weiterhin wird Excel keine Lösung Ihrer Zielwertsuche finden, wenn die Zielzelle und die zu ändernde Zelle nicht voneinander abhängig sind. Im folgenden Bild wurden die Vertriebskosten und der Preis pro Stück in der Zielwertsuche angegeben. In unserem Beispiel besteht zwischen diesen beiden Werten keine Beziehung, d.h., eine Änderung des Preises pro Stück beeinflußt nicht die Vertriebskosten. Excel kann also kein Ergebnis finden.

8.1 Zielwertsuche

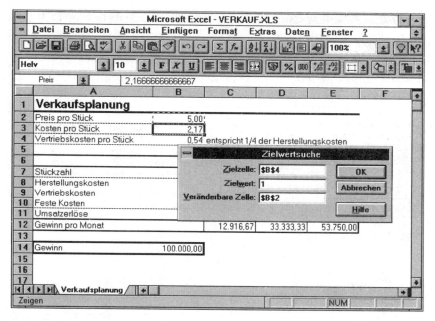

Bild 8.6: Zielwertsuche

Excel meldet Ihnen den Fehlversuch mit folgendem Fenster:

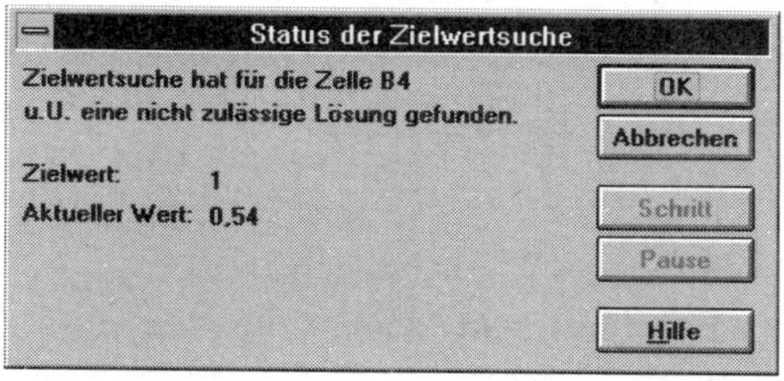

Bild 8.7: Status der Zielwertsuche

Bei nicht-konvergenten Problemstellungen können Sie über die Tasten SCHRITT und PAUSE die Iterationen steuern, um so zu einem für Sie ausreichenden Ergebnis zu kommen.

Kapitel 8 »Was wäre wenn?«-Modelle

Grafische Zielwertsuche

Excel bietet Ihnen die Möglichkeit, aus einem Balken- oder Liniendiagramm heraus die Zielwertsuche aufzurufen. Wir haben die Verkaufsplanung der letzten Zielwertsuchbeispiele in eine Balkengrafik umgesetzt.

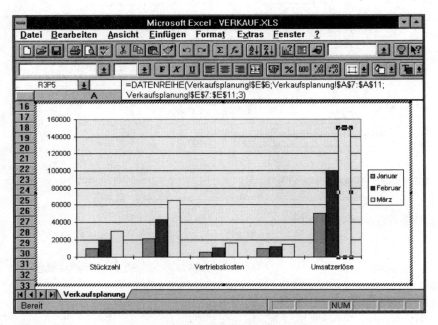

Bild 8.8: Balkendiagramm mit Verkaufsplanungszahlen

Der Balken rechts außen wurde mit der Maus bei gehaltener [Strg]-Taste angewählt. Er wird von Excel mit acht kleinen Quadraten versehen, wobei das Quadrat oben in der Mitte in einer anderen Farbe erscheint.

Durch das Ziehen an diesem kleinen Quadrat mit der Maus bei gehaltener linker Maustaste können Sie die Höhe des Balkens verändern. Stellen Sie einen neuen Wert ein, so erhalten Sie im Anschluß daran das Dialogfeld zur Zielwertsuche. Sie können jetzt eine Zielwertsuche mit den in diesem Kapitel schon beschriebenen Parametern und Einstellungen durchführen.

8.2 Szenarien

Bei Was-Wenn-Analysen und Zielwertsuchen ist es in vielen Fällen wünschenswert, Einstellungen, Zwischenergebnisse und Lösungen festzuhalten.

Mit dem Szenario-Manager können Sie für bestimmte, zu verändernde Zellen Varianten abspeichern. Am einfachsten ist dieser Sachverhalt mit einem Beispiel erklärt. Dazu möchten wir das im Abschnitt »Zielwertsuche« verwendete Beispiel wieder aufgreifen. Zur Vorbereitung haben wir das Arbeitsblatt ergänzt. Die Zelle $B$2 wurde über EINFÜGEN • NAMEN • FESTLEGEN mit »Preis«, die Zelle $B$3 mit »Kosten« benannt.

Zur Definition der Szenarien rufen Sie den SZENARIO-MANAGER im Menü EXTRAS auf.

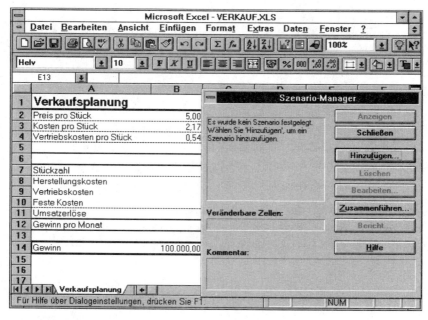

Bild 8.9: Dialogfeld zu EXTRAS • SZENARIO-MANAGER

Kapitel 8   »Was wäre wenn?«-Modelle

Durch Anklicken der Schaltfläche HINZUFÜGEN öffnet sich das im folgenden Bild gezeigte Dialogfenster:

Bild 8.10: Dialogfeld zu SZENARIO HINZUFÜGEN

Unter SZENARIONAME können Sie dem Szenario eine beschreibende Bezeichnung geben. Als zu verändernde Werte werden die Zellen $B$2 und $B$3 für Preis und Kosten angegeben. Im Kommentarfeld wird automatisch Benutzer und Datum der Erstellung bzw. der Modifikation eingesetzt.

Ist der Schutz eines Blattes aktiviert, können Sie durch Anklicken der Option ÄNDERUNGEN VERHINDERN festlegen, daß andere Benutzer Ihr Szenario nicht verändern können. Oder Sie können das Szenario AUSBLENDEN, so daß es nicht in der Liste der Szenarien erscheint.

Nach Bestätigung des Dialogfeldes SZENARIO-MANAGER mit der Schaltfläche HINZUFÜGEN erscheint das Dialogfeld SZENARIOWERTE, das im nächsten Bild dargestellt ist.

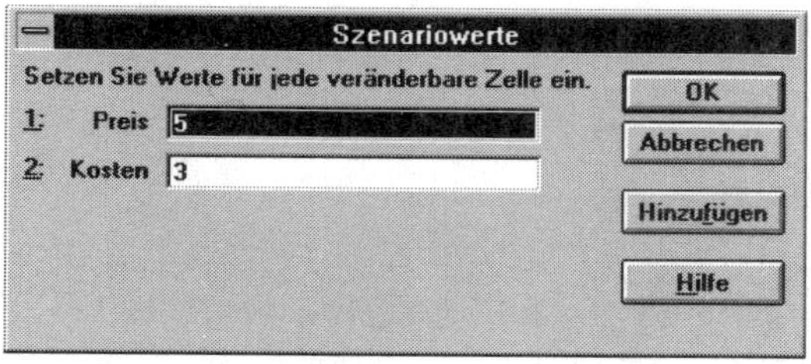

8.2 Szenarien

Bild 8.11: Dialogfeld zu SZENARIOWERTE

Da wir zwei zu verändernde Werte vorgegeben haben, werden zwei Wertfelder angezeigt. Excel hat hier richtigerweise `Preis` und `Kosten` in das Dialogfeld eingetragen. Diese Bezeichnungen sind die Namen, die für diese beiden Zellen definiert wurden, wie wir es oben beschrieben haben.

Sie können die gewünschte Anzahl von Szenarien definieren. Im nächsten Bild sehen Sie einige der von uns festgelegten Varianten:

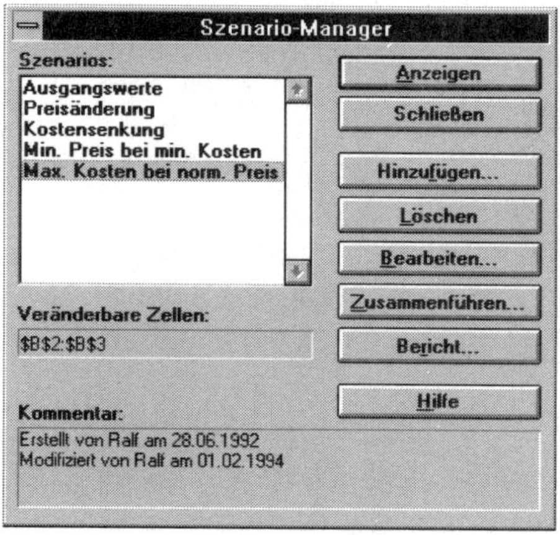

Bild 8.12: SZENARIO-MANAGER *mit mehreren Szenarien*

Mit Hilfe der Schaltfläche BEARBEITEN können Sie ein Szenario abändern.

Kapitel 8 »Was wäre wenn?«-Modelle

Bild 8.13: Dialogfeld SZENARIO • BEARBEITEN

Mit LÖSCHEN im Dialogfenster SZENARIO-MANAGER lassen sich Szenarien wieder entfernen.

Eine interessante Funktion verbirgt sich hinter dem Tastenfeld BERICHT. Excel legt für Sie eine Übersicht bzw. eine Pivot-Tabelle über alle Szenarien an.

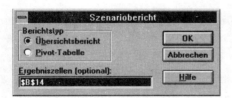

Bild 8.14: Dialogfeld SZENARIOBERICHT

Unter dem Punkt ERGEBNISZELLEN können Sie festlegen, welche Zellen mit End- oder Zwischenergebnissen in den Übersichtsbericht aufgenommen werden.

Wählen Sie ÜBERSICHTSBERICHT aus, öffnet sich nach der Bestätigung mit OK ein neues Arbeitsblatt, in das die Übersicht aufgenommen wird. Wie Sie im folgenden Bild sehen können, ist der Übersichtsbericht gegliedert. Neben den zu verändernden Zellen und den Ergebniszellen fügt Excel in den ersten Gliederungsbereich zwei Zeilen mit

8.2 Szenarien

dem Benutzernamen und dem Datum ein, die normalerweise ausgeblendet sind. Blenden Sie diese Zeilen ein, können Sie anhand dieser Daten feststellen, wer wann das Szenario geändert hat. Arbeiten mehrere Mitarbeiter zum Beispiel per Diskettenaustausch oder per Netzwerk an der gleichen Tabelle, so können von jedem Mitarbeiter Szenarien aufgenommen und verändert werden. Ein entsprechender Vermerk wird in die Übersicht aufgenommen.

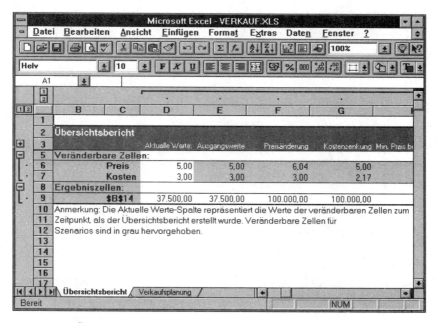

Bild 8.15: Übersichtsbericht

Selektieren Sie in Bild 8.14 im Dialogfeld SZENARIOBERICHT die Option PIVOT-TABELLE, erstellt der Szenario-Manager auf einem neuen Tabellenblatt eine Pivot-Tabelle. Eine Pivot-Tabelle ist ein speziell aufbereitete Auswertungs- und Analyse-Tabelle. Die Möglichkeiten von Pivot-Tabellen werden im Kapitel »Pivot-Tabellen« vorgestellt.

Kapitel 8 »Was wäre wenn?«-Modelle

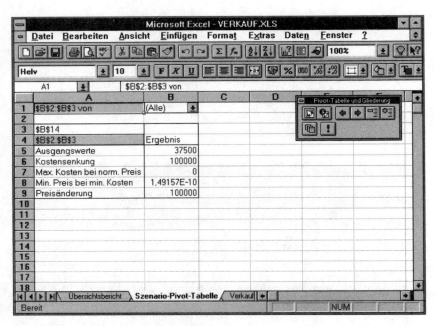

Bild 8.16: *Szenario-Pivot-Tabelle*

8.3 Der Solver

Mit dem Solver können Sie Probleme mit mehreren Veränderlichen und Nebenbedingungen lösen. Der Excel-Solver verwendet dazu mathematische Verfahren der linearen Optimierung.

Sie können den Solver mit EXTRAS • SOLVER aufrufen. Finden Sie diesen Befehl nicht in Ihrem Excel-Menü, müssen Sie ihn im Dialogfeld zu EXTRAS • ADD-IN-MANAGER aktivieren.

Microsoft liefert mit Excel eine Reihe von Beispielen für den Solver aus. Diese Beispiele sind relativ komplex, zeigen aber sehr gut die Leistungen des Solvers. Sie finden die Beispieldateien im Verzeichnis SOLVER unterhalb Ihres Excel-Verzeichnisses.

Die größte Schwierigkeit für den Anwender im Umgang mit dem Solver liegt in der Definition des Problems selbst. Die Aufbereitung der Ausgangsdaten, die Bestimmung der Veränderlichen und der Nebenbedingungen ist nicht trivial, denn das Problem muß so gestellt

8.3 Der Solver

werden, daß der Solver eine sinnvolle Lösung findet. Wir möchten daher die Leistungen und Möglichkeiten des Solvers anhand eines einfachen Beispiels beschreiben und Sie ansonsten auf die mitgelieferten Microsoft-Beispiele verweisen.

Um die Möglichkeiten des Solvers erklären zu können, haben wir die im nächsten Bild dargestellte Tabelle entwickelt. Es handelt sich hier um ein sogenanntes »Rucksack«-Problem:

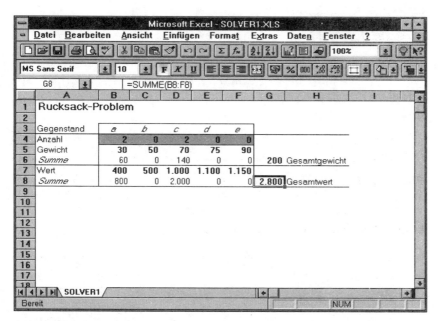

Bild 8.17: Ausgangstabelle

Der »Rucksack« hat ein bestimmtes Fassungsvermögen, d.h. ein bestimmtes maximales Gesamtgewicht. Die verschiedenen Gegenstände mit unterschiedlichen Gewichten und Werten sollen jetzt so kombiniert werden, daß der Gesamtwert der Gegenstände im Rucksack maximal wird. Sie können sich vorstellen, daß die Lösung eines solchen Problems, ohne technische Unterstützung, eine Vielzahl von Variationen der Zusammensetzung der Gegenstände erfordert. Der Solver unterstützt Sie hier bei der Lösungsfindung. Rufen Sie den Solver mit Hilfe des Befehls EXTRAS • SOLVER auf.

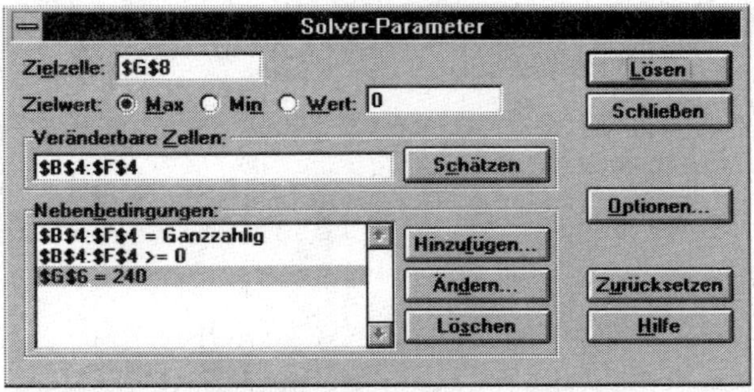

Kapitel 8 »Was wäre wenn?«-Modelle

Bild 8.18: *Dialogfeld zu* EXTRAS SOLVER

Die ZIELZELLE gibt die zu optimierende Zelle an. Im vorliegenden Fall ist dies die Zelle $G$8, der Gesamtwert. Mit Hilfe der im Dialogfeld folgenden Option legen Sie fest, ob der Wert in der Zielzelle maximiert, minimiert oder auf einen bestimmten Wert optimiert werden soll.

Unter VERÄNDERBARE ZELLEN werden die Werte angegeben, die zum Erreichen einer Lösung variiert werden dürfen. In unserem Beispiel sind das die grau unterlegten Werte aus der Zeile 4. Mit dem Tastenfeld SCHÄTZEN können Sie übrigens den Solver anweisen, die veränderlichen Zellen zu bestimmen.

Im Listenfeld unten links im Dialogfeld des Solvers werden die Nebenbedingungen definiert. Für unser Beispiel wurden drei Bedingungen festgelegt. Die erste Bedingung bestimmt, daß die Anzahl der Gegenstände ganzzahlig sein soll. Die zweite Bedingung wurde eingefügt, um eine negative Anzahl von Gegenständen zu verhindern. Die dritte Bedingung legt das Fassungsvermögen unseres Rucksacks, d.h. das zulässige Gesamtgewicht, fest.

Die Nebenbedingungen werden mit den Schaltflächen HINZUFÜGEN, ÄNDERN und LÖSCHEN erstellt und bearbeitet. Ein entsprechendes Dialogfeld wird im nächsten Bild dargestellt.

8.3 Der Solver

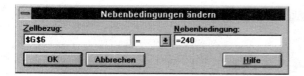

Bild 8.19: Dialogfeld für NEBENBEDINGUNGEN

Die Schaltfläche OPTIONEN des Dialogfelds aus Bild 8.18 soll im Rahmen dieses Buches nicht weiter besprochen werden, denn zum Verständnis der hier angebotenen Optionen müßten wir tief in die Mathematik einsteigen.

Mit Hilfe des Tastenfelds LÖSEN starten Sie den Rechenvorgang zur Lösung des definierten Problems. Je nach Komplexität des Problems und der Leistung Ihres Computers kann hier einige Zeit vergehen, bis Excel sich mit dem Ergebnis-Dialogfeld meldet.

Das folgende Dialogfeld erscheint am Bildschirm, wenn der Solver eine Lösung für Ihr gestelltes Problem gefunden hat:

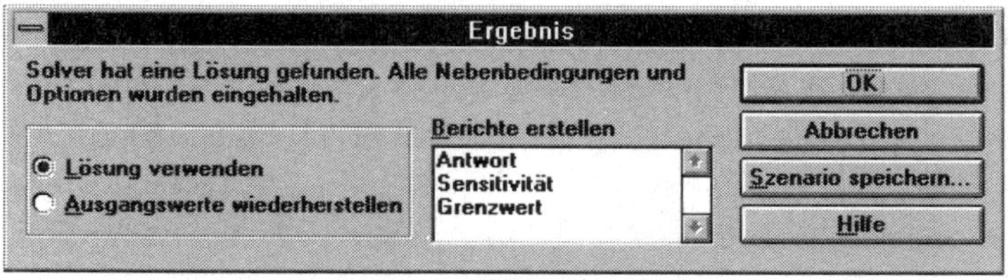

Bild 8.20: Dialogfeld ERGEBNIS

Sie können die gefundene Lösung in Ihre Tabelle einsetzen lassen. Die Berichte ANTWORT, EMPFINDLICHKEIT und GRENZEN dokumentieren die mathematischen Rahmenbedingungen des Solver-Prozesses.

Kapitel 8   »Was wäre wenn?«-Modelle

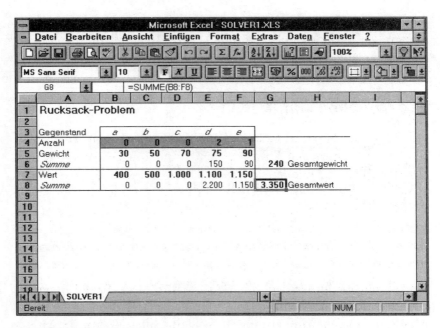

Bild 8.21: Eingesetzte Lösung

Nicht immer kann der Solver eine Lösung des Problems finden. Geben Sie z.B. im Dialogfeld in Bild 3.31 die dritte Nebenbedingung in der Form $G$6=-100 an, so wird der Solver keine Lösung des gestellten Problems errechnen können. Da die Zellen B4 bis F4 größer gleich Null sein sollen, kann eine Addition dieser Zellen in B6 kein negatives Ergebnis erzeugen. Das nächste Bild zeigt ein entsprechendes Meldungsdialogfeld:

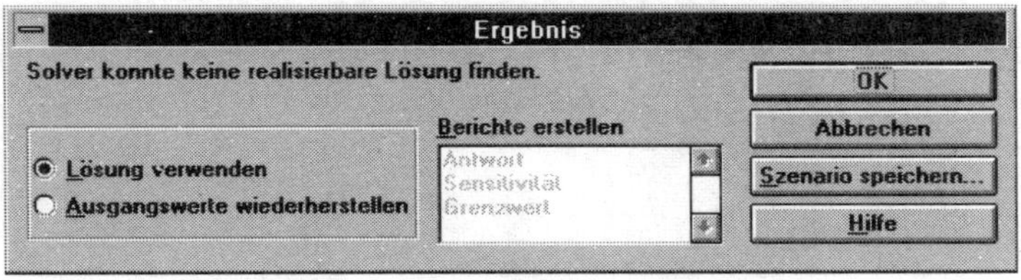

Bild 8.22: Dialogfeld ERGEBNIS

Ein weiteres Hindernis auf dem Weg zu einer Problemlösung kann zudem sein, daß sich die veränderlichen Werte nicht so variieren lassen, um eine sinnvolle Lösung zu erhalten.

8.4 Drucken von Berichten

Mit Hilfe des Bericht-Managers kann das Drucken von Arbeitsblättern mit verschiedenen Druckbereichen und Eingabedaten automatisiert werden. Es können fortlaufend numerierte Berichte mit verschiedenen Daten eines Arbeitsblattes entstehen. Sie können so die verschiedenen Varianten Ihrer Modellrechnungen, die Sie als Ansicht und/oder Szenario festgehalten haben, drucken. Dabei übernimmt es der Bericht-Manager, die entsprechenden Daten zusammenzuholen und aufzubereiten.

Zusammengestellt werden die Berichte mit dem Befehl BERICHT DRUCKEN aus dem Menü DATEI. Sollte dieser Befehl nicht in Ihrem Menü vorhanden sein, so müssen Sie mit Hilfe des ADD-IN-MANAGERS (Menü EXTRAS) den Befehl entsprechend einrichten.

Der Bericht-Manager

Der Bericht-Manager ermöglicht es Ihnen, verschiedene Ansichten und Szenarios zu einem Bericht zu sammeln. Vor der Definition eines Berichtes müssen Sie entsprechende Ansichten festlegen. Die Angabe und Festlegung von Szenarien ist nicht notwendig. Szenarien können bei Bedarf eingesetzt werden.

Laden Sie den Bericht-Manager mit DATEI • BERICHT DRUCKEN.

Bild 8.23: Dialogfeld zu DATEI • BERICHT DRUCKEN

Kapitel 8 »Was wäre wenn?«-Modelle

Durch Betätigen der Schaltfläche HINZUFÜGEN wird ein neuer Bericht mit dem folgenden Dialogfeld definiert:

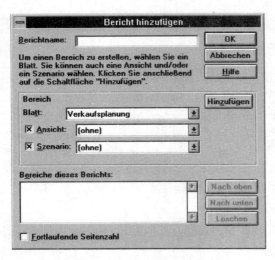

Bild 8.24: Dialogfeld BERICHT HINZUFÜGEN

Unter BERICHTNAME können Sie einen beschreibenden Namen für Ihren Bericht angeben.

Die Gruppe BEREICH bietet Ihnen die Möglichkeit, ein Arbeitsblatt, eine Ansicht und/oder ein Szenario zu bestimmen. Lassen Sie den Eintrag (ohne) für die Ansicht oder das Szenario stehen, so werden die aktuelle Sicht bzw. die aktuellen Werte des gewählten Blattes in den Bericht aufgenommen.

Über die Schaltfläche HINZUFÜGEN können Sie Ihre Ansichten und Szenarios in der gewünschten Reihenfolge zu einem Bericht zusammenstellen. Die Tastenfelder NACH OBEN und NACH UNTEN dienen zum Ändern der Reihenfolge der Bereiche. Mit LÖSCHEN können Sie eine Auswahl entfernen.

Mit dem Anklicken der Option FORTLAUFENDE SEITENZAHL wird Ihr Bericht entsprechend numeriert, d.h., Excel fängt nicht bei jedem Teil Ihres Berichtes wieder von vorne an, die Seiten zu zählen.

8.4 Drucken von Berichten

Beispiel

Für das folgende Beispiel greifen wir auf Tabellen aus dem Abschnitt »Szenarios« in diesem Kapitel zurück. Die dort für die Tabelle VERKAUF.XLS definierten Szenarien sollen in einen Bericht aufgenommen werden.

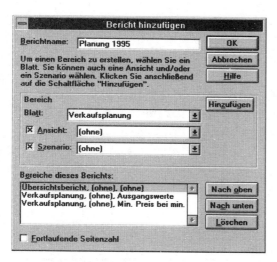

Bild 8.25: Bericht »Planung 1995« mit drei Bereichen

Dazu wurde dem Bericht der Name Planung 1995 gegeben. Wir möchten als Bericht das Übersichtsblatt, die Verkaufsplanung mit den Ausgangswerten und mit den optimierten Minimalpreisen zu Papier bringen.

In der Gruppe BEREICH im Dialogfeld von Bild 8.25 wurden nacheinander die Blätter und Szenarien ausgewählt und mit HINZUFÜGEN in die Liste BEREICHE DIESES BERICHTS übernommen.

Nach Bestätigung des Dialogfeldes BERICHT HINZUFÜGEN mit OK erscheint der definierte Bericht im Dialogfeld BERICHT DRUCKEN.

Kapitel 8 »Was wäre wenn?«-Modelle

Bild 8.26: *Dialogfenster zu* BERICHT DRUCKEN

Den Ausdruck des Berichts starten Sie mit der Schaltfläche DRUCKEN. Sie erhalten dann das im folgenden Bild dargestellte Dialogfeld, in dem Sie die Anzahl der gewünschten Kopien angeben können.

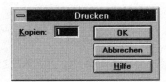

Bild 8.27: *Dialogfeld zu* DRUCKEN

Pivot-Tabellen 9

Erstellen einer Pivot-Tabelle 185
Arbeiten mit Pivot-Tabellen 193
Beispiel 200

Mit Hilfe von Pivot-Tabellen können Sie Ihre Datenbestände nach verschiedenen Kriterien auswerten. Die Funktionen für Pivot-Tabellen gehören unserer Meinung nach zu den leistungsstärksten in Excel. Wenn Sie Daten auswerten müssen, so sollten Sie sich mit Pivot-Tabellen auseinandersetzen, da sie Ihnen viel Arbeit ersparen können.

Die Möglichkeiten, Optionen und Einstellungen für Pivot-Tabellen sind sehr umfangreich. Im Rahmen dieses Kapitels ist eine Beschreibung aller Funktionalitäten nicht zu leisten. Wir haben uns daher auf die wesentlichen Bereiche konzentriert und geben an der ein oder anderen Stelle Hinweise auf die weitergehenden Möglichkeiten.

Den Beispielen zu den Funktionen der Pivot-Tabelle liegt die im nächsten Bild dargestellte Tabelle zugrunde.

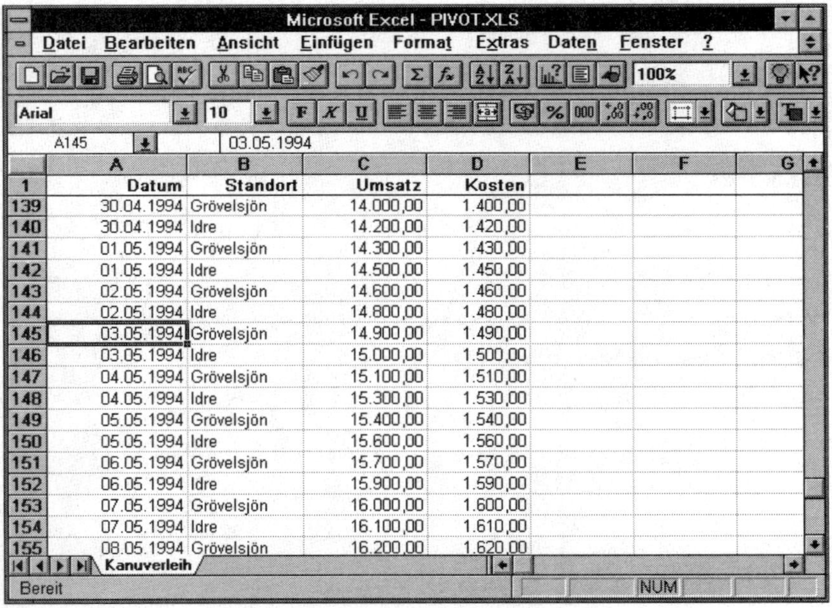

	A	B	C	D	E	F	G
1	Datum	Standort	Umsatz	Kosten			
139	30.04.1994	Grövelsjön	14.000,00	1.400,00			
140	30.04.1994	Idre	14.200,00	1.420,00			
141	01.05.1994	Grövelsjön	14.300,00	1.430,00			
142	01.05.1994	Idre	14.500,00	1.450,00			
143	02.05.1994	Grövelsjön	14.600,00	1.460,00			
144	02.05.1994	Idre	14.800,00	1.480,00			
145	03.05.1994	Grövelsjön	14.900,00	1.490,00			
146	03.05.1994	Idre	15.000,00	1.500,00			
147	04.05.1994	Grövelsjön	15.100,00	1.510,00			
148	04.05.1994	Idre	15.300,00	1.530,00			
149	05.05.1994	Grövelsjön	15.400,00	1.540,00			
150	05.05.1994	Idre	15.600,00	1.560,00			
151	06.05.1994	Grövelsjön	15.700,00	1.570,00			
152	06.05.1994	Idre	15.900,00	1.590,00			
153	07.05.1994	Grövelsjön	16.000,00	1.600,00			
154	07.05.1994	Idre	16.100,00	1.610,00			
155	08.05.1994	Grövelsjön	16.200,00	1.620,00			

Bild 9.1: Ausgangstabelle

Die Zahlen der Tabelle sind natürlich frei erfunden, sie erfüllen aber für die folgenden Beispiele ihren Zweck.

9.1 Erstellen einer Pivot-Tabelle

Wir möchten jetzt diese Tabelle mit folgender Fragestellung auswerten: Wieviel Umsatz ist in jedem Monat pro Ort erzielt worden und wie hoch sind die aufgelaufenen Kosten? Um diese Frage beantworten zu können, werden wir eine Pivot-Tabelle anlegen. Das Ergebnis einer solchen Tabelle sehen Sie im nächsten Bild.

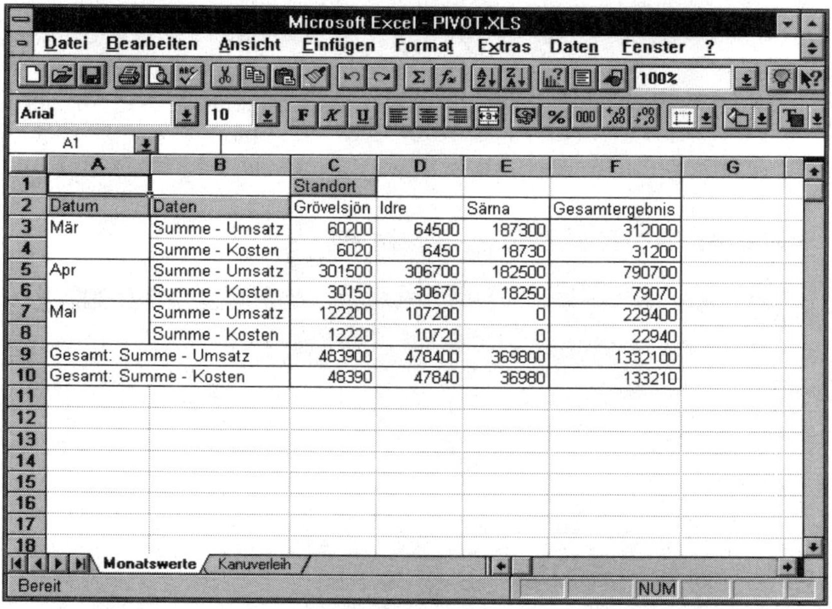

	A	B	C	D	E	F
1			Standort			
2	Datum	Daten	Grövelsjön	Idre	Särna	Gesamtergebnis
3	Mär	Summe - Umsatz	60200	64500	187300	312000
4		Summe - Kosten	6020	6450	18730	31200
5	Apr	Summe - Umsatz	301500	306700	182500	790700
6		Summe - Kosten	30150	30670	18250	79070
7	Mai	Summe - Umsatz	122200	107200	0	229400
8		Summe - Kosten	12220	10720	0	22940
9	Gesamt: Summe - Umsatz		483900	478400	369800	1332100
10	Gesamt: Summe - Kosten		48390	47840	36980	133210

Bild 9.2: Ergebnis einer Pivot-Tabelle

Welche Schritte sind notwendig, um von den Daten der Ausgangstabelle zum abgebildeten Ergebnis zu kommen?

9.1 Erstellen einer Pivot-Tabelle

Für den Aufbau einer Pivot-Tabelle bietet Excel Ihnen einen Assistenten an.

Kapitel 9 Pivot-Tabellen

9.1.1 Der Pivot-Tabellen-Assistent

Um den Pivot-Tabellen-Assistenten erfolgreich einsetzen zu können, sollten Sie in Ihrer Ausgangstabelle die entsprechenden Daten markiert haben.

> **Hinweise (Spaltenüberschriften):** Die Spalten der Ausgangstabelle müssen Überschriften aufweisen, sonst kann der Pivot-Assistent die weiteren Funktionen nicht richtig ausführen.

Rufen Sie dann den Assistenten mit dem Befehl DATEN • PIVOT-TABELLE auf, um das im nächsten Bild gezeigte Dialogfeld zu erhalten.

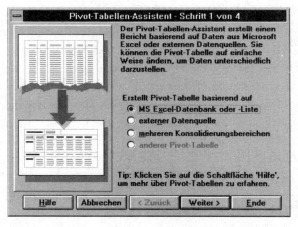

Bild 9.3: Dialogfeld zu DATEN • PIVOT-TABELLE

Das Dialogfeld PIVOT-TABELLEN-ASSISTENT besitzt unten fünf Schaltflächen, wie Sie es bereits von anderen Assistenten gewohnt sind. Damit können Sie Schritt für Schritt durch den Assistenten blättern und auch wieder zurück, falls Sie einen Fehler gemacht haben, oder mit ENDE direkt alle Standardeinstellungen übernehmen.

Wählen Sie zunächst eine der vier angebotenen Optionen zur Bestimmung der Datenherkunft.

9.1 Erstellen einer Pivot-Tabelle

- Die Daten können aus der aktuellen oder einer anderen Arbeitsmappe stammen. Dazu wählen Sie MS EXCEL-DATENBANK ODER LISTE.
- Der Pivot-Assistent kann die Daten aus einer EXTERNEN DATENQUELLE einlesen, z.B. aus Access-Tabellen, dBase-Datenbanken oder aus anderen Datenbanken, die über entsprechende ODBC-Treiber zu erreichen sind.
- Weiterhin ist es möglich, die Daten aus MEHREREN KONSOLIDIERUNGSBEREICHEN zu holen.
- Pivot-Tabellen selbst können auf ANDEREN PIVOT-TABELLEN basieren, um so beispielsweise eine mehrstufige Verdichtung von Daten vorzunehmen.

Für unser erstes Beispiel haben wir MS EXCEL-DATENBANK ODER -LISTE selektiert und das Dialogfeld bestätigt. Das nächste Dialogfeld des Pivot-Assistenten zeigt das folgende Bild. Hinter BEREICH geben Sie den Bezug auf die auszuwertenden Daten an. Haben Sie vor dem Aufruf des Pivot-Tabellen-Assistenten einen Bereich markiert, wird der entsprechende Bereich automatisch eingesetzt. Möchten Sie einen Bezug auf eine nicht geladene Tabelle angeben, können Sie mit Hilfe der Schaltfläche DURCHSUCHEN ein Dateiauswahlfenster zur Unterstützung erhalten.

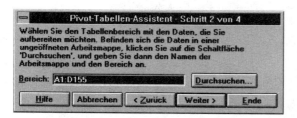

Bild 9.4: Bestimmung des Datenbereiches

Im nächsten Dialogfeld des Assistenten geben Sie an, welche Daten als Auswertungszeilen, -spalten oder -daten verwendet werden sollen.

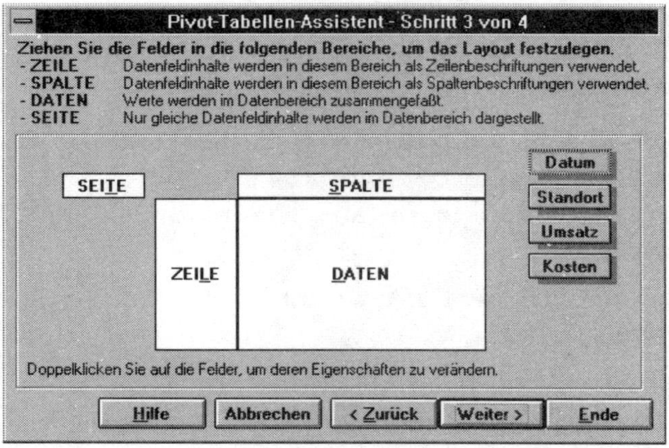

Kapitel 9 Pivot-Tabellen

Bild 9.5: Bestimmung des Layouts

Dazu werden die schattierten Schaltflächen rechts im Dialogfeld, die mit den Überschriften der Ausgangsspalten versehen sind, mit der Maus auf die weißen Flächen in der Mitte gezogen.

Das folgende Bild stellt die von uns gewählte Anordnung dar, denn wir möchten zu jedem Datum für die verschiedenen Standorte Umsatz und Kosten auflisten.

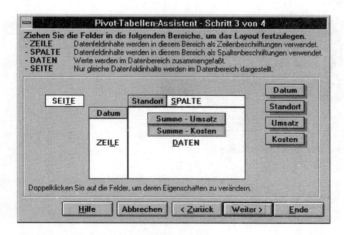

Bild 9.6: Eingesetzte Datenfelder

9.1 Erstellen einer Pivot-Tabelle

Der Assistent hat die Felder Umsatz und Kosten umbenannt. Durch die Ergänzung der Feldbezeichnungen mit dem Begriff Summe wird angedeutet, daß diese Felder summiert werden.

> **Hinweis (Doppelklick):** Für jedes Feld kann mit einem Doppelklick ein Dialogfeld zur Einstellung von Optionen aufgerufen werden. Die möglichen Dialogfelder werden im Laufe des Kapitels beschrieben.

Im letzten Dialog mit dem Assistenten geben Sie Anweisungen, in welcher Art und Weise die Tabelle aufbereitet werden soll.

Dazu können Sie im ersten Feld angeben, an welcher Stelle Ihre Pivot-Tabelle angelegt werden soll. Für die Pivot-Tabelle wird im zweiten Eingabefeld ein Name definiert. Auf die möglichen OPTIONEN werden wir teilweise im Verlauf des Kapitels noch eingehen.

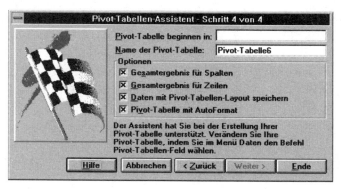

Bild 9.7: Letztes Dialogfeld des Pivot-Tabellen-Assistenten

Mit der Tastenfläche ENDE starten Sie den Berechnungsvorgang für die Pivot-Tabelle. Bei größeren Datenbeständen kann dies einige Zeit in Anspruch nehmen.

Hinweis (Datenspeicherung): Zur Geschwindigkeitsverbesserung bei Pivot-Tabellen speichert Excel eine versteckte Kopie der Daten mit der Pivot-Tabelle. Verarbeiten Sie sehr große Datenbestände, können Sie durch Deaktivieren der Option DATEN MIT PIVOT-TABELLEN-LAYOUT SPEICHERN im letzten Dialogfeld des Pivot-Assistenten Plattenplatz sparen. Excel greift dann auf die Originaldaten zu.

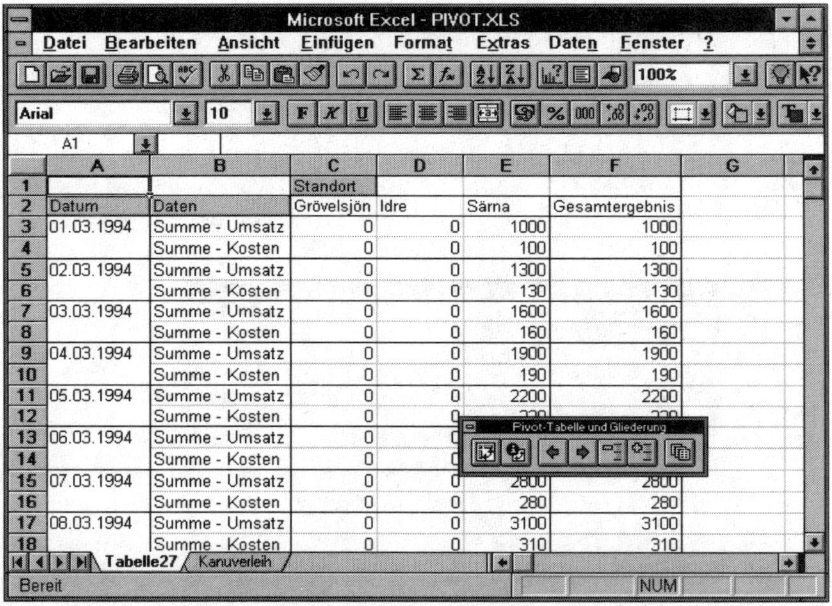

	A	B	C	D	E	F	G
1			Standort				
2	Datum	Daten	Grövelsjön	Idre	Särna	Gesamtergebnis	
3	01.03.1994	Summe - Umsatz	0	0	1000	1000	
4		Summe - Kosten	0	0	100	100	
5	02.03.1994	Summe - Umsatz	0	0	1300	1300	
6		Summe - Kosten	0	0	130	130	
7	03.03.1994	Summe - Umsatz	0	0	1600	1600	
8		Summe - Kosten	0	0	160	160	
9	04.03.1994	Summe - Umsatz	0	0	1900	1900	
10		Summe - Kosten	0	0	190	190	
11	05.03.1994	Summe - Umsatz	0	0	2200	2200	
12		Summe - Kosten	0				
13	06.03.1994	Summe - Umsatz	0				
14		Summe - Kosten	0				
15	07.03.1994	Summe - Umsatz	0	0	2800	2800	
16		Summe - Kosten	0	0	280	280	
17	08.03.1994	Summe - Umsatz	0	0	3100	3100	
18		Summe - Kosten	0	0	310	310	

Bild 9.8: Pivot-Tabelle der Umsatz- und Kostenliste

Im vom Pivot-Assistenten erstellten Ergebnisblatt können Sie für jeden Tag den Umsatz und die Kosten der drei Standorte sehen. Am Ende der Liste finden Sie Zeilen für die Gesamtsummen.

Ändern sich Ihre Originaldaten, d.h. in unserem Beispiel kommen neue Umsätze und Kosten hinzu, können Sie im Kontextmenü einer beliebigen Zelle im Pivot-Bereich mit dem Befehl DATEN AKTUALISIEREN oder der Schaltfläche mit dem Ausrufezeichen in der Pivot-Symbolleiste Ihre Pivot-Tabelle entsprechend auffrischen.

9.1.2 Die Pivot-Symbolleiste

Auf dem Bildschirm wird die Symbolleiste PIVOT-TABELLE UND GLIEDERUNG eingeblendet, die Sie für die weitere Bearbeitung der Ergebnisse nutzen können.

Bild 9.9: Symbolleiste PIVOT-TABELLE UND GLIEDERUNG

Der folgenden Liste können Sie eine kurze Beschreibung der einzelnen Schaltflächen der Symbolleiste PIVOT-TABELLE UND GLIEDERUNG entnehmen.

- Die erste Schaltfläche ruft den Pivot-Assistenten zum Erstellen oder Verändern von Pivot-Tabellen auf.
- Ein Dialogfeld zur Einstellung von Pivot-Datenfelder können Sie mit der zweiten Schaltfläche erreichen.
- Die nächsten vier Tasten der Symbolleiste dienen dem Gliedern von Tabellen. Sie sind bereits im Kapitel »So behalten Sie den Überblick« beschrieben worden. Es handelt sich um die Schaltflächen GRUPPIEREN, GRUPPIERUNG AUFHEBEN, DETAILS AUSBLENDEN und DETAILS EINBLENDEN.
- Die vorletzte Schaltfläche dient zum Anzeigen weiterer Seiten bei mehrseitigen Pivot-Tabellen.
- Mit der letzten Taste aktualisieren Sie eine Pivot-Tabelle.

Wir haben, um das in Bild 9.2 vorgestellte Ergebnis zu erhalten, die Gruppierungsfunktion verwendet. Dazu wurde der Zellenzeiger auf eine Zelle in der Spalte Datum gesetzt. Die Daten in der Spalte werden jetzt nach Monaten gruppiert.

Nach Betätigung der links abgebildeten Schaltfläche können Sie im folgenden Dialogfeld (Bild 9.10) die Gruppierungsoptionen festlegen.

Im Dialogfeld GRUPPIEREN wird nach Monaten gruppiert. Mit dieser Auswahl erhalten Sie das in Bild 9.11 dargestellte Ergebnis.

Kapitel 9 Pivot-Tabellen

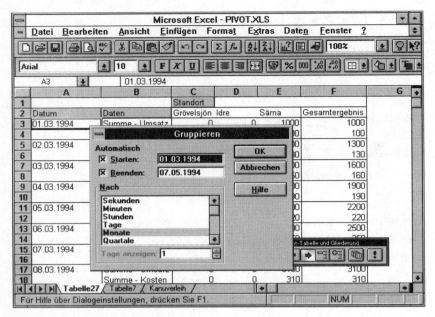

Bild 9.10: Dialogfeld GRUPPIEREN

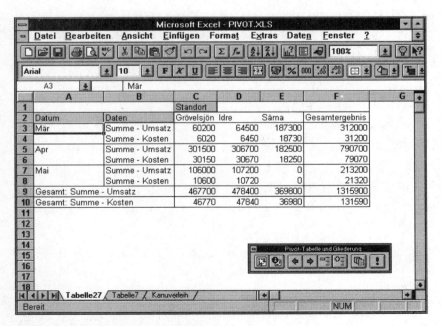

Bild 9.11: Ergebnis der Pivot-Tabelle

9.2 Arbeiten mit Pivot-Tabellen

Mit einer Vielzahl von Befehlen können Sie Ihre Pivot-Tabelle auswerten und bearbeiten.

9.2.1 Pivot-Datenfelder

In einer Pivot-Tabelle werden vier Arten von Feldern verwendet: Zeilen-, Spalten-, Seiten- und Datenfelder. Im dritten Dialogfeld des Pivot-Assistenten (siehe Bild 9.5) ist diese Aufteilung zu sehen.

Datenfelder

Wir haben den Zellzeiger in der Pivot-Tabelle auf eine der Umsatzsummen (z.B. Bild 9.11, Zelle C3) gestellt und mit der links abgebildeten Schaltfläche das folgende Dialogfeld für Datenfelder aufgerufen.

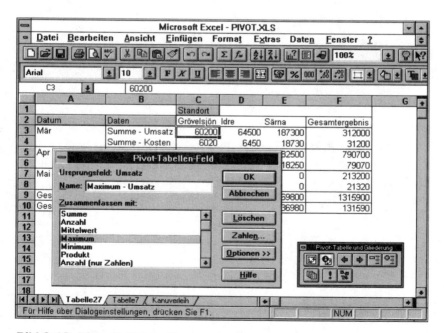

Bild 9.12: Dialogfeld PIVOT-TABELLEN-FELD

Kapitel 9 Pivot-Tabellen

Bisher wurde ausgehend vom Ursprungsfeld Umsatz die Summe über die Umsätze jedes Monats gebildet. Wir möchten den Maximalwert des Umsatzes für jeden Monat ermitteln. Entsprechend wurde die Funktion Maximum im Dialogfeld PIVOT-TABELLEN-FELD gewählt.

Die möglichen mathematischen Funktionen, die für die Pivot-Tabellen zur Verfügung stehen, sind: Summe, Anzahl, Mittelwert, Maximum, Minimum, Produkt, Standardabweichung und Varianz.

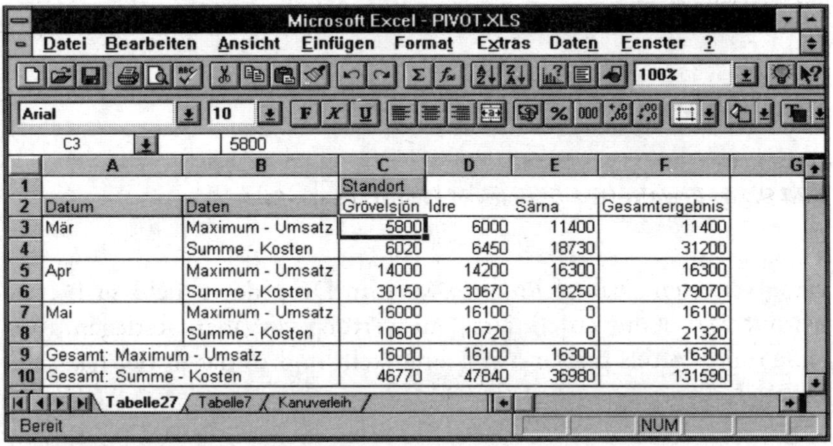

	A	B	C	D	E	F
1			Standort			
2	Datum	Daten	Grövelsjön	Idre	Särna	Gesamtergebnis
3	Mär	Maximum - Umsatz	5800	6000	11400	11400
4		Summe - Kosten	6020	6450	18730	31200
5	Apr	Maximum - Umsatz	14000	14200	16300	16300
6		Summe - Kosten	30150	30670	18250	79070
7	Mai	Maximum - Umsatz	16000	16100	0	16100
8		Summe - Kosten	10600	10720	0	21320
9	Gesamt: Maximum - Umsatz		16000	16100	16300	16300
10	Gesamt: Summe - Kosten		46770	47840	36980	131590

Bild 9.13: *Ergebnis mit* Maximum - Summe

Das Dialogfeld PIVOT-TABELLEN-FELD gestattet eine große Zahl weiterer Auswertungen für Ihre Daten. Dazu müssen Sie mit Hilfe der Schaltfläche OPTIONEN das Dialogfeld erweitern, wie es das folgende Bild zeigt.

9.2 Arbeiten mit Pivot-Tabellen

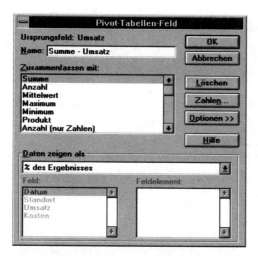

Bild 9.14: Erweitertes Dialogfeld PIVOT-TABELLEN-FELD

Im erweiterten Dialogfeld lassen sich im Drop-down-Feld zu DATEN ZEIGEN ALS benutzerdefinierte Auswertungsvorgaben festlegen. Wir haben hier % DES ERGEBNISSES eingestellt und so das in der nächsten Darstellung gezeigte Ergebnis erhalten.

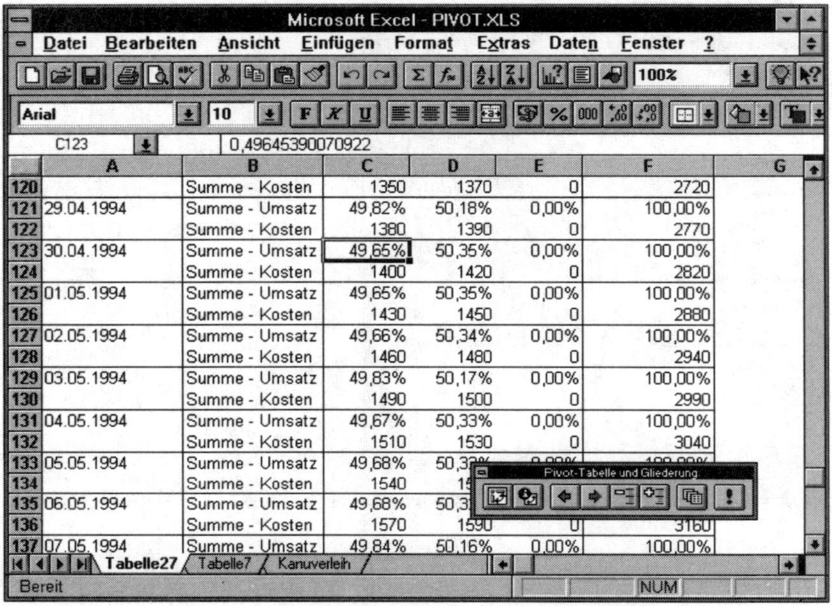

Kapitel 9 Pivot-Tabellen

Bild 9.15: Daten als Prozentwert des Gesamtergebnisses

Das Drop-down-Feld DATEN ZEIGEN ALS im erweiterten Dialogfeld PIVOT-TABELLEN-FELD bietet Ihnen die in der folgenden Tabelle aufgeführten Auswahlmöglichkeiten.

Tabelle 9.1: Benutzerdefinierte Berechnungen

Funktion	Ergebnis
Differenz von	gibt die Differenz des Wertes in der Zelle zu einem Referenzwert an.
% von	stellt den Prozentwert der Zelle zu einem angegebenen Feld dar.
% Differenz von	gibt die prozentuale Differenz des Wertes in der Zelle zu einem Referenzwert an.
Ergebnis in	stellt die Daten aufeinanderfolgender Elemente als gleitendes Ergebnis dar.

9.2 Arbeiten mit Pivot-Tabellen

Tabelle 9.1: Benutzerdefinierte Berechnungen (Fortsetzung)

Funktion	Ergebnis
% der Zeile	stellt die Daten jeder Zeile als prozentualen Anteil des Zeilenergebnisses dar.
% der Spalte	Die Darstellung der Daten der Zelle als Prozentsatz des Spaltenergebnisses wird mit dieser Option angewählt.
% des Ergebnisses	Die Daten werden als prozentualer Anteil des Gesamtergebnisses dargestellt.
Index	Wählen Sie Index aus, werden die Daten nach der folgenden Formel errechnet: ((Wert in Zelle) * (Gesamtergebnis)) / ((Zeilengesamtergebnis) * Spaltengesamtergebnis))

Im Dialogfeld PIVOT-TABELLEN-FELD haben Sie darüber hinaus die Möglichkeit, das Zahlenformat für die Daten in der Pivot-Tabelle zu bestimmen. Selektieren Sie die Schaltfläche ZAHLEN, um das entsprechende Dialogfeld ZELLEN FORMATIEREN zu erhalten.

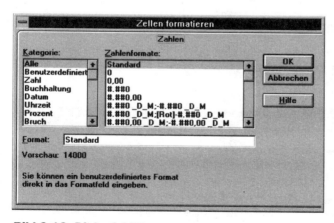

Bild 9.16: Dialogfeld ZELLEN FORMATIEREN

Kapitel 9 Pivot-Tabellen

9.2.2 Details der Daten

Mit einem Doppelklick auf die gewünschte Zelle oder durch Betätigen der links dargestellten Schaltfläche der Pivot-Symbolleiste können Sie sich anzeigen lassen, aus welchen Werten ein Pivot-Datenfeldwert errechnet wurde.

Wir haben für das folgende Beispiel den Zellzeiger in Bild 9.11 auf die Zelle C3 positioniert und doppelt geklickt. Auf einem neuen Arbeitsblatt werden die Detaildaten ausgegeben, so wie es das folgende Bild darstellt.

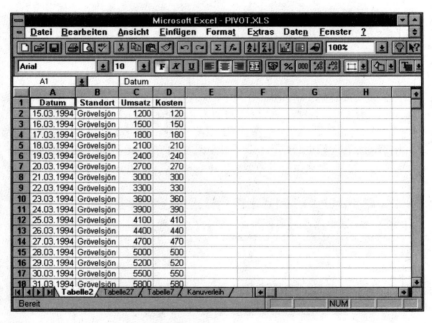

Bild 9.17: Details eines Datenfeldes

9.2.3 Vertauschen von Spalten und Zeilen

Mit Hilfe der links abgebildeten Schaltfläche können Sie für Ihre Pivot-Tabelle den Assistenten erneut aufrufen, um die Einstellungen für Ihre Pivot-Tabelle nachträglich zu verändern.

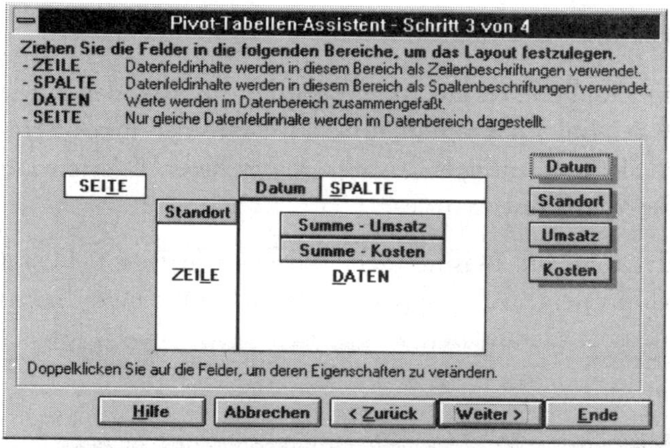

9.2 Arbeiten mit Pivot-Tabellen

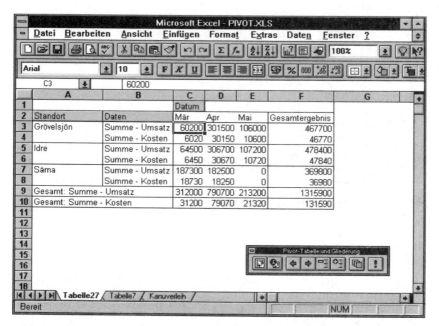

Bild 9.18: Drittes Dialogfeld des PIVOT-TABELLEN-ASSISTENTEN

Es ist hier leicht möglich, Zeilen und Spalten zu vertauschen. Wir haben z.B. als Zeilenfeld Standort und als Spaltenfeld Datum festgelegt und so wird unsere Pivot-Tabelle in die folgende Form gebracht.

Bild 9.19: Tabelle mit vertauschten Zeilen und Spalten

Kapitel 9 Pivot-Tabellen

9.3 Beispiel

Ein weiteres Beispiel soll Ihnen die Möglichkeiten und die Mächtigkeit der Pivot-Funktionen noch ausführlicher erläutern. Wir haben die folgenden Daten als Grundlage für die nächste Pivot-Tabelle verwendet, die die Boote eines Kanuverleihs enthält. Für jedes Boot ist eine Kanunummer, Hersteller, Typ, Anschaffungspreis, Anschaffungsdatum und Mitpreis angegeben.

Kanunummer	Hersteller	Bezeichnung	Art	Typ	Preis	Anschaff-Datum	Preis pro Tag
2	Eskimo	Executive	Kanu	2	2900	03.04.1991	11
13	Techno		Kanu	2	5200	30.04.1992	13
24	Grölldet	FirstClass	Kanadier	1	2900	23.04.1993	13
25	Techno	FirstClass	Kanu	2	2700	11.05.1993	13
1	Staiger	Orkan	Kanu	3	2630	03.04.1991	14
5	Fjäll Räven	Mecier	Kajak	2	2750	22.08.1991	14
15	Staiger		Kajak	4	4800	12.05.1992	15
26	Techno	Wirbelwind	Kanu	2	3000	11.05.1993	15
8	Klett		Kanu	1	2960	22.08.1991	17
17	Hirsch	Elch	Kanu	1	4400	11.10.1992	17
27	Hirsch		Kanu	1	4400	11.05.1993	17
28	Hirsch		Kanu	2	4400	11.05.1993	17
31	Daws		Kanu	1	3290	25.08.1993	17
32	Wolfskin	Kanu 1234	Kanu	1	3290	25.08.1993	17
33	Wolfskin	Kanu 4711	Kanu	2	3290	25.08.1993	17
34	Wolfskin	Kanu 4711	Kanu	2	3290	25.08.1993	17
9	Hirsch	Mountana	Kanu	2	3432	02.10.1991	18

Bild 9.20: Ausgangstabelle des zweiten Beispiels

Erstellung mit dem Assistenten

Zur Erstellung der Pivot-Tabelle wurde der Pivot-Tabellen-Assistent aufgerufen. Die nächste Abbildung zeigt das dritte Dialogfeld des Assistenten.

Als Zeilenfeld wurde der Kanuhersteller eingesetzt, als Spaltenfeld das Anschaffungsdatum des jeweiligen Kanus definiert. Die Summen der Anschaffungspreise sollen als Datenfelder ausgegeben werden. In die-

9.3 Beispiel

sem Beispiel wurde auch ein Seitenfeld eingerichtet. Dazu haben wir das Feld Art benutzt.

Bild 9.21: *Drittes Dialogfeld des Pivot-Tabellen-Assistenten*

Wir möchten Sie an dieser Stelle noch auf weitere Einstellungsmöglichkeiten hinweisen, auch wenn diese für unser Beispiel nicht benötigt werden.

Einstellung von Feldoptionen

Durch einen Doppelklick auf das schattierte Feld Anschaff-Datum wird das folgende Dialogfeld am Bildschirm dargestellt.

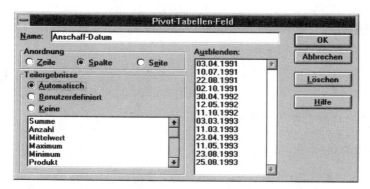

Bild 9.22: *Dialogfeld* PIVOT-TABELLEN-FELD *für* ANSCHAFF-DATUM

Kapitel 9 Pivot-Tabellen

Im Dialogfeld sind für das Feld Anschaff-Datum ANORDNUNG und TEILERGEBNISSE bestimmbar. Im Listenfeld AUSBLENDEN können Sie selektieren, welche Werte nicht in die Berechnung der Pivot-Tabelle aufgenommen werden sollen.

Klicken Sie doppelt auf eines der anderen Felder im dritten Dialogfeld des Assistenten, so erhalten Sie entsprechende Dialogfelder.

Das Ergebnis der im Assistenten in Bild 9.21 definierten Pivot-Tabelle stellt das folgende Bild dar.

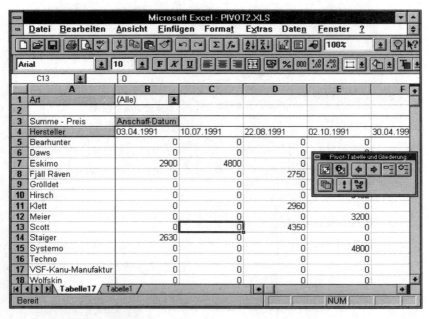

Bild 9.23: Ausgewertete Tabelle

Wir haben hier, um einen besseren Überblick zu erhalten, die Spalten des Anschaffungsdatums nach Quartalen und Jahren sortiert. Dazu wurde mit Hilfe der abgebildeten Schaltfläche das Dialogfeld GRUPPIEREN aktiviert.

9.3 Beispiel

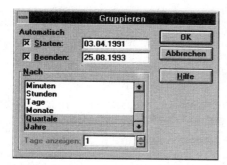

Bild 9.24: Dialogfeld GRUPPIEREN

Im Listenfeld NACH haben wir die Einträge Quartale und Jahre markiert. Das Ergebnis der Gruppierung zeigt Bild 9.25.

	A	B	C	D	E	F
1	Art	(Alle)				
2						
3	Summe - Preis	Jahre	Anschaff-Datum			
4		1991			1992	
5	Hersteller	Qrtl2	Qrtl3	Qrtl4	Qrtl2	Qrtl4
6	Bearhunter	0	0	0	0	
7	Daws	0	0	0	0	
8	Eskimo	2900	4800	0	0	
9	Fjäll Räven	0	2750	3980	0	
10	Grölldet	0	0	0	0	
11	Hirsch	0	0	3432	0	
12	Klett	0	2960	0	0	
13	Meier	0	0	3200		
14	Scott	0	4350			
15	Staiger	2630	0			
16	Systemo	0	0			
17	Techno	0	0			
18	VSF-Kanu-Manufaktur	0	0	0	0	

Bild 9.25: Gruppierte Pivot-Tabelle

Kapitel 9 Pivot-Tabellen

Arbeiten mit Seitenfeldern

Wir haben bisher noch nicht mit dem definierten Seitenfeld gearbeitet, für das wir in unserem Beispiel das Feld Art zugeordnet hatten (siehe Zellen A1 und B1).

Klappen Sie das Drop-down-Steuerelement für das Seitenfeld auf, werden in der dort erscheinenden Liste alle Werte des Feldes angezeigt, d.h. in unserem Fall die verschiedenen Kanuarten.

Für Bild 9.26 haben wir mit dem Seitenfeld bestimmt, daß nur Boote der Art »Kanu« angezeigt werden. So werden alle anderen Bootsarten ausgeschlossen. Das Bild zeigt die entsprechende Pivot-Tabelle.

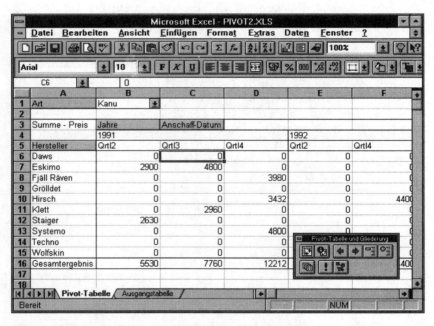

Bild 9.26: Einschränkung mit Hilfe des Seitenfeldes

Eine weitere interessante Möglichkeit der Arbeit mit Seitenfeldern ist die seitenweise Verteilung auf einzelne Arbeitsblätter.

 Betätigen Sie die links abgebildete Schaltfläche der Pivot-Symbolleiste, so wird das folgende Dialogfeld geöffnet.

9.3 Beispiel

Bild 9.27: Dialogfeld SEITEN ANZEIGEN

In diesem Dialogfeld sind alle für Ihre Pivot-Tabelle definierten Seitenfelder aufgelistet. In unserem Beispiel haben wir nur ein Seitenfeld bestimmt. Nach der Betätigung der OK-Taste beginnt Excel, für jeden Wert des Seitenfeldes ein neues Arbeitsblatt zu öffnen, die Registerlasche mit dem Wert zu beschriften und die Daten auf die entsprechenden Arbeitsblätter zu verteilen. Im folgenden Bild sehen Sie das Arbeitsblatt für die Kajaks. An den Registerlaschen können Sie ablesen, daß für jede Bootsart ein Blatt angelegt wurde. Ihre ursprüngliche Tabelle bleibt allerdings weiterhin erhalten.

	A	B	C	D	E	F
1	Art	Kajak				
2						
3	Summe - Preis	Jahre	Anschaff-Datum			
4		1991		1992	1993	
5	Hersteller	Qrtl3	Qrtl4	Qrtl2	Qrtl1	Qrtl3
6	Bearhunter	0	0	0	4100	0
7	Fjäll Räven	2750	0	0	0	7580
8	Meier	0	3200	0	0	0
9	Scott	4350	0	0	0	0
10	Staiger	0	0	4800	0	0
11	Gesamtergebnis	7100	3200	4800	4100	7580

Bild 9.28: Eingefügte Arbeitsblätter

Abfragen von Datenbanken mit MS-Query 10

Begriffsklärungen 208
Definieren einer Abfrage 210
Arbeiten mit Datensätzen 214
Layout von Abfragen 219
Sortieren 221
Auswahlkriterien 222
Berechnete Felder und Ausdrücke 231
Auswertungen 233
Abfragen mit mehreren Tabellen 235
SQL 242
Erstellen neuer Datenbanktabellen 243
Festlegen von Datenquellen 245

Kapitel 10 Abfragen von Datenbanken mit MS-Query

Mit Hilfe von MS-Query können Sie einfache und komplexe Auswertungen von Datenbeständen vornehmen und die Ergebnisse nach Excel übernehmen. Die Datenbestände können in den unterschiedlichsten Datenbankformaten vorliegen, z.B. in den Formaten von Borland dBase oder Paradox, Microsoft Access, FoxPro oder SQL-Server oder vielen anderen mehr, die über die Softwareschnittstelle ODBC, Open DataBase Connectivity, erreichbar sind. Zu ODBC finden Sie weitere Informationen im Anhang C.

Sie können am Bildschirm die Tabellen und Felder für die Abfrage der Datenbanken festlegen und für die Auswahl der Daten Kriterien definieren. Microsoft hat diese Art der Erstellung von Abfragen mit »QBE« benannt. »QBE« steht für »Query By Example«, d.h. »Abfrage mit Beispielen«.

Zur Auswertung der Daten wird in allen Fällen die standardisierte Abfragesprache SQL (Structured Query Language) herangezogen. SQL hat sich als einheitliche Datenbanksprache durchgesetzt.

10.1 Begriffsklärungen

Hauptaufgabe von Datenbanken ist die Sammlung, Verwaltung und Auswertung von Massendaten. Eine Datenbank kann aus mehreren Datendateien bestehen. In einer Datenbankdatei wird die Anzahl der Spalten festgelegt. Die Anzahl der Zeilen dagegen kann fast beliebig groß werden. Die Grenze ist in den meisten Fällen der zur Verfügung stehende Plattenspeicher.

Eine Datenbankzeile wird mit Datensatz bezeichnet. Ein Feld ist der Eintrag in der mit Feldname überschriebenen Spalte des Datensatzes.

Um Sortier- und Suchvorgänge zu beschleunigen, können für die Datendateien Index- oder Schlüsseldateien definiert werden. In diesen Dateien werden Kopien der Daten bestimmter Datenbankspalten so abgelegt, daß mit softwaretechnisch geeigneten Verfahren sehr schnell sortiert oder gesucht werden kann. Für jede Datenbankdatei kann es mehr als einen Index geben.

10.1 Begriffsklärungen

Spaltenüberschrift entspricht **Feldname**

Zeile entspricht **Datensatz**

Feld

Kd-Nr	Name	Vorname	Straße	Ort
1	Palmer	Carlo	Höhenblick 121	60341 Frankfurt
2	Müller	Herta	Ringelstr. 2	60385 Frankfurt
3	Mai	Hans	Friedberger Landstr. 204	60316 Frankfurt
4	Schulze	Anna	Im Gröll 1	60341 Frankfurt
5	Winter	Susanne	Am Waldrand 1	61123 Hofheim
6	Sommer	Andrea	Adelhoffstr 13	60433 Frankfurt
7	Holm	Mira	Allendorfer Str. 32	60433 Frankfurt
8	Zwiebel	Karl	Hügelstr. 123	60433 Frankfurt
9	Winkler	Claus	Eschersheimer Landstr.	60245 Frankfurt
10	Hase	Hanna	Ulrichstr. 43	60433 Frankfurt
11	Hahn	Isabelle	Hinter den Linden 8	60385 Frankfurt
12	Herder	Christoph	Ringelstr. 34	60385 Frankfurt
13	Metz	Tatjana	Berger Str. 99	60385 Frankfurt
14	Wiese	Markus	Löwengasse 12	60385 Frankfurt
15	Ebel	Sabine	Rotlintstr. 24	60316 Frankfurt
16	Adler	Astrid	Günthersburg Allee 56	60316 Frankfurt
17	Klapper	Stefan	Friedberger Landstr. 234	60316 Frankfurt

Bild 10.1: Begriffsdefinitionen

Abgrenzung zu Excel

Die Menge der Daten in Excel beschränkt sich auf die Größe eines Excel-Kalkulationsblattes. Die Anzahl der Zeilen ist von der Größe des Blattes begrenzt. Dafür können Sie mit Excel die Anzahl der Spalten variieren.

MS-Query bietet hier durch die Abfragesprache SQL und interaktive Abfragemasken die Möglichkeit, mehrere Dateien komplex zu verknüpfen und auszuwerten. Diese Abfragen können abgespeichert werden und sind einfacher zu benutzen als die Suchfunktionen in Excel.

Ein weiterer Unterschied ist die Datensicherheit. Während Sie Excel-Datenbanken, d.h. Arbeitsblätter, immer nur als Ganzes laden oder speichern können, werden bei MS-Query nur die benötigten Datensätze bearbeitet. MS-Query speichert jede Änderung an den Daten sofort auf die Platte, während Excel immer das ganze Blatt speichert. Haben Sie z.B. Änderungen in einer Excel-Datenbank vorgenommen und ein Stromausfall oder ähnliches legt Ihren Computer lahm, so sind die nicht gespeicherten Änderungen und Neueingaben in Ihrem aktuellen Arbeitsblatt unwiderruflich weg. Bei MS-Query würden Sie in diesem Fall höchstens den aktuellen Datensatz verlieren, denn alle Eingaben vorher sind schon auf der Platte abgelegt worden.

10.2 Definieren einer Abfrage

MS-Query können Sie aus Excel heraus mit DATEN • DATEN IMPORTIEREN aufrufen. Sofort nach dem Starten von MS-Query werden Sie nach der Datenherkunft, d.h. nach der Datenquelle, gefragt, so wie es Bild 10.2 zeigt.

Sollte dieser Menüpunkt in Ihrem Excel nicht eingerichtet sein, aktivieren Sie im Dialogfeld ADD-IN-MANAGER, das Sie über das Menü EXTRAS erreichen, die Option MS QUERY ADD-IN.

Es ist auch möglich, MS-Query direkt über das entsprechende Symbol im Windows-Programm-Manager zu starten.

Das von uns verwendete Beispiel behandelt einen fiktiven Kanuverleih. Die Verleihdaten sollen mit MS-Query ausgewertet werden. Sie liegen im Format der Microsoft Datenbank Access vor. Die Definition der Datenquellen und ihre weitere Beschreibung finden Sie am Ende des Kapitels.

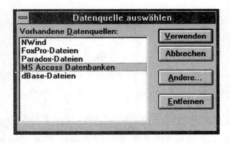

Bild 10.2: Dialogfeld DATENQUELLE AUSWÄHLEN

MS-Query öffnet jetzt am Bildschirm das Fenster DATENQUELLE AUSWÄHLEN, in dem Sie MS ACCESS DATENBANKEN selektieren und durch Betätigen der Schaltfläche VERWENDEN laden sollten. Wenn Sie den Eintrag MS ACCESS DATENBANKEN nicht vorfinden, müssen Sie noch weitere Datenquellen einrichten. Informationen hierzu finden Sie in Abschnitt 10.12 und in Anhang C.

Im folgenden Dialogfeld DATENBANK AUSWÄHLEN werden Sie nach dem Namen Ihrer Datenbank gefragt.

10.2 Definieren einer Abfrage

Bild 10.3: Dialogfeld DATENBANKEN AUSWÄHLEN

Nach der Bestätigung der gewünschten Datendatei wird bei Access-Daten zum Hinzufügen der Datentabellen das Fenster in Bild 10.4 geöffnet.

Bild 10.4: Dialogfeld TABELLEN HINZUFÜGEN

Wir haben für unser erstes Beispiel die Tabelle **Adressen** hinzugefügt. Schließen Sie dann dieses Fenster mit Hilfe der Schaltfläche SCHLIEßEN. Sie werden im Laufe des Kapitels auch Beispiele kennenlernen, für die Sie an dieser Stelle mehrere Tabellen hinzufügen müssen.

Auf dem Bildschirm können Sie jetzt Ihre Abfrage in MS-Query festlegen.

Kapitel 10 Abfragen von Datenbanken mit MS-Query

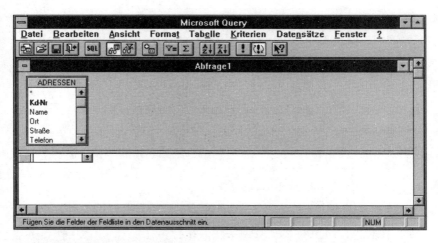

Bild 10.5: MS-Query-Fenster

Im Fenster ABFRAGE1 sehen Sie eine zweigeteilte Fläche. Im oberen Teil wurde ein kleines Fenster mit den Feldnamen der ausgewählten Tabelle angelegt. Der Primärschlüssel, hier im Fall der Adressen KD-NR, wird fett dargestellt. Im unteren Teil können Sie die Felder positionieren, die in Ihre Abfrage aufgenommen werden sollen.

Die Felder, die in einer Abfrage erscheinen sollen, müssen im unteren Bereich des Abfragefensters definiert werden. Dazu können Sie die Feldnamen aus dem Fenster im oberen Bereich nach unten übernehmen.

- Klicken Sie dazu den gewünschten Feldnamen an und ziehen Sie ihn, bei gehaltener Maustaste, nach unten in die Zeile FELD oder
- klicken Sie doppelt auf den Feldnamen oder
- verwenden Sie direkt in der Zeile FELD die Drop-down-Liste mit allen Feldnamen, wie es in Bild 10.6 beispielhaft zu sehen ist.
- Sie können auch ein Feld über den Menüpunkt DATENSÄTZE • SPALTE HINZUFÜGEN aufnehmen. Das hierbei gezeigte Dialogfeld wird im Laufe des Kapitels noch beschrieben.

Möchten Sie alle Felder einer Tabelle in eine Abfrage aufnehmen, übernehmen Sie das Sternchen »*« aus dem Fenster der Feldnamen. Sie ersparen sich so das Herunterziehen der einzelnen Feldnamen.

10.2 Definieren einer Abfrage

Ist die links abgebildete Tastenfläche «hineingedrückt», wird Ihr Datenbestand sofort abgefragt, d.h., für jedes hinzugefügte Feld werden die Daten sofort angezeigt. Bei größeren Datenbeständen kann dies aber längere Zeit in Anspruch nehmen. Es kann deshalb sinnvoll sein, die Tastenfläche für die automatische Abfrage durch Anklicken oder den Menüpunkt DATENSÄTZE • AUTOABFRAGE zurückzunehmen.

Ihre Abfrage wird nur dann durchgeführt und aktualisiert, wenn Sie sie mit einem Klick auf die links abgebildete Taste in der Symbolleiste oder DATENSÄTZE • AUSFÜHREN starten. Das Ergebnis der gestellten Abfrage zeigt das folgende Bild:

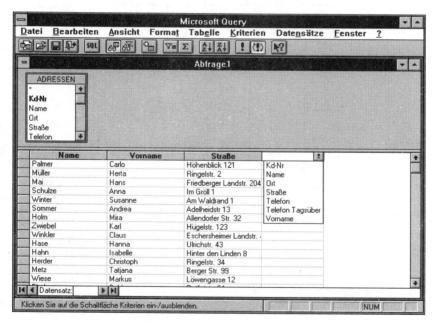

Bild 10.6: Abfrageergebnis

In der Ansicht können Sie Daten hinzufügen, verändern und löschen, wenn Sie mit DATENSÄTZE • BEARBEITEN ERMÖGLICHEN dies erlauben, sofern Sie dazu die nötige Berechtigung haben.

10.3 Arbeiten mit Datensätzen

Die folgenden Abschnitte sollen die Möglichkeiten beschreiben, die Ihnen zur direkten Arbeit mit den Daten in MS-Query zur Verfügung stehen.

10.3.1 In den Daten blättern

Für das Blättern in Ihren Daten stehen Ihnen eine Reihe von Schaltflächen, Menüpunkten und Tastenkombinationen zur Verfügung.

Tabelle 10.1: Zu bestimmten Datensätzen gelangen

Wohin	Schaltfläche	Tastenkombination
Nächster	▶│	Strg + Bild↓
Voriger	◀	Strg + Bild↑
Letzter	▶│	Strg + Ende
Erster	│◀	Strg + Pos1

Datensätze direkt anspringen

Wenn Sie die Nummer des gewünschten Datensatzes direkt in |◀ ◀ Datensatz: 35 ▶ ▶| im Feld hinter DATENSATZ eintragen, so wird der Datensatz direkt angesprungen.

10.3.2 Bearbeiten von Datensätzen

Der erste leere Datensatz wird in der Datenblattansicht durch einen Stern gekennzeichnet, wie Sie es im folgenden Bild sehen können.

10.3 Arbeiten mit Datensätzen

▶ Das schwarze Dreieck, das Sie dort ebenfalls sehen können, kennzeichnet den aktuellen Datensatz, den Datensatz, in dem sich zur Zeit der Eingabecursor befindet.

 Während ein Datensatz bearbeitet wird, wird dies durch einen Stift links auf dem Zeilenmarkierer gekennzeichnet.

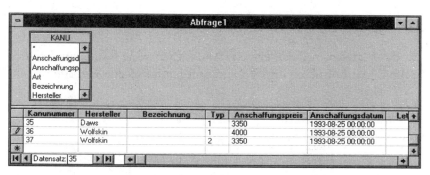

Bild 10.7: Zeichen beim Ändern eines Datensatzes

Ein Datensatz wird gespeichert, sobald Sie ihn verlassen, d.h., das Speichern erfolgt automatisch ohne Ihr Zutun. In der Spalte der Zeilenmarkierer ist nach dem Speichern das Stiftsymbol verschwunden.

Um Fehler zu korrigieren, benutzen Sie:

- die [Entf]-Taste, um den Buchstaben nach dem Eingabecursor zu löschen,
- die [←]-Taste, um einen Buchstaben vor dem Eingabecursor zu löschen oder
- die [Esc]-Taste, um Änderungen oder Eingaben für den aktuellen Datensatz rückgängig zu machen.

10.3.3 Markieren von Feldern oder Datensätzen

Um Felder oder Datensätze löschen oder kopieren zu können, müssen sie zunächst markiert werden. Ein Feld wird markiert, indem Sie:

- den Text im Feld mit der Maus markieren,
- sich mit den Pfeiltasten Ihrer Tastatur in das entsprechende Feld bewegen,
- den Mauszeiger an den linken Rand der Zelle des gewünschten Felds stellen, so daß sich der Mauszeiger vom normalen Texteingabesymbol in den Pfeil ⇩ umwandelt, und damit die Zelle anklicken.

Einen Datensatz markieren Sie, indem Sie:

- den Zeilenmarkierer der gewünschten Zeile anklicken oder
- den Cursor in die entsprechende Zeile stellen und in BEARBEITEN die Option DATENSATZ MARKIEREN selektieren.

10.3.4 Löschen von Feldern oder Datensätzen

Sie können Felder oder Datensätze erst löschen, wenn Sie sie vorher markiert haben. Wählen Sie nun in BEARBEITEN den Punkt LÖSCHEN aus oder betätigen Sie die `Entf`-Taste auf Ihrer Tastatur.

Beim Löschen von ganzen Datensätzen wird das folgende Dialogfeld geöffnet, in dem Sie das Löschen bestätigen oder rückgängig machen können.

Bild 10.8: Warnhinweisfeld beim Löschen von Datensätzen

10.3.5 Rückkehr zu Excel

Um die Daten zurück zu Excel zu übertragen, können Sie MS-Query mit der links abgebildeten Tastenfläche oder DATEI
• DATEN AN MICROSOFT EXCEL ZURÜCKGEBEN verlassen.

In Excel wird Ihnen im folgenden Dialogfeld die Frage gestellt, an welche Stelle und mit welchen Optionen die Daten eingefügt werden sollen.

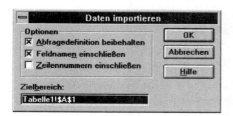

Bild 10.9: Dialogfeld DATEN IMPORTIEREN

Wählen Sie hier die Option ABFRAGEDEFINITION BEIBEHALTEN an, so können Sie später mit einem einfachen Doppelklick in Excel auf die übernommenen Daten MS-Query mit der entsprechenden Abfrage wieder laden und diese weiter bearbeiten.

Mit FELDNAMEN EINSCHLIEẞEN werden in die erste Zeile der Daten in Excel die Feldnamen eingesetzt.

Das Ergebnis der Datenübernahme zeigt das folgende Bild 10.10.

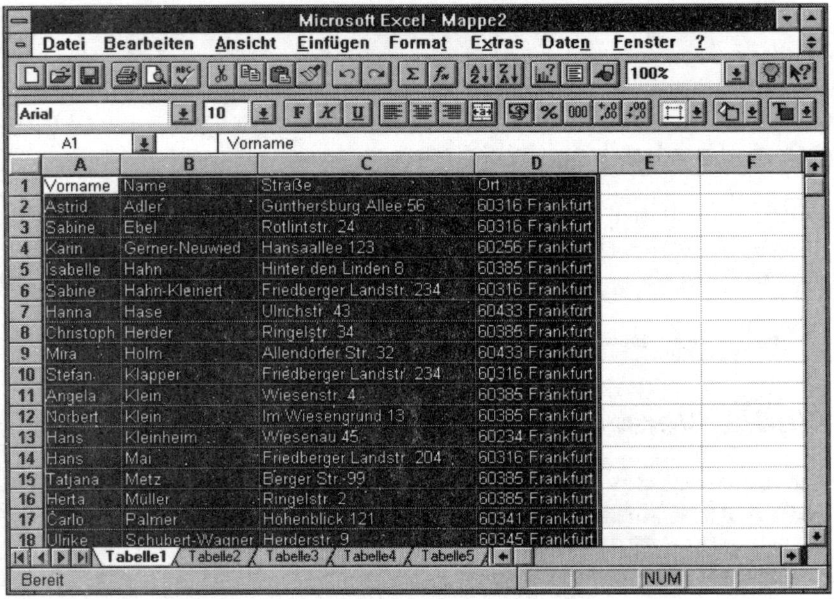

Kapitel 10 Abfragen von Datenbanken mit MS-Query

Bild 10.10: MS-Query-Daten in Excel

Die in Excel aufgenommenen Daten sind eine Kopie der Originaldaten. Verändern sich die Originaldaten, werden die Änderungen nicht automatisch in Excel eingespielt. Das können Sie auch mit DATEN • DATEN AKTUALISIEREN veranlassen.

Selektieren Sie im Menü DATEN den Befehl DATEN IMPORTIEREN, wird Ihnen jetzt, nachdem eine MS-Query-Verbindung schon besteht, das folgende Dialogfeld angezeigt, in dem Sie die gewünschten Bearbeitungsschritte auswählen können.

Bild 10.11: Dialogfeld zu DATEN • DATEN IMPORTIEREN

Wir möchten uns in den folgenden Abschnitten den weiteren Möglichkeiten von MS-Query zuwenden.

10.4 Layout von Abfragen

In der Tabellenansicht stehen Ihnen im Menüpunkt FORMAT die Punkte SCHRIFTART, ZEILENHÖHE und SPALTENBREITE zur Verfügung. Die Wirkungsweise dieser Befehle ist Ihnen schon aus Excel bekannt.

10.4.1 Verschieben von Spalten

Für die Arbeit z.B. mit den weiter unten erläuterten Sortierkriterien spielt die Reihenfolge der Felder von links nach rechts eine Rolle. Sie können Spalten mit der Maus einfach verschieben.

Selektieren Sie dazu eine Spalte mit Hilfe der Schaltfläche am oberen Rand der Spalte. Klicken Sie diese Fläche an, so wird die entsprechende Spalte invers dargestellt.

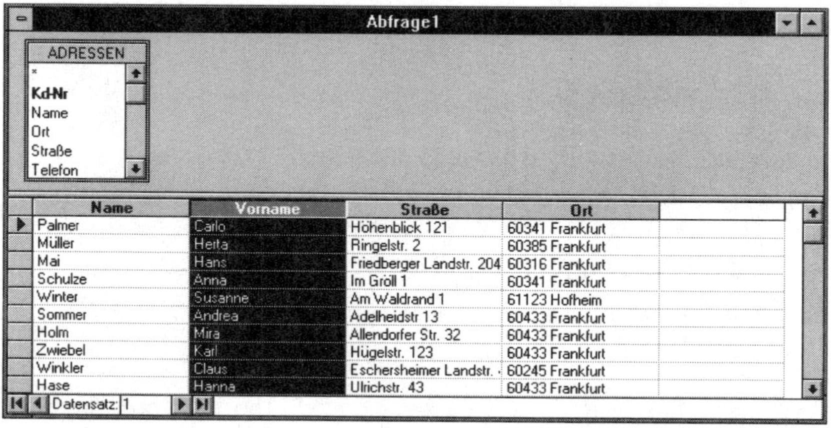

Bild 10.12: Zum Verschieben selektierte Spalte

Kapitel 10 Abfragen von Datenbanken mit MS-Query

Bei gehaltener Maustaste können Sie jetzt die gesamte Spalte auf die gewünschte Position ziehen, wie es im nächsten Bild dargestellt ist.

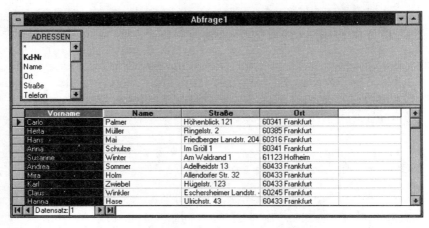

Bild 10.13: Verschobene Spalte

10.4.2 Aus- und Einblenden von Spalten

Spalten lassen sich über den Menübefehl FORMAT • SPALTEN AUSBLENDEN bzw. SPALTEN EINBLENDEN ein- bzw. ausschalten.

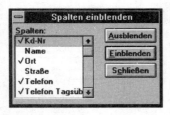

Bild 10.14: Dialogfeld zu FORMAT • SPALTEN EINBLENDEN

Ausgeblendete Spalten haben im Dialogfeld SPALTEN EINBLENDEN kein Häkchen vor dem Namen.

10.5 Sortieren

Abfragen können auf- oder absteigend sortiert werden. Zur Auswahl der gewünschten Sortierung wählen Sie das entsprechende Feld an und klicken auf eine der beiden links abgebildeten Schaltflächen, je nachdem, ob Sie auf- oder absteigend ordnen möchten.

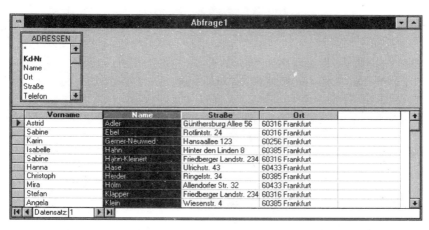

Bild 10.15: Sortierung

Sie können die Sortierkriterien auch mit dem Dialogfeld SORTIEREN festlegen, das Sie über den Menüpunkt DATENSÄTZE • SORTIEREN erreichen.

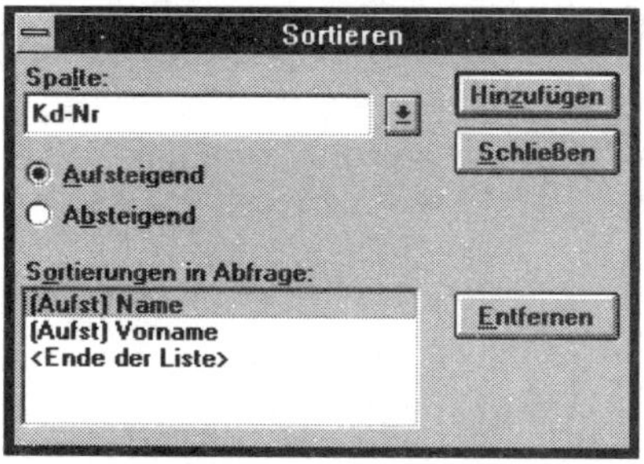

Bild 10.16: Dialogfeld zu DATENSÄTZE • SORTIEREN

Durch Hinzufügen von Sortierkriterien in die Liste im Dialogfeld läßt sich mehrstufiges Sortieren vereinbaren.

Sie sollten bei der Auswahl der Sortierkriterien bedenken, daß bei einer großen Anzahl von Datensätzen der Sortiervorgang einige Zeit in Anspruch nehmen kann. Am schnellsten sortiert werden indizierte Felder.

10.6 Auswahlkriterien

Der wichtigste Punkt bei Abfragen ist die Definition von Kriterien zur Einschränkung und gezielten Auswahl von Datensätzen aus Ihren Tabellen.

10.6.1 Kriterien

Durch die Angabe der Kriterien können Sie Ihren Datenbestand nach den von Ihnen gewählten Bedingungen auswerten.

Bedingungen für Texte

In diesem Abschnitt zeigen wir einen möglichen Einsatzfall auf: Es sollen alle Kunden aus Frankfurt aus der Adreßtabelle herausgefiltert werden.

Für die Definition von Abfragekriterien muß der entsprechende Bereich in Ihrem Abfragefenster eingeblendet werden. Nutzen Sie dazu die links oben dargestellte Tastenfläche oder ANSICHT • KRITERIEN.

10.6 Auswahlkriterien

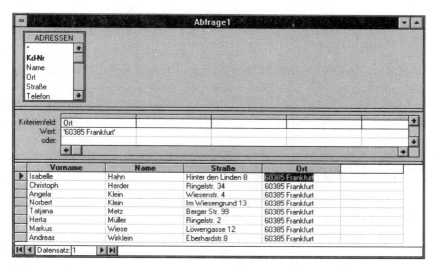

Bild 10.17: Bedingung

Diese Bedingung wird in die Kriterienzeile geschrieben. In unserem Fall, wie es das Bild 10.17 zeigt, wurde für das Feld ORT das Kriterium 60385 Frankfurt formuliert. Geben Sie bei der Angabe die einfachen Anführungszeichen mit an, da hier Zahlen und Buchstaben in der Bedingung kombiniert sind. Bei reinen Texten ist es nicht unbedingt notwendig, Anführungszeichen zu setzen, da dies dann von MS-Query erledigt wird. Wir empfehlen aber, die Anführungszeichen lieber immer explizit mit in die Abfrage aufzunehmen. Dann kann es auch nicht zu Mißverständnissen zwischen Ihnen und MS-Query kommen.

Sie können das Kriterium auch schneller festlegen, in dem Sie den Cursor z.B. in der Spalte ORT auf eine Zeile mit dem Eintrag 60385 Frankfurt setzen und die links abgebildete Taste verwenden.

Leider hat Frankfurt nach der Reform der Postleitzahlen mehr als eine Postleitzahl. Mit der obigen Abfrage ist es uns nur gelungen, alle Frankfurter des Stadtteils mit der Postleitzahl 60385 herauszufinden. Mit Hilfe eines Platzhaltersymbols versuchen wir nun, das Postleitzahlenproblem zu umgehen.

Das Kriterium für die Abfrage wird zu

    '%Frankfurt'

geändert, das MS-Query in die Bedingung

    Wie '%Frankfurt'

umformt. Das Prozentzeichen steht für eine beliebige Anzahl beliebiger Zeichen. Das Befehlswort Wie leitet das Kriterium ein.

Die Bedingung "%Frankfurt" selektiert nur Adressen, bei denen der Ort mit »Frankfurt« endet. Da das Prozentzeichen "%" vor dem Wort steht, können alle Zeichen vor »Frankfurt« beliebig sein. Haben Sie in Ihrer Adreßdatei aber einen Datensatz mit der Ortsbezeichnung »60316 Frankfurt am Main« eingetragen, so würde dieser Kunde wieder nicht gefunden werden. Erst durch das Hinzufügen eines weiteren Prozentzeichens:

    Wie '%Frankfurt%'

wird die Bedingung vervollständigt.

Neben dem Prozentzeichen kennt MS-Query noch ein weiteres Platzhaltersymbol. Der Unterstrich »_« kann in einer Bedingung für **ein** beliebiges Zeichen verwendet werden. Lautet Ihre Bedingung für ein Feld mit Namen z.B.

    Wie 'M_ier'

so werden alle »Meier« oder »Maier« gefunden.

> **Hinweis (Großschreibung):** MS-Query ignoriert bei Abfragen die Klein- und Großschreibung, d.h., Wie 'M_ier' ergibt das gleiche Resultat wie Wie 'm_ier'.

Der Null-Operator

Für viele Anwendungen ist es von Interesse, festzustellen, ob ein Feld einen Inhalt hat oder leer ist. Als ein leeres Feld ist in MS-Query ein Feld definiert, in das noch nie eine Eingabe gespeichert wurde. Wird in ein Feld der Wert 0 oder z.B. ein am Bildschirm unsichtbares Leerzeichen geschrieben, so ist das Feld nicht mehr leer.

10.6 Auswahlkriterien

Ob ein Feld leer ist, können Sie mit der Bedingung

    Ist Null

prüfen. Der Wert Null beschreibt die »Leere«. Mit

    Ist Nicht Null

erhalten Sie alle Datensätze, für die das entsprechende Datenfeld gefüllt ist.

Das folgende Bild zeigt alle Adressen unserer Beispieldatei, für die keine Telefonnummer erfaßt wurde. Für das Feld TELEFON wurde die Bedingung Ist Null gesetzt.

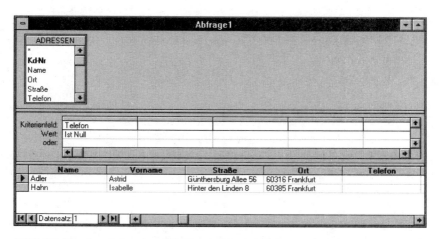

Bild 10.18: Ausgabe der Adressen ohne Telefon

Bedingungen für Werte

Für die weiteren Beispiele verwenden wir die Tabelle **Kanu**. Im ersten Beispiel suchen wir alle Boote unseres Kanuverleihs, deren Anschaffungspreis genau 3.350 DM war. Dazu wird als Kriterium für den ANSCHAFFUNGSPREIS der Wert 3350 eingetragen.

Kapitel 10 Abfragen von Datenbanken mit MS-Query

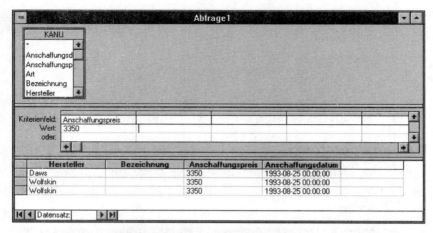

Bild 10.19: Anschaffungspreis gleich 3.350 DM

Zur Verbesserung der Übersicht in den folgenden Abbildungen haben wir nicht alle Felder der Tabelle **Kanu** in die Abfrage aufgenommen.

Durch das Hinzufügen eines Vergleichsoperators können Sie mühelos alle Boote selektieren, die mehr als 3.000 DM in der Anschaffung gekostet haben. Ergänzen Sie die Bedingung um das »Größer als«-Zeichen zu

    >3000

Dezimalstellen werden mit einem Komma abgeteilt. Der Punkt zur Abtrennung von Tausenderstellen ist in der Abfrage nicht erlaubt. Sollten Sie also z.B. Ihr Kriterium >3.000 formuliert haben, erhalten Sie unweigerlich eine Fehlermeldung.

Entsprechend müssen Sie bei Währungsfeldern in den Bedingungen die Währungsbezeichnung weglassen. Eine Abfrage mit <3000 DM erzeugt ebenfalls einen Fehler.

Bedingungen für Datums- und Zeitfelder

Alle Vergleichsoperatoren lassen sich auch für Datums- und Zeitfelder einsetzen. Datums- bzw. Zeitangaben werden in »#«Zeichen eingeschlossen. Als Beispiel sollen alle Boote aufgelistet werden, die vor dem 31.12.93 angeschafft wurden. Die Bedingung für das ANSCHAF-FUNGSDATUM lautet

```
<#01.01.1994#
```

oder

```
<=#31.12.1993#
```

Weitere Operatoren

Gerade mit Datumsfeldern ist ein weiterer Operator gut einsetzbar. Der Operator Zwischen definiert ein Intervall mit gültigen Werten. Die Bedingung

```
Zwischen #01.01.1993# Und #31.12.1993#
```

für das ANSCHAFFUNGSDATUM selektiert alle Kanus, die im Jahr 1993 beschafft wurden. Als weiteres Beispiel könnten Sie mit der Bedingung für den ANSCHAFFUNGSPREIS

```
Zwischen 3000 Und 3500
```

alle Boote der entsprechenden Preiskategorie herausfinden.

Ein weiterer Operator ist In. Mit ihm können Sie eine Liste mit gültigen Werten vorgeben. Möchten Sie z.B. eine Liste aller Boote erhalten, in der alle Kanus und alle Kajaks aufgeführt sind, so kann die entsprechende Bedingung wie

```
In ('Kanu';'Kajak')
```

aussehen. Diese Abfrage ist in der Spalte ART einzutragen. Dem In-Befehlswort wird in Klammern eine Liste gültiger Werte mitgegeben, die durch Semikola voneinander getrennt sind. Mit Hilfe von Nicht läßt sich die Aussage auch negieren, der Eintrag

```
Nicht In ('Kanu';'Kajak')
```

filtert alle Boote heraus, die weder Kanus noch Kajaks sind.

10.6.2 Logische Verknüpfungen

In vielen Fällen ist eine Bedingung für die Abfrage Ihrer Daten nicht genug. Mehrere Kriterien lassen sich auf verschiedene Weisen definieren, wobei Sie sich vorher gut überlegen sollten, wie die verschiedenen Bedingungen zusammenwirken.

Wird ein Datensatz dann ausgewählt, wenn alle angegebenen Bedingungen erfüllt sind, oder ist es für die Selektion ausreichend, wenn eine Bedingung von mehreren zutrifft?

Wir haben es hier mit zwei Arten der logischen Verknüpfung zu tun. Im ersten Fall werden die Kriterien mit einem logischen UND verknüpft. Die Bedingung ist nur dann erfüllt, wenn alle Teilkriterien zutreffen. Der zweite Fall ist eine ODER-Verknüpfung. Ein Datensatz wird ausgewählt, wenn eine der Bedingungen erfüllt ist.

UND- und ODER-Verknüpfungen lassen sich in einer Abfrage auf mehrere Arten eingeben.

Verknüpfte Kriterien für ein Feld

Möchten Sie z.B. eine Liste mit Kanus erzeugen, die mehr als 500 DM und weniger als 1000 DM in der Anschaffung gekostet haben, so formulieren Sie

```
>500 Und <1000
```

für das Feld ANSCHAFFUNGSPREIS.

Oder es sollen alle Kunden aus der Adreßdatei selektiert werden, die aus Frankfurt oder Hanau kommen, dann lautet die Bedingung für den Ort

```
Wie '%Frankfurt' Oder Wie '%Hanau'
```

Verknüpfte Kriterien für mehrere Felder

Was aber, wenn Sie alle Boote auflisten wollen, die 1993 für mehr als 3000 DM gekauft worden sind? Hierzu müssen Sie für zwei Felder Bedingungen angeben, nämlich für den ANSCHAFFUNGSPREIS und das

10.6 Auswahlkriterien

ANSCHAFFUNGSDATUM. Erfassen Sie beide Bedingungen in der gleichen Kriterienzeile der Abfrage, so wie es das nächste Bild zeigt.

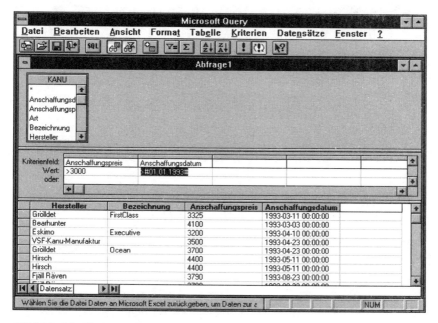

Bild 10.20: Mehrere Bedingungen

Alle Bedingungen, die in einer Kriterienzeile stehen, werden automatisch mit einem logischen UND verknüpft.

Haben Sie aber einen Kunden, der ein Boot entweder des Herstellers Eskimo oder Bearhunter leihen möchte, so müssen Sie die Bedingungen in zwei Kriterienzeilen definieren. Im nächsten Bild können Sie die entsprechenden Einträge sehen.

Kapitel 10 Abfragen von Datenbanken mit MS-Query

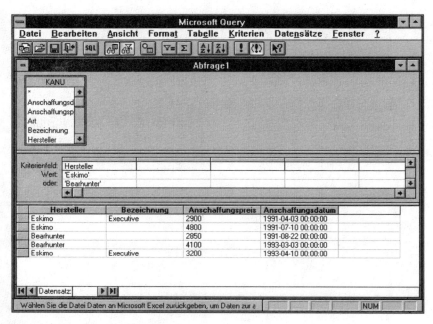

Bild 10.21: ODER-Bedingung

10.6.3 Keine Duplikate

Als Beispiel haben wir die Fragestellung gewählt, von welchen Herstellern die Boote für den Kanuverleih bezogen wurden. In die Abfrage, für die wir die Tabelle **Kanu** ausgewählt haben, wurde nur das Feld HERSTELLER selektiert, wie es im nächsten Bild dargestellt wird.

Normalerweise wird für jeden Satz der **Kanu**-Tabelle der Hersteller aufgelistet. Haben Sie mehrere Boote eines Herstellers, so wird der Hersteller mehrfach aufgeführt. Selektieren Sie jedoch den Menüpunkt ABFRAGEEIGENSCHAFTEN in ANSICHT, so können Sie im folgenden Dialogfeld mit KEINE DUPLIKATE doppelte, d.h. in allen ausgegebenen Feldern identische Datensätze, unterdrücken. Das Bild 10.22 zeigt Dialogfeld und die Liste ohne Duplikate.

10.7 Berechnete Felder und Ausdrücke

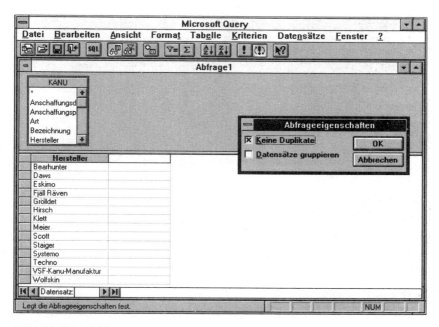

Bild 10.22: Feld HERSTELLER

10.7 Berechnete Felder und Ausdrücke

Bisher haben wir nur die Felder der zugrunde liegenden Tabellen manipuliert. Es ist aber auch möglich, für eine Abfrage neue, errechnete Felder zu erstellen.

10.7.1 Berechnete Felder

Am einfachsten kann man dies wieder anhand eines Beispiels beschreiben. Angenommen, die Anschaffungspreise in Ihrer Tabelle der Kanus sind die Nettopreise. Sie möchten jetzt aber für eine Auswertung die Preise inklusive der Mehrwertsteuer ausgeben. Nehmen Sie dazu einfach in der Zeile FELD den Eintrag

```
Anschaffungspreis*1,15
```

vor.

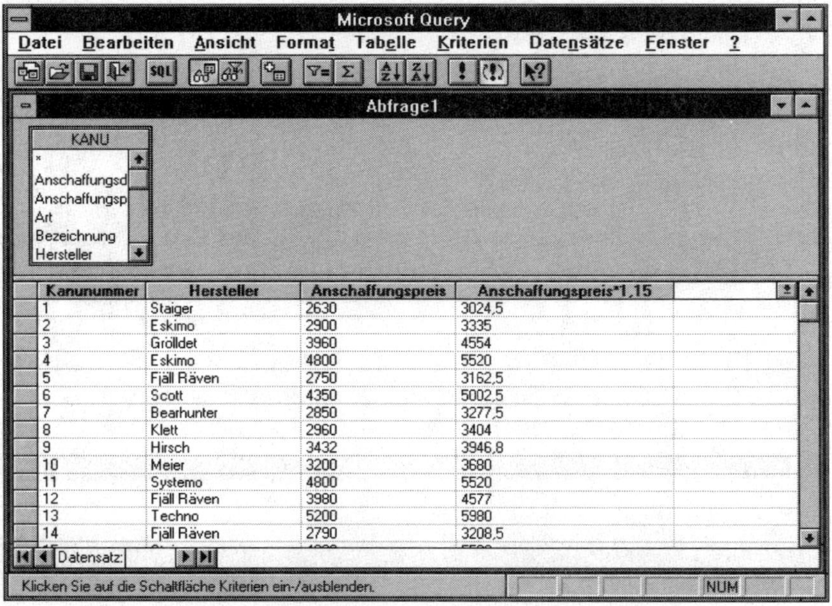

Kapitel 10 Abfragen von Datenbanken mit MS-Query

Bild 10.23: Berechnete Abfrage

10.7.2 Berechnete Bedingungen

Auch Kriterien für die Abfrage der Tabelle können errechnet werden. Möchten Sie die Daten aller Boote sehen, die in den letzten 30 Tagen gekauft wurden, geben Sie als Bedingung für das ANSCHAFFUNGS-DATUM

```
>Datum()-30
```

ein. Die Funktion `Datum()` liefert das aktuelle Tagesdatum zurück, welches in Ihrem Computer gespeichert ist. Somit berechnet die Funktion den Zeitraum der letzten 30 Tage.

Weitere Beispiele werden Ihnen im Laufe des Kapitels bei der Beschreibung weiterer Abfragefunktionen vorgestellt.

10.8 Auswertungen

Angenommen, es ist für Ihre Statistik von Interesse, zu erfahren, wieviele Boote Sie von welchem Hersteller gekauft haben, dann ist es sehr mühsam, die Tabelle per Hand auszuzählen. Dafür bietet Ihnen MS-Query eine entsprechende Funktion.

Stellen Sie eine Abfrage für die Tabelle **Kanu** aus den Feldern HERSTELLER und KANUNUMMER zusammen, wie es im nächsten Bild dargestellt ist.

Klicken Sie dann so oft auf das links abgebildete Symbol, bis `Anzahl von Kanunummer` im Spaltenkopf steht.

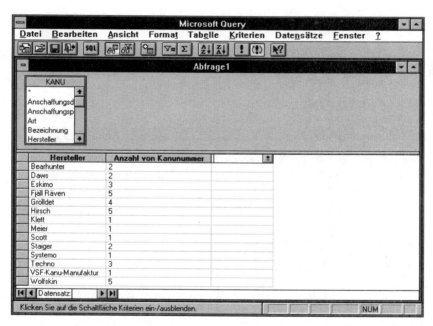

Bild 10.24: Vorbereitung

Alternativ wählen Sie Menü DATENSÄTZE • SPALTE HINZUFÜGEN an, um das folgende Dialogfeld zu erhalten.

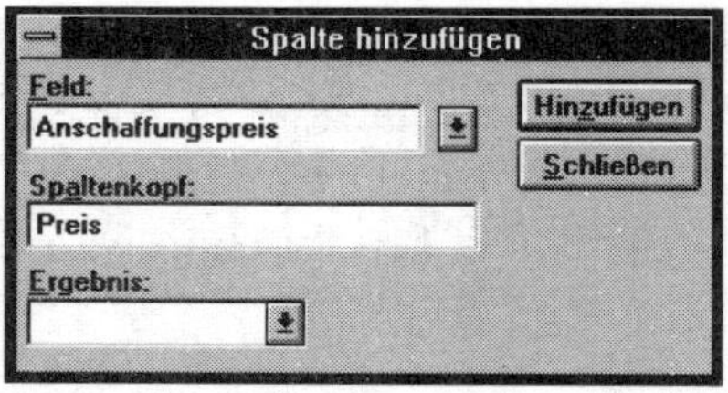

Kapitel 10 Abfragen von Datenbanken mit MS-Query

Bild 10.25: Dialogfeld zu DATENSÄTZE • SPALTE HINZUFÜGEN

Wählen Sie für die KANUNUMMER die Funktion Anzahl in der Option ERGEBNIS aus. Die Liste wird jetzt nach den Herstellern gruppiert und für jeden Hersteller die Anzahl der Boote gezählt.

Interessant wäre es jetzt, herauszufinden, wieviel Umsatz mit welchem Hersteller gemacht wurde. Nichts leichter als das. Wir haben die Spalte mit der Kanunummer herausgenommen und die Spalte mit dem ANSCHAFFUNGSPREIS eingefügt. Wir haben dann als Funktion Summe selektiert. Damit werden für den jeweiligen Hersteller alle Anschaffungspreise addiert.

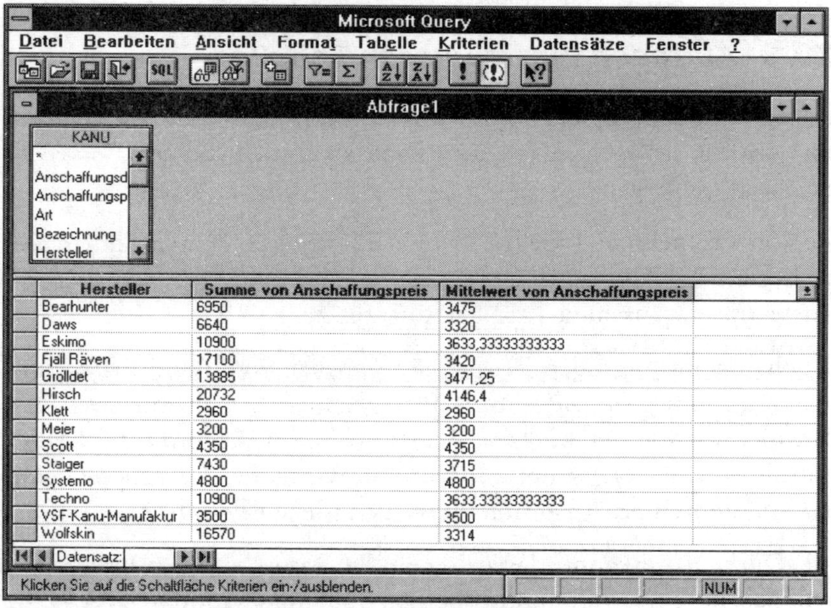

Hersteller	Summe von Anschaffungspreis	Mittelwert von Anschaffungspreis
Bearhunter	6950	3475
Daws	6640	3320
Eskimo	10900	3633,33333333333
Fjäll Räven	17100	3420
Grölldet	13885	3471,25
Hirsch	20732	4146,4
Klett	2960	2960
Meier	3200	3200
Scott	4350	4350
Staiger	7430	3715
Systemo	4800	4800
Techno	10900	3633,33333333333
VSF-Kanu-Manufaktur	3500	3500
Wolfskin	16570	3314

Bild 10.26: Funktionen Summe und Mittelwert

Möchten Sie zusätzlich zu den Summen noch bestimmen, wieviel Sie beim jeweiligen Hersteller im Schnitt für ein Boot ausgegeben haben, ziehen Sie ein weiteres mal den ANSCHAFFUNGSPREIS nach unten und wählen Sie diesmal als Funktion Mittelwert aus. Das Ergebnis ist im Bild oben zu sehen.

Die folgende Tabelle soll die Funktionen zur Auswertung in der Abfrage von MS-Query vollständig auflisten und beschreiben. Alle Funktionen beziehen sich immer auf die selektierten Werte einer Abfrage.

Tabelle 10.2: Funktionen

Funktion	Beschreibung
Summe	Summe aller selektierten Werte
Mittelwert	Mittelwert aller selektierten Werte
Minimum	Kleinster Wert
Maximum	Größter Wert
Anzahl	Anzahl der selektierten Werte

10.9 Abfragen mit mehreren Tabellen

Bisher wurden in diesem Kapitel nur Abfragen behandelt, die sich auf eine Tabelle bezogen. MS-Query kann aber auch mehrere Tabellen gleichzeitig abfragen.

Sie können mehrere Tabellen in Ihre Abfrage aufnehmen, indem Sie zu Beginn der Abfrage in dem schon in Bild 10.4 gezeigten Dialogfenster die gewünschten Tabellen hinzufügen.

Wir haben im folgenden Beispiel die Tabellen **Kanu** und **Preisgruppen** aufgenommen. Die Tabelle **Preisgruppen** enthält nur zwei Felder, die PREISGRUPPE und den PREIS pro Tag. Jedes Boot der **Kanu**-Tabelle ist einer Preisgruppe zugeordnet. Über die Preisgruppe kann der Verleihpreis pro Tag ermittelt werden (siehe Bild 10.27).

MS-Query hat erkannt, das zwischen der **Kanu**- und der **Preisgruppen**-Tabelle eine Verbindung besteht und dieses durch eine Linie zwischen den beiden Tabellenfenstern angedeutet.

Kapitel 10 Abfragen von Datenbanken mit MS-Query

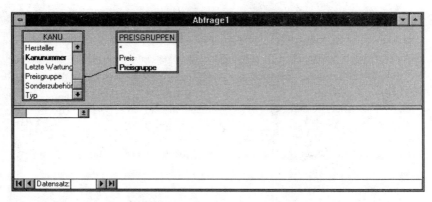

Bild 10.27: Kanus und Preisgruppen

Eine Abfrage mit mehreren Tabellen macht nur Sinn, wenn zwischen den beiden Tabellen eine Beziehung besteht. Ansonsten können Sie zwar Felder beider Datenbestände zur Ausgabe in Ihrer Abfrage festlegen, aber das Ergebnis wäre wohl nicht brauchbar. MS-Query würde nämlich jeden Wert der einen Tabelle mit jedem Wert der zweiten kombinieren und eine lange Liste ausgeben.

10.9.1 Definition einer Verknüpfung

In der Tabelle **Preisgruppen** ist für jede Gruppe ein Preis pro Verleihtag festgelegt. Möchten Sie wissen, wie hoch die Kosten pro Tag für ein entsprechendes Boot sind, so können Sie sie anhand der Preisgruppe ermitteln.

Vielleicht stellt sich Ihnen jetzt die Frage, warum die Preise pro Verleihtag nicht direkt in der **Kanu**-Tabelle festgehalten werden? Die Antwort ist einfach: Bei einer Preisänderung wird nur in der **Preisgruppen**-Tabelle für die entsprechenden Preisgruppen der Preis pro Tag geändert und schon gelten für alle Boote neue Verleihpreise. Im anderen Fall müssen Sie für jeden Datensatz der **Kanu**-Tabelle den Preis bearbeiten.

Für unsere Beispielabfrage möchten wir eine Liste erzeugen, in der die Felder KANUNUMMER, HERSTELLER, BEZEICHNUNG und PREIS PRO

10.9 Abfragen mit mehreren Tabellen

TAG ausgegeben werden. Um die Kosten pro Tag zu ermitteln, muß für jeden Datensatz der **Kanu**-Tabelle der entsprechende Datensatz der Tabelle **Preisgruppen** herausgesucht werden. Dazu muß eine Beziehung zwischen den beiden Tabellen über die Preisgruppe erstellt werden. Da in der Tabelle **Preisgruppen** jede Preisgruppe genau einmal vorkommt, während in der **Kanu**-Tabelle viele Boote die gleiche Preisgruppe haben können, ist hier eine 1:n-Beziehung erforderlich.

In MS-Query läßt sich die Beziehung zwischen den beiden Tabellen, wenn Sie von MS-Query nicht selbsttätig eingefügt wird, einfach mit der Maus aufbauen:

▶ Bewegen Sie dazu den Mauscursor auf das Feld PREISGRUPPE der Tabelle **Kanu**,

▶ klicken Sie es an und

▶ ziehen Sie den Cursor bei gehaltener Maustaste auf das Feld PREISGRUPPE der Tabelle PREISGRUPPEN.

Zwischen den beiden Feldern erscheint am Bildschirm eine Linie, die die Beziehung zwischen den beiden Tabellen anzeigt.

Definieren Sie jetzt die Felder KANUNUMMER, HERSTELLER, BEZEICHNUNG und PREIS in der Abfrage, so wie es im nächsten Bild gezeigt ist:

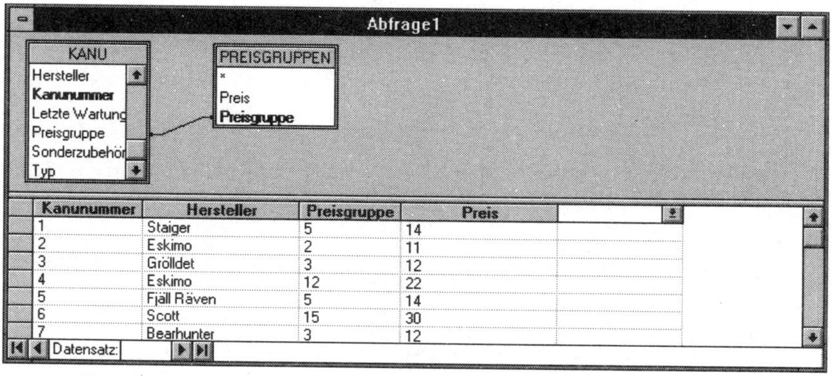

Kanunummer	Hersteller	Preisgruppe	Preis
1	Staiger	5	14
2	Eskimo	2	11
3	Grölldet	3	12
4	Eskimo	12	22
5	Fjäll Räven	5	14
6	Scott	15	30
7	Bearhunter	3	12

Bild 10.28: Abfrage

Kapitel 10 Abfragen von Datenbanken mit MS-Query

Für jeden Datensatz der Tabelle **Kanu** hat MS-Query den entsprechenden Preis mit Hilfe des Schlüssels PREISGRUPPE ermittelt. Die Boote, für die keine Preisgruppe angegeben ist, erscheinen nicht in der Liste.

Achten Sie beim Erstellen von Verknüpfungen darauf, daß die Beziehung zwischen den jeweiligen Feldern der Tabellen sinnvoll ist. Man sollte hier nicht »Äpfel mit Birnen« in Beziehung bringen, d.h., Feldinhalte und Felddatentypen sollen zueinander passen.

Man könnte, um ein fehlerhaftes Beispiel zu bringen, auch die Felder KANUNUMMER in **Kanu** und PREISGRUPPE in der Tabelle **Preisgruppen** miteinander in Beziehung setzen. MS-Query ermittelt auch mit dieser Verknüpfung eine Liste mit den Booten, deren Kanunummer zufällig einer Preisgruppe entspricht.

Ein Beispiel mit drei Tabellen

Das nächste Beispiel arbeitet mit drei Tabellen. Erstellen Sie dazu eine neue Abfrage, in die Sie die Tabellen **Reservierung**, **Kanu** und **Preisgruppen** hinzufügen. Ziel der Abfrage soll es sein, mit Hilfe der Ausleihdauer, die in **Reservierung** abgespeichert ist, und dem Tagespreis, die Kosten für die Ausleihe zu ermitteln. In Bild 10.29 ist dargestellt, wie Sie an die entsprechenden Daten kommen können.

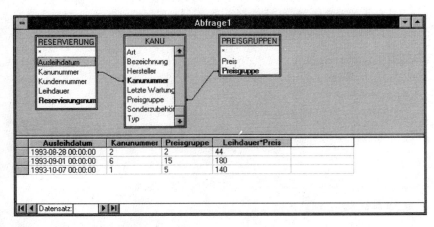

Bild 10.29: Verbindungslinien

Bauen Sie zunächst mit der Maus die Verknüpfungslinien auf. Die erste Linie wird zwischen den Tabellen **Reservierung** und **Kanu** gezogen. In beiden Tabellen wird dazu das Feld KANUNUMMER verwendet. In **Kanu** ist die Kanunummer eindeutig, in der Tabelle **Reservierung** kann jede Kanunummer mehrfach vorkommen, denn ein Boot kann ja, über die Zeit gesehen, mehrfach reserviert werden. Die zweite Beziehung wird wieder zwischen den PREISGRUPPE-Feldern der Tabellen **Kanu** und **Preisgruppen** aufgebaut.

Wie Sie in Bild 10.29 sehen können, haben wir Felder aus allen drei Tabellen in die Abfrage aufgenommen und errechnen den Gesamtpreis der Ausleihe mit:

```
Leihdauer*Preis
```

10.9.2 Verknüpfungseigenschaften

Für die verknüpften Beispiele, die wir bisher besprochen haben, wurde eine »Gleichheitsverknüpfung«, in Access »Equi Joins« genannt, durchgeführt. Dabei werden nur die Datensätze selektiert, in denen sich die verknüpften Felder beider Dateien entsprechen.

Hätten wir in den Stammdaten der **Kanu**-Tabelle ein Boot mit der Preisgruppe »10« erfaßt, für die in der Tabelle **Preisgruppen** aber keine Entsprechung existieren würde, und damit auch kein Preis, so erscheint dieser Datensatz nicht.

Die Eigenschaften einer Verknüpfung lassen sich ändern. Dazu können Sie ein Dialogfenster zum Einstellen der Verknüpfungseigenschaften aufrufen:

▶ Klicken Sie dazu die Beziehungslinie an, die dann fett dargestellt wird, wie es das nächste Bild zeigt.

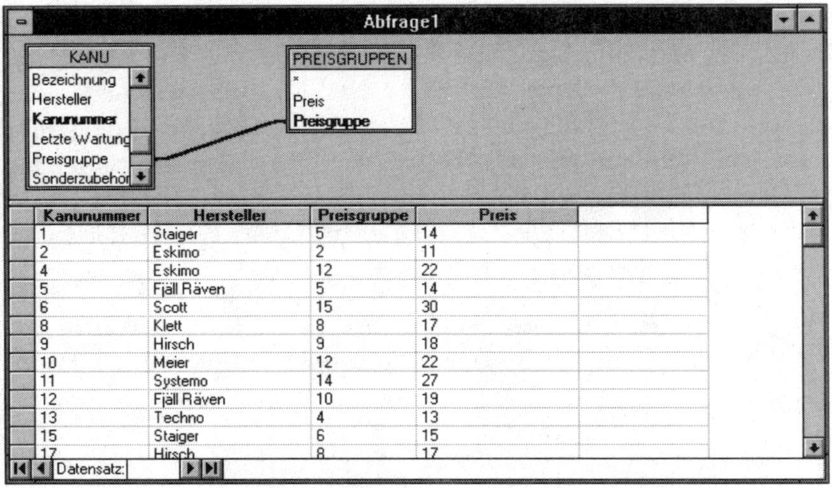

Kapitel 10 Abfragen von Datenbanken mit MS-Query

Kanunummer	Hersteller	Preisgruppe	Preis
1	Staiger	5	14
2	Eskimo	2	11
4	Eskimo	12	22
5	Fjäll Räven	5	14
6	Scott	15	30
8	Klett	8	17
9	Hirsch	9	18
10	Meier	12	22
11	Systemo	14	27
12	Fjäll Räven	10	19
13	Techno	4	13
15	Staiger	6	15
17	Hirsch	8	17

Bild 10.30: Markierte Verbindungslinie

▶ Mit einem Doppelklick auf die markierte Beziehungslinie rufen Sie das folgende Dialogfenster auf:

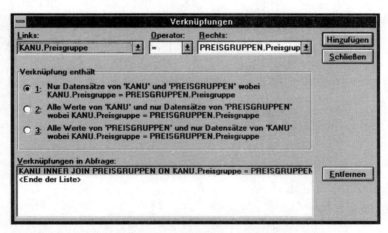

Bild 10.31: Dialogfenster zu Verknüpfungseigenschaften

10.9 Abfragen mit mehreren Tabellen

MS Query bietet Ihnen in diesem Fenster drei Optionen an:

- Die Standardeinstellung ist eine Gleichheitsverknüpfung, die in den obigen Beispielen verwandt und erklärt wurde.
- Für eine Inklusionsverknüpfung (outer join) werden alle Datensätze der **Kanu**-Tabelle aufgelistet und nur dann ein Preis, wenn eine entsprechende Preisgruppe existiert.
- Für eine Inklusionsverknüpfung werden alle Datensätze der Tabelle **Preisgruppen** ausgegeben, auch wenn kein Boot mit der entsprechenden Preisgruppe definiert wurde.

Im folgenden Bild wurde die zweite Option des Dialogfensters VERKNÜPFUNGEN ausgewählt, nachdem die erste Verknüpfung mit Hilfe der Schaltfläche ENTFERNEN gelöscht wurde. Wie Sie in Bild 10.33 sehen können, wurde aus der Beziehungslinie ein Pfeil, der von der **Kanu**-Tabelle auf die Tabelle **Preisgruppen** zeigt.

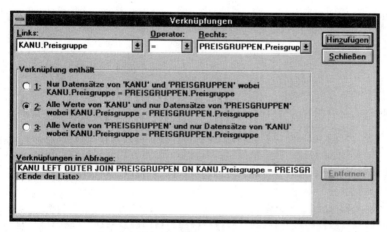

Bild 10.32: Inklusionsverknüpfung

Starten Sie jetzt die Abfrage, so können Sie sehen, daß auch Boote ohne Preisgruppe oder mit einer nicht existierenden Preisgruppe mit ausgegeben werden. Im vorliegenden Fall lassen sich so z.B. Fehler bei der Erfassung der Preisgruppen feststellen.

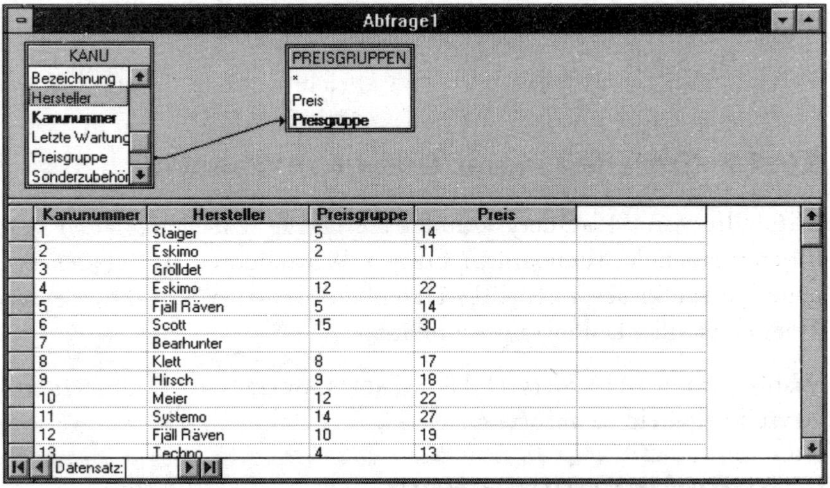

Kapitel 10 Abfragen von Datenbanken mit MS-Query

Bild 10.33: Ergebnis der Inklusionsverknüpfung

10.10 SQL

Die Abfragesprache SQL, Structured Query Language, ist ursprünglich eine Entwicklung von IBM. Heute ist diese Sprache international standardisiert, aber viele Anbieter von Softwareprodukten haben SQL um eigene Elemente erweitert. Auch Microsoft hat SQL in MS-Query entsprechend verändert.

Sie können sich die SQL-Definition Ihrer Abfrage im entsprechenden Fenster anschauen und gegebenenfalls verändern. Das Fenster erhalten Sie mit der links abgebildeten Schaltfläche oder dem Befehl ANSICHT • SQL.

Bild 10.34: Dialogfeld SQL

Änderungen am SQL-Text werden im Abfragefenster sofort entsprechend dargestellt.

10.11 Erstellen neuer Datenbanktabellen

Mit Hilfe von MS-Query können Sie eigene Tabellen in den von Ihnen geladenen Datenbanken anlegen. Wir möchten als Beispiel eine neue Tabelle in der VERLEIH-Datenbank erstellen, um Ihnen einen Teil der Möglichkeiten zu beschreiben.

Wählen Sie in MS-Query DATEI • TABELLENDEFINITION, um das folgende Dialogfeld zu aktivieren.

Bild 10.35: Dialogfeld TABELLE AUSWÄHLEN

Sie erhalten eine Liste aller in der gewählten Datenbank vorhandenen Tabellen. Mit Hilfe der Schaltfläche OPTIONEN können Sie ein weiteres Dialogfeld aufrufen, in dem Sie festlegen können, welche Tabellenarten in der Liste erscheinen sollen.

Zur Veranschaulichung haben wir im nächsten Bild das Definitionsfenster für die Tabelle **Adressen** mit Hilfe der Schaltfläche ANSICHT geladen.

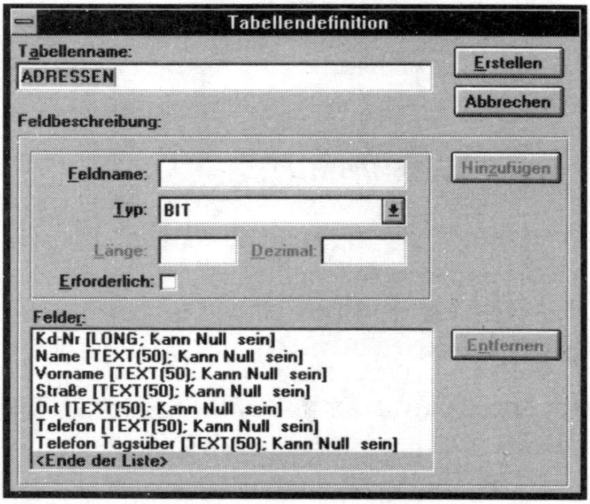

Kapitel 10 Abfragen von Datenbanken mit MS-Query

Bild 10.36: Dialogfeld TABELLENDEFINITION

Im unteren Teil, in FELDER, finden Sie eine Liste mit allen Feldern der Tabelle und ihren Definitionen.

Um eine neue Tabelle anzulegen, haben wir im Dialogfeld in Bild 10.35 die Schaltfläche NEU betätigt und damit das folgende Dialogfeld geöffnet.

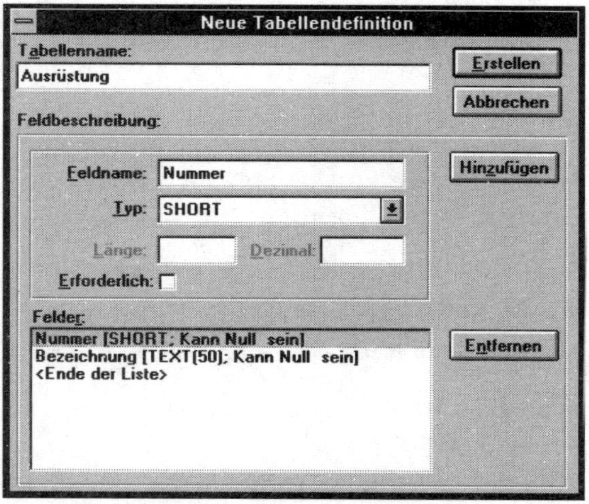

Bild 10.37: Dialogfeld NEUE TABELLENDEFINITION

Die Definition der einzelnen Felder der Tabelle wird durch entsprechende Einträge für FELDNAME, TYP, LÄNGE, DEZIMAL und ERFORDERLICH vorgenommen. Jedes dort festgelegte Feld wird mit der Taste HINZUFÜGEN in die Feldliste übernommen.

Eine so definierte Tabelle kann im Abfragefenster von MS-Query weiter bearbeitet werden.

10.12 Festlegen von Datenquellen

Wir haben am Anfang des Kapitel erwähnt, daß MS-Query über die ODBC-Schnittstelle auf Daten in den verschiedensten Datenbankformaten zugreift. ODBC, »Open Database Connectivity«, ist eine Entwicklung von Microsoft. Wir beschreiben die Möglichkeiten dieser Schnittstelle und ihre Einrichtung in Windows im Anhang C.

Bei der Installation von Excel werden Treiber für die mitgelieferten ODBC-Datenquellen eingerichtet. Die Beschreibung und die Dateien, auf die vom ODBC-Treiber zugegriffen werden, lassen sich mit den folgenden Dialogfeldern festlegen.

Bild 10.38: Dialogfeld ODBC-DATENQUELLEN

Wenn Sie im Dialogfeld von Bild 10.38 die Schaltfläche NEU betätigen, erhalten Sie das folgende Dialogfeld. Die im Listenfeld angezeigten Einträge können auf Ihrem System je nach installierten Treibern variieren.

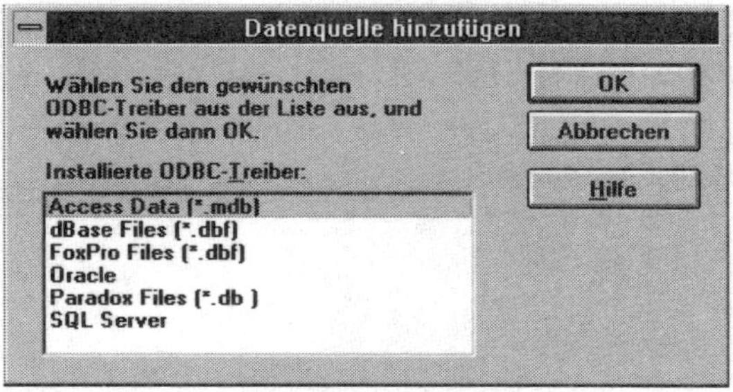

Kapitel 10 Abfragen von Datenbanken mit MS-Query

Bild 10.39: Dialogfeld DATENQUELLE HINZUFÜGEN

Geben Sie jetzt an, welches Format Ihre Datenquelle hat. Für das Beispiel an dieser Stelle haben wir dBase Files (*.dbf) selektiert.

Bestimmen Sie im Eingabefeld zu Datenquellenname eine Bezeichnung, die im Auswahldialogfeld (Bild 10.38) angezeigt werden soll. Legen Sie weitere Einstellungen nach Ihren Wünschen fest.

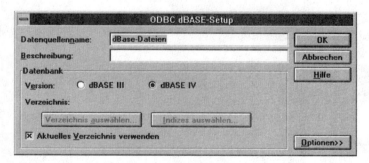

Bild 10.40: Dialogfeld ODBC DBASE-SETUP

Steuerelemente 11

Steuerelemente - Überblick *248*
Beschreibung der Steuerelemente *250*
Anwendungsbeispiele *258*

Kapitel 11 Steuerelemente

Bei der Arbeit mit Excel haben Sie viele Windows-typische Steuerelemente kennengelernt. Ihnen sind Rollbalken, Optionsfelder, Kontrollkästchen und vieles mehr vertraut. Excel bietet Ihnen die Möglichkeit, Steuerelemente selbst zu definieren und auf Ihren Arbeitsblättern einzusetzen.

Zur Einrichtung der Steuerelemente dient die Dialog-Symbolleiste.

Bild 11.1: Dialog-Symbolleiste

Nicht alle der dort verfügbaren Steuerelemente lassen sich auf Arbeitsblättern nutzen. Einige der Elemente können nur aus Makro-Abläufen, d.h. aus Visual Basic-Programmen heraus verwendet werden. Über Makros und Visual Basic lesen Sie bitte im entsprechenden Kapitel nach.

11.1 Steuerelemente - Überblick

Wir haben als Beispiel die Faxvorlage aus dem Kapitel »Mustervorlagen« mit Hilfe von Steuerelementen überarbeitet. Beispielsweise wurde der graue Bereich, wie im folgenden Bild dargestellt, neu eingefügt. Hier finden Sie unter dem Wort Dringlichkeit ein Steuerelement mit einem Aufwärts- und einem Abwärtspfeil. Es ist, wie weiter unten beschrieben wird, so geschaltet, daß Sie die Dringlichkeitsstufe Ihres Faksimiles einstellen können. Durch entsprechendes Betätigen der Pfeile des Steuerelementes ändert sich der Text im Bild unten in der Mitte des Formulars von Sehr dringend bis zu Hat Zeit.

11.1 Steuerelemente - Überblick

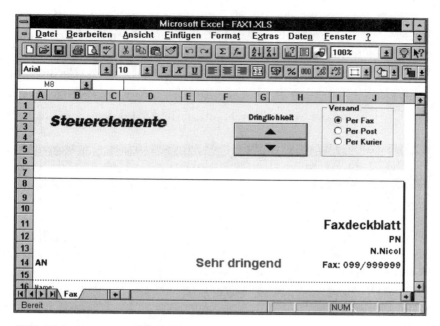

Bild 11.2: *Formular mit Steuerelementen*

Um das Formular nicht nur zum faxen, sondern auch für andere Zwecke einsetzen zu können, wurde rechts oben im Formular ein Gruppenfeld mit drei Optionen eingerichtet. Im Bild oben ist Per Fax angewählt und entsprechend erscheint das Wort Faxdeckblatt auf dem Formular. Wir haben die Steuerelemente so verknüpft, daß, wenn Sie im Gruppenfeld Per Kurier selektieren, der Text Faxdeckblatt verschwindet und dafür PER KURIER eingeblendet wird, wie es das folgende Bild illustriert.

Kapitel 11 Steuerelemente

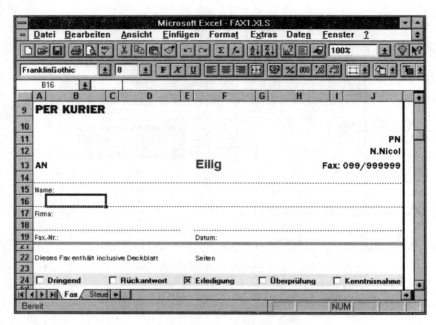

Bild 11.3: Formular mit Aufdruck »Per Kurier«

Der nächste Abschnitt beschreibt die für Arbeitsblätter einsetzbaren Steuerelemente und ihre Möglichkeiten. Nach dieser Beschreibung werden wir noch einmal auf das Faxformular zurückkommen und Ihnen die dort eingesetzten Elemente detailliert erklären.

11.2 Beschreibung der Steuerelemente

Alle Steuerelemente werden mit Hilfe der Dialog-Symbolleiste erstellt. Auf der Dialog-Symbolleiste finden Sie 16 Schaltflächen, von denen neun für Arbeitsblätter verwendet werden können. Die restlichen werden nur bei der Dialogerstellung in der Visual Basic-Programmierung eingesetzt. Über die Programmierung mit Visual Basic erfahren Sie mehr im nächsten Kapitel.

Das nächste Bild stellt die neun möglichen Schaltflächentypen dar.

11.2 Beschreibung der Steuerelemente

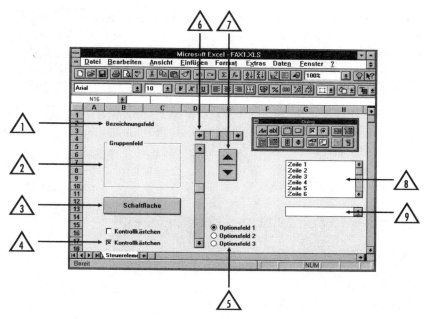

Bild 11.4: Steuerelemente

Im weiteren werden die einzelnen Elemente beschrieben. Die im jeweiligen Abschnitt dargestellte Schaltfläche dient zur Erstellung des entsprechenden Steuerelementes. Steuerelemente können Ein- und Ausgabewerte haben, d.h. durch das Anklicken eines Kontrollkästchens (△) wird beispielsweise ein Wert in eine Zelle des Arbeitsblatts gesetzt.

Im Bedienungsmodus für Steuerelemente wird der Cursor zu einer Hand ☝. Klicken Sie mit diesem Cursor auf ein Steuerelement, wird die entsprechende Aktion ausgelöst.

In den Bearbeitungsmodus für Steuerelemente schalten Sie durch Anklicken eines Elementes mit der rechten Maustaste, durch Anklicken mit der linken Maustaste bei gehaltener Strg -Taste oder durch Markieren mit der Markierungs-Schaltfläche der Zeichnen-Symbolleiste.

251

Kapitel 11 Steuerelemente

Für alle Steuerelemente lassen sich im Bearbeitungsmodus verschiedene Eigenschaften, wie z.B. Muster, Farbe, Schriftart usw., festlegen. Das für die Einstellung der Eigenschaften notwendige Registerdialogfeld erhalten Sie am einfachsten durch den Aufruf des Kontextmenüs mit Hilfe der rechten Maustaste.

Im Registerdialogfeld OBJEKT FORMATIEREN lassen sich auf dem Register EIGENSCHAFTEN die Abhängigkeit des Steuerelementes von der Zellposition festlegen. Standardmäßig werden Steuerelemente mit ausgedruckt. Möchten Sie den Druck unterdrücken, klicken Sie das entsprechende Kontrollkästchen aus.

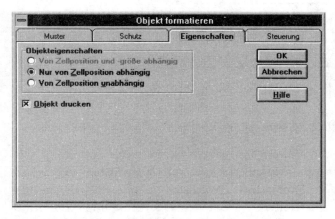

Bild 11.5: *Registerdialogfeld OBJEKT FORMATIEREN*
Registerblatt EIGENSCHAFTEN

Auf dem Register SCHUTZ können Sie das Verhalten des jeweiligen Steuerelementes bestimmen, wenn Sie die Arbeitsmappe oder das Arbeitsblatt schützen. Je nach Steuerelement kann das Element komplett oder nur der Text geschützt werden.

11.2 Beschreibung der Steuerelemente

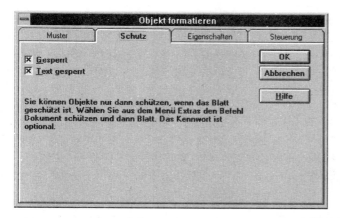

Bild 11.6: *Registerdialogfeld* OBJEKT FORMATIEREN *Registerblatt* SCHUTZ

⚠ Bezeichnungsfeld

Ein Bezeichnungsfeld ist ein fester Text, der ursprünglich für Dialogfelder gedacht war. Der Text läßt sich nicht weiter formatieren, er weist immer die Standardschrift für Dialogfelder auf.

Das Steuerelement »Bezeichnungsfeld« ist zwar auf Arbeitsblättern einsetzbar, aber mit Textfeldern, die Sie über die entsprechende Schaltfläche auf der Standard-Symbolleiste auf Ihr Blatt bringen, haben Sie mehr Möglichkeiten.

⚠ Gruppenfeld

Ein Gruppenfeld dient zur Gruppierung von Steuerelementen. In unserem Beispiel des Faxformulars in Bild 11.2 haben wir rechts oben die Versandoptionen gruppiert, d.h. die drei Optionsfelder innerhalb eines Gruppenfeldes angeordnet.

⚠ Schaltfläche

Eine Schaltfläche kann als Startpunkt eines Makros bzw. eines Visual Basic-Programms benutzt werden. Legen Sie eine solche Schaltfläche auf Ihr Arbeitsblatt, können Sie im Dialogfeld ZUWEISEN den Makro bzw. das Visual Basic-Programm angeben, das beim Betätigen der Schaltfläche ausgelöst werden soll.

Kapitel 11 Steuerelemente

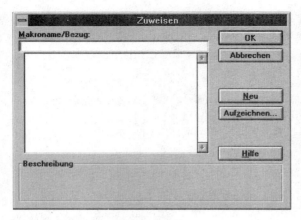

Bild 11.7: Dialogfeld ZUWEISEN

⚠ Kontrollkästchen

Kontrollkästchen lassen sich ein-/ausschalten, wie in Bild 11.3 für die Felder Rückantwort, Erledigung usw. dargestellt.

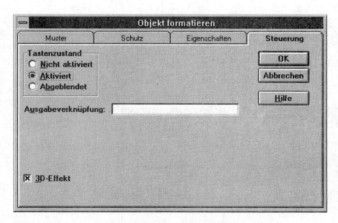

Bild 11.8: Registerdialogfeld OBJEKT FORMATIEREN
Registerblatt STEUERUNG für Kontrollkästchen

11.2 Beschreibung der Steuerelemente

Der TASTENZUSTAND, d.h. ob das Kontrollkästchen angekreuzt, leer oder nicht aktiviert ist, läßt sich in der entsprechenden Gruppe festlegen. Mit dem 3D-EFFEKT ist es möglich, die Optik des Kästchens zu beeinflussen.

Unter AUSGABEVERKNÜPFUNG bestimmen Sie die Zelle, die den Ergebniswert des Kontrollkästchens enthalten soll. Ist das Kontrollkästchen angekreuzt, wird der Wert WAHR in die Zelle eingetragen, andernfalls FALSCH.

⚠ Optionsfelder

Optionsfelder haben wir auch im Formular (Bild 11.2) für die Versandoptionen verwendet. Hier läßt sich immer nur eine der möglichen Optionen auswählen.

Die zu vereinbarenden Eigenschaften entsprechen denen des Kontrollkästchens.

⚠ Rollbalken

Mit der links abgebildeten Schaltfläche lassen sich horizontale und vertikale Rollbalken erzeugen. Mit einem Rollbalken können Sie zwischen einem Minimal- und einem Maximalbetrag Werte grafisch festlegen.

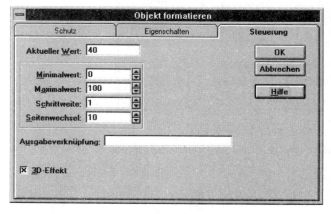

Bild 11.9: Registerdialogfeld OBJEKT FORMATIEREN

Kapitel 11 Steuerelemente

⚠ Drehfeld

Ein Drehfeld dient, ähnlich wie die Rollbalken, zur Einstellung von Werten. Im Beispiel des Formulars wird die Dringlichkeitsstufe mit einem Drehfeld bestimmt. Die Ergebniswerte eines Drehfeldes lassen sich durch eine untere und obere Grenze beschränken. Die einstellbaren Eigenschaften entsprechen denen des Rollbalkens.

⚠ Listenfeld

In einem Listenfeld lassen sich Texte oder Zahlen zur Auswahl anzeigen. Die Werte, die in einem Listenfeld erscheinen sollen, sind in Zellen des Arbeitsblattes abgelegt. Das Listenfeld ist entsprechend mit diesen Zellen verknüpft.

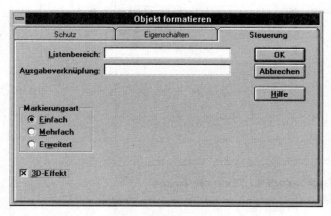

Bild 11.10: Registerdialogfeld OBJEKT FORMATIEREN Registerblatt STEUERUNG für Listenfelder

Im Registerdialogfeld OBJEKT FORMATIEREN können Sie auf dem Registerblatt STEUERUNG die Verknüpfung im Feld LISTENBEREICH zu den Zellen aufbauen, die die Texte oder Werte enthalten, die im Listenfeld angezeigt werden sollen.

Bei Listenfeldern auf normalen Arbeitsblättern erhalten Sie nur dann Werte in der Zelle der AUSGABEVERKNÜPFUNG, wenn Sie die MARKIERUNGSART Einfach angewählt haben.

Als Ausgabewert wird eine Zahl zurückgegeben, der die ausgewählte Zeile beschreibt. Wählen Sie die erste Zeile, wird in die Zelle der Ausgabeverknüpfung eine 1 eingetragen, selektieren Sie die zweite Zeile eine 2 usw.

⚠ Drop-down-Feld

In einem Drop-down-Feld lassen sich wie in einem Listenfeld Texte und Zahlen anzeigen. Am Bildschirm wird hierbei aber nur eine Zeile gezeigt. Erst auf den entsprechenden Befehl mit der Maus oder der Tastatur klappt das Feld auf (drop-down) und zeigt die weiteren Werte wie in einem Listenfeld zur Auswahl an.

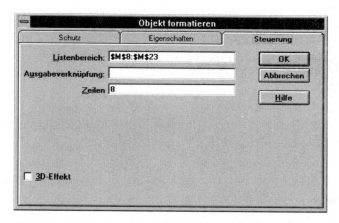

Bild 11.11: *Registerdialogfeld* OBJEKT FORMATIEREN *Registerblatt* STEUERUNG *für Drop-down-Felder*

Die möglichen Einträge im Register STEUERUNG entsprechen denen der Listenfelder. Hinzu kommt hier das Feld ZEILEN. Hierin können Sie bestimmen, wieviele Zeilen im aufgeklappten Zustand im Drop-down-Feld angezeigt werden sollen.

Auch das Ergebnis eines Drop-down-Feldes ist, genau wie bei Listenfeldern, die Nummer der ausgewählten Zeile.

11.3 Anwendungsbeispiele

Die im folgenden aufgeführten Anwendungsbeispiele sollen den Einsatz von Steuerelementen erläutern. Wir haben inzwischen einige interessante Anwendungen für diese Elemente gefunden und viele Formulare und Kalkulationen damit benutzerfreundlicher und bedienungssicherer gemacht machen.

Kontrollkästchen und Optionsfelder

Die Anwendung in der Praxis ist für Kontrollkästchen und Optionsfelder sehr ähnlich. In beiden Fällen ist der Rückgabewert WAHR oder FALSCH.

In unserem Beispielformular haben wir zur Bestimmung der Versandart eine Gruppe mit drei Optionsfeldern definiert. Je nach Auswahl des Optionsfelds werden bestimmte Texte im Formular angezeigt. Der Text `Faxdeckblatt` wird z.B. nur dann im Formular (Bild 11.2) erscheinen, wenn Sie die Option `Per Fax` angewählt haben.

Diese Eigenschaft ist leicht zu realisieren. Als Ausgabeverknüpfung für das Optionsfeld `Per Fax` haben wir die Zelle `$X$1` außerhalb des Bereiches festgelegt, der im Ausdruck des Faxes erscheinen soll.

An der Stelle auf dem Arbeitsblatt, an der der Text `Faxdeckblatt` erscheinen soll, haben wir die Formel

```
=WENN($X$1 = WAHR; "Faxdeckblatt"; "")
```

aufgenommen. Damit wird der Text in Abhängigkeit zu der gewählten Option angezeigt.

Rollbalken und Drehfelder

Rollbalken und Drehfelder liefern als Ergebnisrückgabewert eine Zahl innerhalb der eingestellten Grenzen. Wir haben in unserem Formular ein Drehfeld zur Einstellung der Dringlichkeit verwendet. Das im Formular eingesetzte Drehfeld und die Hilfsfelder haben wir im folgenden Bild zusammengefaßt.

11.3 Anwendungsbeispiele

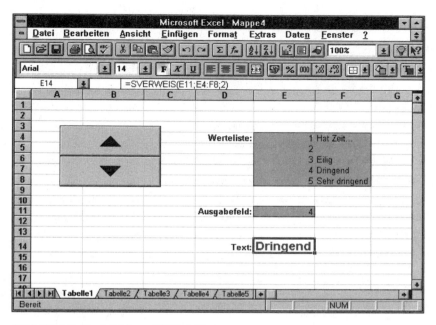

Bild 11.12: Drehfeld und Hilfsfelder

Das Drehfeld wurde auf Werte zwischen eins und fünf begrenzt, entsprechend der Anzahl der Zeilen in der Werteliste. Die Einstellung für das Drehfeld ist im nächsten Dialogfeld dargestellt.

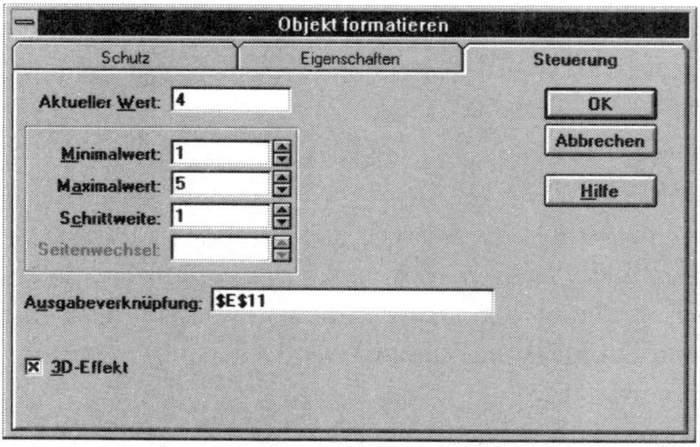

Bild 11.13: Definition der Drehfeld-Eigenschaften

Kapitel 11 Steuerelemente

Die AUSGABEVERKNÜPFUNG ist mit dem Feld $E$11 hergestellt. Der Ergebniswert des Drehfeldes wird in der Formel

```
=SVERWEIS(E14;E4:F8;2)
```

in Zelle E14 zur Bestimmung des Textes herangezogen. Ausgehend vom Wert in E14 wird mit Hilfe der Verweisfunktion im Bereich E4:F8 in der ersten Spalte nach dem Wert gesucht und aus der zweiten Spalte der entsprechende Text als Ergebnis zurückgegeben.

Listenfelder und Drop-down-Felder

Auch für die Anwendung eines Listenfeldes haben wir die dazu notwendigen Komponenten auf einem Arbeitsblatt zusammengestellt. Der Listenbereich des Listenfeldes ist mit E3:E25 bestimmt, als Ausgabeverknüpfung wurde G3 festgelegt. Mit Hilfe der Formel

```
=INDEX(E3:E25;G3)
```

in Zelle G4 kann man dort den Namen des gewählten Landes anzeigen lassen.

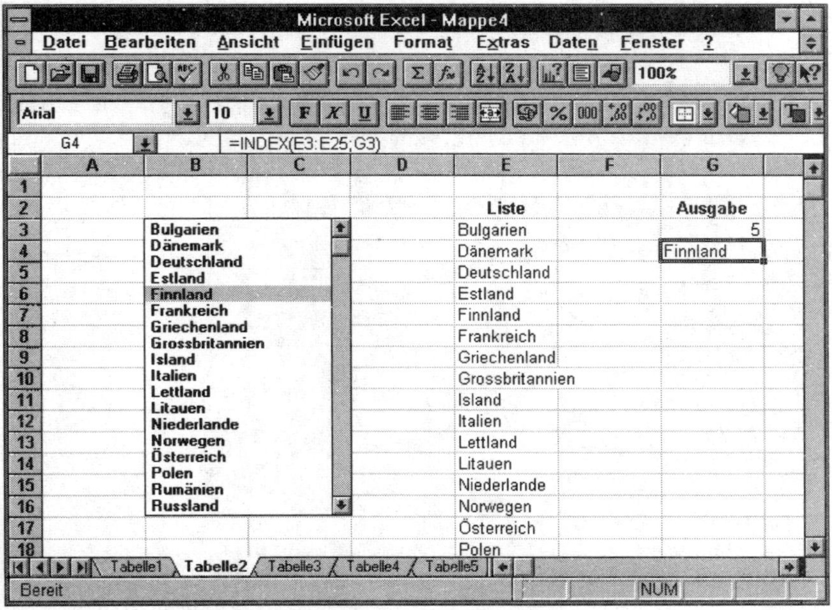

Bild 11.14: Listenfeld mit Hilfsfeldern

Makros 12

Makrorekorder *263*
Makro-Programmierung *276*
Makrofunktionen *287*

Kapitel 12 Makros

Für die Automatisierung von Abläufen und wiederkehrenden Tätigkeiten können Sie die in Excel eingebauten Programmiersprachen nutzen. Excel beherrscht zum einen Visual Basic für Applikationen und zum anderen die Excel 4.0-Makrosprache. Wir möchten in diesem Kapitel auf Visual Basic für Applikationen, kurz VBA, eingehen. Die Excel 4.0-Makrosprache ist nur aus Kompatibilitätsgründen weiterhin in Excel verfügbar.

In Excel 5 werden sowohl Visual Basic für Applikationen als die Excel 4.0-Makros als Makrosprache bezeichnet. Wenn im weiteren Verlauf des Kapitels von Makros gesprochen wird, beziehen wie dieses immer auf VBA-Makros.

Der Gründer und Chef von Microsoft, Bill Gates, hat seine ersten Dollarmillionen mit der Programmiersprache BASIC verdient. Basic wurde damals von Bill Gates und Paul Allen für einen 8080-Prozessor mit 4 KByte (4096 Bytes!) Speicher implementiert. Als »Beginner's All-purpose Symbolic Instruction Code« im Jahre 1964 von zwei Professoren als Programmiersprache für Computeranfänger entwickelt, ist Basic heute eine auf fast jeder Rechnerplattform zu findende Anwendungsentwicklungssprache. Das Visual Basic von heute läßt sich nur noch schwer mit dem Basic der frühen Zeiten vergleichen, denn es ist inzwischen zu einer modernen und professionellen Programmiersprache geworden.

Visual Basic für Applikationen soll nach den Plänen von Microsoft Einzug in alle Büroprodukte halten, um so als eine übergreifende Entwicklungssprache zu dienen. Excel ist das erste Produkt, in das VBA entsprechend integriert ist.

Der Sprachumfang von VBA ist so groß, daß eine vollständige Beschreibung und Programmieranleitung im Rahmen dieses Buches nicht zu leisten ist. Wir möchten daher nur einen Einblick in die Möglichkeiten geben. Allerdings setzt zumindestens der hintere Teil des Kapitels Grundkenntnisse der Programmierlogik voraus. Sollten Sie schon mit Basic programmiert haben, müssen Sie sich bei Visual Basic etwas umstellen, denn alle Basic-Befehle und Funktionen wurden von Microsoft eingedeutscht.

Excel kennt Befehls- und Funktionsmakros. Befehlsmakros sind Abfolgen von Befehlen, die nacheinander ausgeführt werden. Sie können so den Befehlsvorrat von Excel um eigene Befehle, Menüs und Symbolleisten erweitern. Mit Hilfe von Funktionsmakros können Sie eigene Formeln und Rechenvorschriften definieren. Diese Funktionen ergänzen dann die in Excel vorhandenen Tabellenfunktionen.

12.1 Makrorekorder

Im einfachsten Fall sind Makros mitgeschriebene Tastenanschläge und Mausbewegungen. Diese, wie auf einem Tonband gespeicherten Tasten können beliebig oft »abgespielt« werden. Die Tastenanschläge und Mausbewegungen werden in einem speziellen Makro-Arbeitsblatt mitgeschrieben. Sie können nachträglich bearbeitet und verändert werden. Jeder Tastenanschlag entspricht einem bestimmten Visual Basic-Befehl.

12.1.1 Makros aufzeichnen

Über den Menüpunkt MAKRO AUFZEICHNEN in EXTRAS starten Sie das Mitschreiben eines Makros. Sie können dazu auch das links gezeigte Symbol der Visual Basic-Symbolleiste benutzen.

Jede Tastenfolge wird unter einem Namen abgelegt und ist über EXTRAS • MAKRO AUSFÜHREN, eine Tastenkombination oder einen neuen Menüpunkt unter EXTRAS abrufbar. Dann werden alle mitgeschriebenen Befehle in der aufgezeichneten Reihenfolge abgespielt.

Das im nächsten Bild dargestellte Dialogfeld erhalten Sie am Beginn jeder Aufzeichnung. Als Vorgabe für den MAKRONAMEN bietet Ihnen Excel `Makro1` an. Für jeden weiteren Makro wird hochgezählt, d.h., für den zweiten Makro wird Excel `Makro2` vorschlagen. Im Feld BESCHREIBUNG können Sie den von Excel vorgegebenen Text nach Ihren Wünschen abändern.

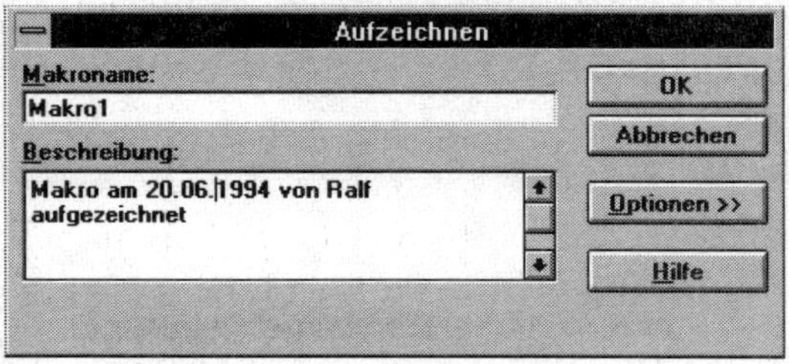

Kapitel 12 Makros

Bild 12.1: Dialogfeld AUFZEICHNEN

Bestätigen Sie den Namen des Makros, den Sie mitschreiben lassen möchten, dann wird von Excel ein neues Arbeitsblatt mit dem Namen `Modul1` in Ihre Mappe eingefügt.

Nun können Sie mit dem Vorgang beginnen, der mitgeschrieben werden soll. Wir möchten die im folgenden Bild dargestellte Reihe von Monaten Schritt für Schritt erstellen. Während des Mitschreibens wird im Fenster unten das Wort `Aufzeichnung` eingeblendet.

- Schreiben Sie dazu in Zelle A1 `Januar` und füllen Sie den Rest der Monate durch Herunterziehen des Cursors automatisch aus.

- Markieren Sie die Reihe und formatieren Sie sie rechtsbündig.

- Hinterlegen Sie dann die Selektion mit grauer Farbe.

Jeder Arbeitsschritt wurde bisher vom Makrorekorder mitgeschrieben. Das Aufzeichnen der Schritte soll jetzt beendet werden. Dazu können Sie entweder die auf der Arbeitsfläche gezeigte Schaltfläche verwenden oder Sie wählen alternativ im Menü EXTRAS • MAKRO AUFZEICHNEN den Befehl AUFZEICHNUNG BEENDEN.

12.1 Makrorekorder

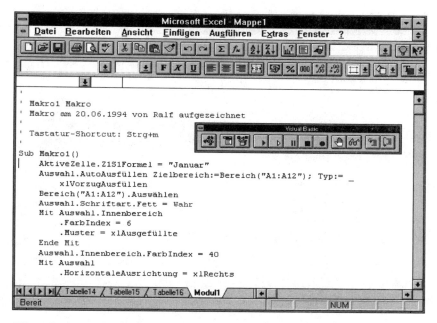

Bild 12.2: *Excel-Fenster während der Aufzeichnung*

Während des Mitschreibens wird im unteren Fensterrand das Wort Aufzeichnung eingeblendet.

Nach der Beendigung der Aufzeichnung haben wir, wie im folgenden Bild dargestellt, das Arbeitsblatt Modul1 aktiviert, um uns die in Form von Visual Basic-Befehlen abgelegten Tastenanschläge ansehen zu können.

Kapitel 12 Makros

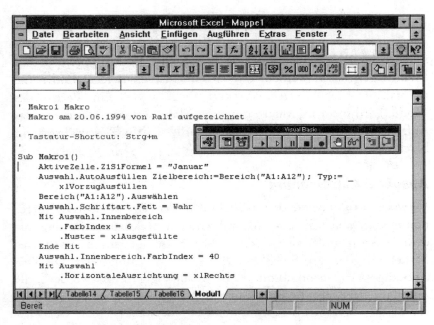

Bild 12.3: Aufgezeichneter Makro

In der ersten Zeile erscheint der Name Ihres Makros, der Autor und die vereinbarte Abkürzungstaste als Kommentar. Kommentare werden mit einem Apostroph eingeleitet.

Der mitgeschriebene Makro wurde als ein Basic-Unterprogramm festgehalten. Ein Unterprogramm beginnt mit dem Befehlswort Sub und schließt mit Ende Sub.

> **Hinweis (Visual Basic-Befehle):** Der Visual Basic-Sprachumfang umfaßt knapp 2000 Befehlsworte. Wir werden im Laufe des Kapitels die von uns verwendeten Befehle beschreiben. Die meisten Anwender benötigen nur einen kleinen Teil der zur Verfügung stehenden Visual Basic-Befehle, aus diesem Grund wurde in das Buch kein vollständiges Verzeichnis der Befehle aufgenommen. Die komplette Beschreibung aller Befehle finden Sie in der Online-Hilfe und im Handbuch.

12.1 Makrorekorder

Bei der Aufzeichnung der Makros sind zwei verschiedene Modi des Mitschreibens möglich, die absolute bzw. relative Aufzeichnung. Zwischen beiden Methoden kann noch während des Mitschreibens des Makros gewechselt werden. Die entsprechenden Befehle finden Sie ebenfalls im Menü EXTRAS • MAKRO AUFZEICHNEN. Ein Wechsel des Modus wird nicht im Makro mitgeschrieben, sondern ändert nur das Aufzeichnungsverhalten des Makrorekorders, so wie es nachstehend beschrieben ist.

Absolute Aufzeichnung

Verweise auf Zellen werden in Makros in der A1-Schreibweise aufgenommen. Wählen Sie also z.B. während der Makroaufzeichnung mit dem Makrorekorder den Bereich A1:C5 an, so wird dieses in der Makrovorlage in den Befehl `Bereich("A1:C5")` umgesetzt. Die Zellenbezüge A1:C5 sind absolut, d.h., unabhängig davon, wo der Zellzeiger vor der Definition der Auswahl stand, werden immer die gleichen Zellen, d.h. hier beispielsweise A1:C5, markiert.

Das folgende VBA-Programm wurde absolut aufgezeichnet. Wir haben zum besseren Verständnis des Programms zusätzlich durch ein einfaches Apostroph eingeleitete Kommentare hinzugefügt.

```
'
' AbsoluteAdressierung Makro
' Makro am 23.05.1994 von Ralf aufgezeichnet
'

Sub AbsoluteAdressierung()
' Zelle B8 auswählen
    Bereich("B8").Auswählen
' B8 ist jetzt aktive Zelle
    AktiveZelle.Z1S1Formel = "Januar"
' Die folgenden vier Zeilen bilden einen Befehl
' Hier wird die Funktion »AutoAusfüllen« verwandt
    Bereich("B8").Auswählen _
```

Kapitel 12 Makros

```
    Auswahl.AutoAusfüllen _
Zielbereich:=Bereich("B8:B20"); Typ:= _
        xlVorzugAusfüllen
' B8:B20 wird markiert und dann formatiert
    Bereich("B8:B20").Auswählen
    Mit Auswahl
        .HorizontaleAusrichtung = xlRechts
        .VertikaleAusrichtung = xlUnten
        .Zeilenumbruch = Falsch
        .Ausrichtung = xlHorizontal
    Ende Mit
Ende Sub         ' Ende des Makroprogramms
```

> **Hinweis (Zeilenumbruch):** Müssen die Visual Basic-Befehle aufgrund ihrer Länge in mehrere Zeilen geschrieben werden, werden die einzelnen Teilzeilen mit einem _ (Unterstrich) abgeschlossen. Vor dem Unterstrich muß ein Leerzeichen eingefügt werden.

Relative Aufzeichnung

Soll der Makroablauf unabhängig von der Position Ihres Cursors im Arbeitsblatt funktionieren, so müssen Sie die relative Aufzeichnung wählen.

Bei der relativen Aufzeichnung wird eine Auswahl immer ausgehend von der aktuellen Zelle vorgenommen, in der der Cursor steht. Eine Auswahl von drei Spalten und fünf Zeilen würde in der Makrovorlage als `AktiveZelle.Bereich("A1:C5")` notiert werden. Das bedeutet, die aktuelle Zelle wird als Zelle A1 angenommen und der Bereich daher als A1:C5 angegeben. Bei einer relativen Aufzeichnung sind auch negative Werte erlaubt, was einer Bereichsdefinition nach oben und links entspricht, die in der Form `AktiveZelle.Versetzen (-4;-2).Bereich("A1:C5")` in das Programm eingebaut wird.

12.1 Makrorekorder

Im Unterschied zur absoluten Adressierung wird bei der relativen Aufzeichnung also immer die aktuelle Zelle (AktiveZelle) als Basisbezug genommen. Ihre Makros sind damit unabhängig von der Cursor-Position auf Ihrem Arbeitsblatt.

```
'
' RelativeAdressierung Makro
' Makro am 23.05.1994 von Ralf aufgezeichnet
'
Sub RelativeAdressierung()
    AktiveZelle.Z1S1Formel = "Januar"
    AktiveZelle.Auswählen
' Die folgenden drei Zeilen bilden einen Befehl
    Auswahl.AutoAusfüllen _
Zielbereich:= AktiveZelle.Bereich("A1:A12"); _
Typ :=xlVorzugAusfüllen
    AktiveZelle.Bereich("A1:A12").Auswählen
    Mit Auswahl
        .HorizontaleAusrichtung = xlRechts
        .VertikaleAusrichtung = xlUnten
        .Zeilenumbruch = Falsch
        .Ausrichtung = xlHorizontal
    Ende Mit
Ende Sub
```

Kapitel 12 Makros

12.1.2 Makros ausführen

Um Ihre Makrofolge aufzurufen, wählen Sie den Punkt AUSFÜHREN im Menü EXTRAS • MAKRO. Dadurch erhalten Sie das folgende Dialogfeld, in dem Ihre Makros in der Auswahlliste aufgeführt sind.

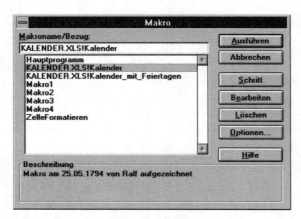

Bild 12.4: Dialogfeld zu Extras • MAKRO

Wenn Sie Ihren Makro markieren und mit der Eingabetaste aufrufen, werden alle abgespeicherten Befehle im aktuellen Arbeitsblatt ausgeführt.

Wählen Sie die Taste SCHRITT an, so wird der Makro schrittweise, d.h. Befehl für Befehl abgearbeitet. Diese Einstellung eignet sich zum Suchen von Fehlern in der Makroprogammierung.

Sie können Ihre Makros auch jederzeit über den Abkürzungstastenschlüssel oder einem speziellen Menüpunkt aus Ihrem Arbeitsblatt heraus aufrufen. Zur Einstellung der Tastenschlüssel und Menüeinträge wählen Sie die Schaltfläche OPTIONEN aus (siehe Bild 12.5).

In den erweiterten Einstellungsmöglichkeiten können Sie in der Gruppe ZUWEISEN das Menü in EXTRAS um einen eigenen Punkt ergänzen und/oder eine Tastenkombination zum Starten des Makros vereinbaren.

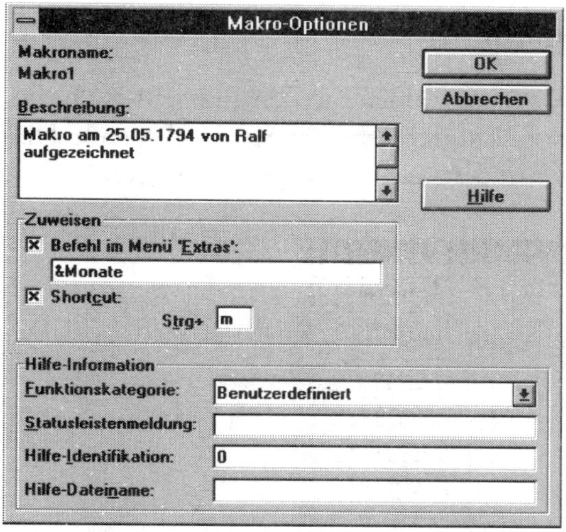

12.1 Makrorekorder

Bild 12.5: Dialogfeld M<small>AKRO</small>-O<small>PTIONEN</small>

Der Name des neuen Menüpunkts für das Menü E<small>XTRAS</small> ist frei wählbar. Sie können für diesen Namen einen Schnellwahlbuchstaben festlegen. Der gewählte Buchstabe wird unterstrichen und läßt sich so als Abkürzung, wie Sie es aus vielen Windows-Programmen gewöhnt sind, verwenden. Um z.B. das »M« aus Monate als Schnellwahlbuchstaben zu verwenden, wird der Eintrag als &Monate definiert.

Der Tastenschlüssel für den Makrostart wird mit S<small>HORTCUT</small>, d.h. Abkürzung, benannt. Excel unterscheidet die Groß- und Kleinschreibung der Tastenschlüssel, d.h., [Strg]+[a] und [Strg]+[A] sind zwei verschiedene Tastenkombinationen. [Strg]+[A] wird als [Strg]+[⇧]+[A] im Dialogfeld dargestellt.

> **Hinweis (Tastenkombinationen):** Einige Tastenkombinationen sollten Sie vermeiden, denn sie werden von Excel schon verwendet. Die Tasten [a], [c], [f], [g], [h], [r], [u], [v], [x], [y] und [z] jeweils in Verbindung mit [Strg] sind belegt. Auch die Tastenkombination [Strg]+[A] hat eine Bedeutung. Sollten Sie diese Kombinationen für Ihre Makros verwenden, können die Funktionen, die normalerweise mit diesen Tasten verbunden sind, nicht mehr über die Tastatur aufgerufen werden.

Kapitel 12 Makros

Drei Optionen bietet Ihnen das Dialogfeld zur Abspeicherung Ihrer Mitschreibmakros:

- Ablage in einer persönlichen Arbeitsmappe, d.h. in einer Datei mit dem Namen PERSONL.XLS im Verzeichnis XLSTART unterhalb Ihres Excel-Verzeichnisses oder
- die Speicherung des Makros im aktuellen Arbeitsblatt oder
- in einem neuen Blatt.

Sollen die aufgezeichneten Makro-Befehle in der aktuellen oder einer neuen Arbeitsmappe abgelegt werden, stehen Ihnen die aufgezeichneten Abläufe nur zur Verfügung, wenn Sie die entsprechende Mappe geladen haben.

Lassen Sie dagegen Ihren Makro in die persönliche Arbeitsmappe schreiben, so stehen die Befehle jederzeit zur Verfügung. Diese Arbeitsmappe wird beim Start von Excel geöffnet und ist normalerweise ausgeblendet. Mit FENSTER • EINBLENDEN können Sie die persönliche Arbeitsmappe sichtbar machen und bearbeiten. In die persönliche Arbeitsmappe sollten Sie nur fehlerfreie und getestete Makros übernehmen, denn leicht können, z.B. durch versehentliches Aufrufen eines persönlichen Makros, Arbeitsblätter zerstört werden.

12.1.3 Makros ergänzen

Mit Hilfe des Befehls MAKROS AUFZEICHNEN im Menü EXTRAS werden immer vollständige Unterprogramme in Ihrem Makroblatt aufgezeichnet. Möchten Sie einen schon aufgezeichneten Makro verändern, so müßten Sie entweder den Makro direkt im Makroblatt editieren oder den gesamten Makro neu aufzeichnen. Um das zu vermeiden, bietet Excel Ihnen eine einfachere Methode an.

Zur Veränderung und Ergänzung Ihrer Makros mit Hilfe des Makrorekorders finden Sie im Flyout-Menü zu EXTRAS • MAKRO AUFZEICHNEN den Befehl AB POSITION AUFZEICHNEN. Hiermit werden die mitzuschreibenden Makrobefehle an die bisherigen Makrobefehle angehängt. Darüber hinaus kann mit POSITION FESTLEGEN im Flyout-Menü die Position bestimmt werden, an der eingefügt werden soll.

12.1.4 Der Aufruf von Makros

Sie haben bis jetzt drei Arten kennengelernt, wie Makros gestartet werden können. Dazu konnten Sie den Menüpunkt MAKRO AUSFÜHREN, die definierte Abkürzungstaste, z.B. [Strg]+[a], oder den benutzerdefinierten Menüpunkt im Menü EXTRAS verwenden.

Eine weitere Möglichkeit zum Aufrufen Ihrer Makros ist die Verknüpfung der Makros mit Symbolen in den Symbolleisten. Sie können eigene Symbolleisten mit selbstdefinierten Symbolen zum Aufruf von Makros zusammenstellen.

Benutzerfreundlich und elegant können Sie Makros auch aufrufen, indem Sie sie grafischen Objekten zuordnen. Sie können selbstdefinierte Schaltflächen, Textfelder, Grafiken und vieles mehr mit Ihren Makros verknüpfen.

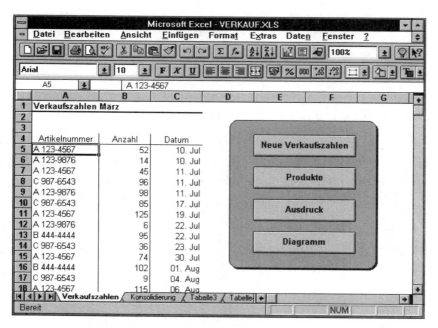

Bild 12.6: Schaltflächen zum Makroaufruf

Kapitel 12 Makros

Die Schaltflächen im obigen Bild wurden über die Zeichnen-Symbolleiste erstellt. In der Symbolleiste finden Sie das links abgebildete Symbol. Wenn Sie es betätigen, können Sie auf Ihrem Arbeitsblatt einen Rahmen aufziehen. Dieser Rahmen bestimmt die Größe Ihrer Schaltfläche. Die so definierte Schaltfläche wird von Excel wie ein grafisches Objekt verwaltet.

Nach der Festlegung der Größe der Schaltfläche durch Aufziehen mit der Maus erhalten Sie das im nächsten Bild gezeigte Dialogfeld.

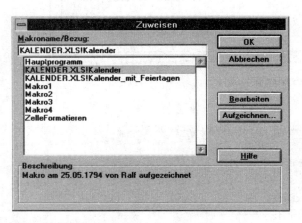

Bild 12.7: Dialogfeld zu Extras • Zuweisen

Sie können Ihr Objekt mit einem Ihrer vorher erstellten Makros verbinden. Sollten Sie noch keine Makros aufgezeichnet haben, so können Sie über die Taste AUFZEICHNEN einen Makro in der gewohnten Weise mitschreiben lassen.

Alle grafischen Objekte können mit einem Makro verbunden werden. Um ein grafisches Objekt, wie z.B. ein Rechteck, ein Textfeld oder ein Bild, mit einem Makro zu verknüpfen, wählen Sie dazu nach der Selektion des Objektes den Befehl EXTRAS • ZUWEISEN. Sie erhalten dann das in Bild 12.7 dargestellte Dialogfeld.

12.1 Makrorekorder

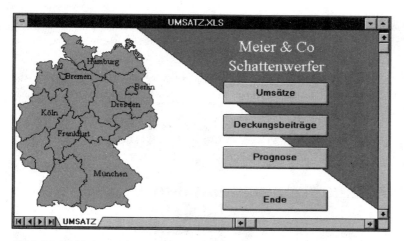

Bild 12.8: Makro-Benutzeroberfläche

In der obigen Darstellung ist die Benutzeroberfläche für eine größere Anwendung mit Excel zu sehen. Auf einem Arbeitsblatt wurden dazu die Gitternetzlinien und die Zeilen- und Spaltenköpfe ausgeschaltet. Auf dem Arbeitsblatt sind vier Tasten definiert. Die Bezeichnungen der Orte sind als Textfelder auf die Grafik gelegt worden. Auch sie sind mit Makros verbunden.

Ob ein grafisches Objekt mit einem Makro verbunden ist, können Sie an der Form des Cursors erkennen. Wenn Sie den Cursor mit der Maus auf ein mit einem Makro verbundenes Objekt bewegen, so nimmt der Cursor die Form einer Hand ☝ an. Durch Klicken auf das Objekt wird der Makroablauf gestartet.

Ein weiteres Beispiel für eine Bedienerführung wird im nächsten Bild gezeigt. Hier wurden die einzelnen Grafiken als Startobjekte für Makros zur Mietwagen-, Hotel-, Flug-, Bahn-, Schiffs- und Abenteuerurlaubs-Buchung festgelegt. Eine solche Oberfläche ist auch für Ungeübte einfach zu bedienen.

Kapitel 12 Makros

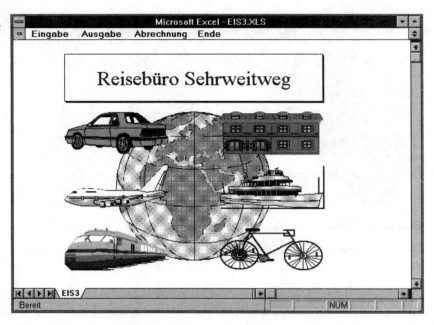

Bild 12.9: Bedienerführung

Das Bild zeigt zudem auch eine veränderte Menüleiste. Die Excel-Programmiersprache läßt die Definition eigener Menüs und Symbolleisten zu.

12.2 Makro-Programmierung

Die Änderung und Ergänzung von Excel-Makros oder die Erstellung eigener Ablauffolgen und Programme erfordert einiges Wissen über die Makro-Befehle. Sie können so programmieren, daß der Benutzer Ihrer Excel-Anwendung nicht mehr merkt, daß er mit Excel arbeitet.

Für die Erstellung größerer Anwendungen sollten Sie über Kenntnisse in der Programmierlogik verfügen, so daß Ihnen Begriffe wie Verzweigungen, Schleifen und Unterprogramme geläufig sind. Wir möchten Sie hier auf das Excel-Handbuch und weiterführende Literatur verweisen. Die gesamte Thematik der Programmierung von Visual Basic geht weit über das Ihnen vorliegende Buch hinaus.

12.2 Makro-Programmierung

Sehr nützlich bei der Programmierung in Excel ist die Online-Hilfe. Die Beschreibung der einzelnen Befehle ist in den meisten Fällen verständlich und ausführlich. Wir möchten Ihnen empfehlen, die von uns verwendeten Visual Basic-Befehle in der Online-Hilfe nachzuschlagen und sich die dort vorhandenen Beispiele anzusehen.

12.2.1 Programmierlogik

Der folgende Abschnitt soll Befehle für die Steuerung Ihrer Makros beschreiben.

Bedingungen

Die in einer normalen Tabelle anwendbare Form des **Wenn**-Befehls, dessen allgemeine Form

```
Wenn Bedingung Dann Wenn_wahr Sonst Wenn_falsch
```

lautet, wird in der Makroprogrammierung um zwei weitere Varianten erweitert.

Beide Varianten erlauben es, daß mehrere Befehle in den `Wenn_wahr`- oder `Wenn_falsch`-Zweig aufgenommen werden können. Die allgemeine Form lautet:

```
Wenn Bedingung
Block_wenn_wahr
Dann
Block_wenn_falsch
Ende Wenn
```

Da `Block_wenn_falsch` optional ist, kann die **Wenn**-Bedingung auf die folgende Form gekürzt werden:

```
Wenn Bedingung
Block_wenn_wahr
Ende Wenn
```

Die zweite Variante der **Wenn**-Funktion führt mehrfache Bedingungsüberprüfungen durch.

```
Wenn Bedingung_1 Dann
Block_Bedingung_1
Sonstwenn Bedingung_2 Dann
Block_Bedingung_2
Sonstwenn Bedingung_3 Dann
...
Sonst
Block_wenn_falsch
Ende Wenn
```

Schleifen

Um den Ablauf und die Reihenfolge der Makrobefehle in Ihrem Makro zu steuern, können Sie z.B. mit Schleifen sich wiederholende Vorgänge programmieren. Die allgemeine Form lautet

```
Für Zähler=x Bis y Schrittweite z
....
Nächste
```

Alle Makrobefehle zwischen **Für** und **Nächste** werden sooft wiederholt, bis der Zähler in der definierten Schrittweite von Anfang bis Ende gezählt hat. Wenn keine Schrittweite angegeben ist, so arbeitet Excel mit der Schrittweite eins.

Als Beispiel möchten wir in eine Tabelle von einem Makro die Zahlen von eins bis zehn nebeneinander eintragen lassen.

```
Sub Eins_bis_Zehn()

Für Zähler = 0 Bis 9

    AktiveZelle.Versetzen(Zähler; 0) = Zähler

Nächste

Ende Sub
```

Die Variable `Zähler` wird im Makroblatt wie ein Name behandelt. Wir haben das Innere der Schleife zur besseren Übersicht eingerückt. Sie können zwischen dem Gleichheitszeichen und dem Beginn des Befehls beliebig viele Leerzeichen setzen.

12.2 Makro-Programmierung

Eine andere Form der **Für**-Schleife bezieht sich auf einen Bereich und hat die allgemeine Form:

```
Für Alle Element In Gruppe

[Anweisungen]

Nächste [Element]
```

Im folgenden Beispiel wurde **Für Alle** eingesetzt, um alle Zellen einer markierten Auswahl zu formatieren. Jede einzelne Zelle der Selektion wird zentriert, eingefärbt und eingerahmt.

```
'
' ZelleFormatieren Makro
' Makro am 25.05.1994 von Ralf aufgezeichnet
'
Sub ZelleFormatieren()
    Für Alle Zelle In Auswahl
        Zelle.HorizontaleAusrichtung = xlZentriert
        Mit Zelle.Innenbereich
            .FarbIndex = 15
            .Muster = xlAusgefüllte
        Ende Mit
        Zelle.Gesamtrahmen Stärke:=xlMittel; _
FarbIndex:=xlAutomatisch
    Nächste
Ende Sub
```

Eine weitere Form der Schleife ist die **Solange**-Schleife.

```
Solange Bedingung

...

EndeSolange
```

Sie läuft solange, bis die Bedingung falsch ist. Der folgende Ausschnitt aus einem Programm formatiert ab der aktiven Zelle nach unten alle Zellen, bis die **Solange**-Funktion abbricht. Als Abbruchs-Bedingung ist die erste leere Zelle vorgegeben.

```
'
' Zentrieren Makro
' Makro am 24.05.1994 von Ralf aufgezeichnet
'
Sub Zentrieren()
  i = 0
  Solange AktiveZelle.Versetzen(i; 0) <> Leer
    AktiveZelle.Versetzen(i; 0).HorizontaleAusrichtung _
 = xlZentriert
    i = i + 1
  EndeSolange 'Ohne Leerzeichen zwischen Ende und Solange
Ende Sub
```

Sprünge

Mit Hilfe von Sprungbefehlen können Sie den Programmablauf an einer anderen Stelle fortsetzen lassen. Mit

```
    GeheZu Label
```

wird das Programm ab der mit `Label` angegebenen Stelle fortgesetzt. Der Befehl

```
    Gehezu Label1
            AktiveZelle.Bereich("A1:B5")
    Label1:    [A1].Zentriert
            x = [A1]
```

setzt das Programm ab der Stelle `Label1` fort. Zu viele Sprungbefehle verursachen allerdings den berüchtigten »Spaghetti«-Code, da Sprünge im Programm nur noch sehr schwer nachzuvollziehen sind.

Unterprogramme

Um größere Makroprogramme zu strukturieren, empfiehlt sich der Einsatz von Unterprogrammen. Die Verwendung von Unterprogrammen ist z.B. sinnvoll, wenn bestimmte Abläufe mehrfach und an verschiedenen Stellen im Makro abgearbeitet werden sollen. Ein Unterprogramm ist eigentlich nicht mehr als ein weiterer Makro, der über seinen Namen von einem anderen Makro aufgerufen wird. Auch hierzu im folgenden ein kleines Beispiel:

```
Sub Hauptprogramm()
    Für Zähler = 1 Bis 100
        Rufe Unterprogramm(Zähler)
    Nächste
Ende Sub


Sub Unterprogramm(i)
    AktiveZelle.Versetzen(i,0).Z1S1Formel = "Test"
    Signal
Ende Sub
```

Das Programm gibt hundertmal das Wort »Test« untereinander aus und dabei piepst Ihr Computer jedesmal.

12.2.2 Kalender-Makro

Viele Excel-Anwender nutzen das Programm auch zur Terminkontrolle und -überwachung. Hierzu wird in der Regel ein Kalender benötigt. Wir haben hier einen Makro programmiert, der zwei Spalten Ihrer Tabelle in der oben gezeigten Form füllt. In der Kalendervorlage wurden alle Wochenenden grau unterlegt.

Kapitel 12 Makros

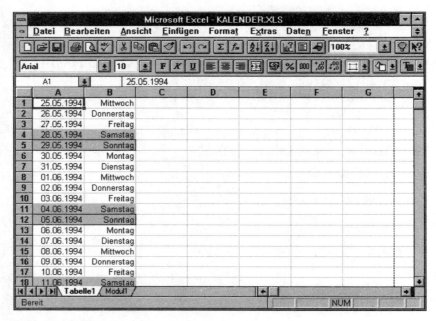

Bild 12.10: Kalender

Der folgende Makro erzeugt eine solche Vorlage, wobei Sie hier das Anfangs- und Enddatum vorgeben können.

```
'
' Kalender Makro

' Makro am 25.05.1994 von Ralf aufgezeichnet

'

' Tastatur-Shortcut: Strg+k

'

Sub Kalender()

    Dim StartDatum; EndeDatum Als DatumZeit

    K_Zeile = AktiveZelle.Zeile

    K_Spalte = AktiveZelle.Spalte
```

12.2 Makro-Programmierung

```
    Zähler = K_Zeile - 1
'------------------------------------------------------------

' Abfrage von Start- und Ende-Datum
'------------------------------------------------------------

    StartD = EingabeDlg("StartDatum"; _
                        "Kalenderberechnung"; Datum)
    Wenn StartD = "" Dann Verlasse Sub
    StartDatum = Datumswert(StartD)
    EndeD = EingabeDlg("EndeDatum"; _
                       "Kalenderberechnung"; Datum + 7)
    Wenn EndeD = "" Dann Verlasse Sub
    EndeDatum = Datumswert(EndeD)
'------------------------------------------------------------

    Solange StartDatum <= EndeDatum
        Zähler = Zähler + 1
        s$ = Zn(K_Spalte + 64) + ZuZnF(Zähler)
        Mit Bereich(s$)
            .Z1S1Formel = StartDatum
            .Zahlenformat = "TT.MM.JJ"
        Ende Mit
        s$ = Zn(K_Spalte + 64 + 1) + ZuZnF(Zähler)
        Mit Bereich(s$)
            .Z1S1Formel = Wochentag(StartDatum)
            .Zahlenformat = "TTTT"
```

```
        Ende Mit
'-----------------------------------------------------------
' Samstag
'-----------------------------------------------------------
        Wenn Wochentag(StartDatum) = 7 Dann
            s$ = Zn(K_Spalte + 64) + ZuZnF(Zähler) + ":" _
                + Zn(K_Spalte + 65) + ZuZnF(Zähler)
            Mit Bereich(s$).Innenbereich
                .FarbIndex = 15
                .Muster = xlAusgefüllte
            Ende Mit
        Ende Wenn
'-----------------------------------------------------------
' Sonntag
'-----------------------------------------------------------
        Wenn Wochentag(StartDatum) = 1 Dann
            s$ = Zn(K_Spalte + 64) + ZuZnF(Zähler) + ":" _
                + Zn(K_Spalte + 64 + 1) + ZuZnF(Zähler)
            Mit Bereich(s$)
                .Innenbereich.FarbIndex = 15
                .Innenbereich.Muster = xlAusgefüllte
                .RahmenListe(xlLinks).Linienart = xlKein
                .RahmenListe(xlRechts).Linienart = xlKein
                .RahmenListe(xlOben).Linienart = xlKein
                .RahmenListe(xlUnten).Linienart = xlKein
                .Gesamtrahmen Stärke:=xlDünn; _
```

12.2 Makro-Programmierung

```
                    FarbIndex:=xlAutomatisch
        Ende Mit
    Ende Wenn
'-----------------------------------------------------

' Hier würde die weiter unten beschriebene Feiertags-
'funktion eingefügt werden
'-----------------------------------------------------

        StartDatum = StartDatum + 1 'Tag um eins hochzählen
    EndeSolange
Ende Sub
```

In obigem Makro und in der folgenden Erklärung der einzelnen Makrobefehle werden Sie einige neue, noch nicht beschriebene Funktionen finden, die Sie aber in der Online-Hilfe nachschlagen können.

Erweiterung des Kalender-Makros

Eine sinnvolle Erweiterung des Makros wäre das Eintragen von Feiertagen in den Kalender. Wir möchten Ihnen eine einfache Lösung aufzeigen. Sie kann nach Belieben verbessert und verfeinert werden.

Wir haben eine Funktion geschrieben, die die Feiertage ermittelt. Das Ergebnis der Funktion ist der Name des Feiertags. Die Feiertage wurden in die Funktion mit Datum und Beschreibung in zwei Datenfelder aufgenommen.

```
Funktion Feiertag(D)
    FeiertagsListe = Datenfeld(#24.12.94#; #25.12.94#; _
#26.12.94#; #31.12.94#; #01.01.95#)
    FeiertagsNamen = Datenfeld("Heiligabend"; _
"1. Weihnachtstag"; "2. Weihnachtstag"; _
"Silvester"; "Neujahr")
```

Kapitel 12 Makros

```
    Feiertag = ""         'Ergebnis als leeren Text vorbesetzen
' Durchlaufen des Datenfelds; Grenze0() gibt die Anzahl
'der Datenelemente zurück
    Für i = 0 Bis Grenze0(FeiertagsListe)
        Wenn D = FeiertagsListe(i) Dann
Feiertag = FeiertagsNamen(i)
Ende Wenn
    Nächste
Ende Funktion
```

Das folgende Programmstück wurde an der gekennzeichneten Stelle im Kalender-Programm eingeschoben. Wenn ein Feiertag vorliegt, d.h. im vorliegenden Fall die Funktion Feiertag(StartDatum) den Namen eines Feiertages zurückgibt, werden Datum, Wochentag und das rechts davon liegende Feld eingefärbt. In das Feld rechts vom Wochentag, wird der Name des Feiertages eingetragen.

```
Wenn Feiertag(StartDatum) <> "" Dann
    s$ = Zn(K_Spalte + 64) + ZuZnF(Zähler) + ":" _
                + Zn(K_Spalte + 66) + ZuZnF(Zähler)
    Bereich(Zn(K_Spalte + 66) + ZuZnF(Zähler)).Z1S1Formel _
                = Feiertag(StartDatum)
    Mit Bereich(s$).Innenbereich
        .FarbIndex = 6
        .Muster = xlAusgefüllte
    Ende Mit
Ende Wenn
```

Das folgende Bild zeigt ein Kalenderteilstück um Weihnachten herum, wie es vom Makro mit den entsprechenden Feiertagen erstellt wurde.

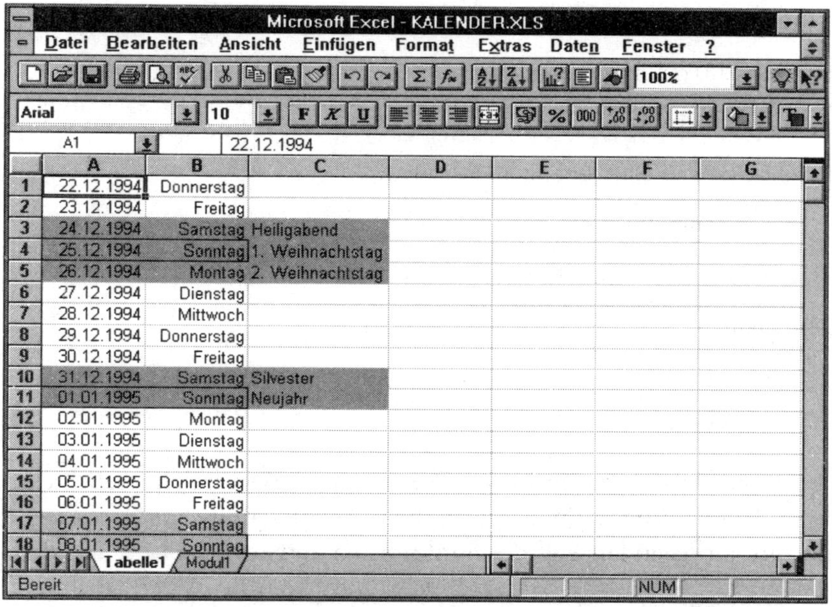

12.3 Makrofunktionen

Bild 12.11: *Weihnachtskalender*

Mögliche Ergänzungen des Kalender-Makros können das Eintragen von Urlaubs- oder Dienstzeiten bis hin zur Projektverfolgung sein.

12.3 Makrofunktionen

Mit Hilfe von Makrobefehlen können Sie eigene Funktionen erstellen. Diese selbstdefinierten Funktionen können in Ihren Arbeitsblättern wie die eingebauten Excel-Funktionen verwendet werden. Auch hierzu wieder ein kurzes Beispiel.

Angenommen, Sie haben eine Excel-Anwendung zur Angebotserstellung entwickelt. In Ihren Angeboten möchten Sie auch die Preise inklusive Mehrwertsteuer ausweisen. Natürlich ist es kein Problem, 15% Ihrer Nettopreise zu berechnen. Einfacher und aussagekräftiger ist eine Formel in der folgenden Form:

```
=Mwst(Netto)
```

Kapitel 12 Makros

Eine solche Funktion kennt Excel allerdings nicht. Mit wenigen Handgriffen können Sie jedoch eine entsprechende Funktion definieren. Für einen entsprechenden Makro müssen die folgenden Makrobefehle in das Visual Basic-Arbeitsblatt eingetippt werden:

```
Funktion Mwst(Netto)
    Mwst = Netto * 0,15
Ende Funktion
```

Der Parameter `Netto` teilt Excel mit, daß unserer Funktion `Mwst` ein Wert beim Aufruf übergeben wird. Das Ergebnis einer Funktion, in unserem Fall `Netto * 0,15`, wird dem Funktionsnamen zugewiesen.

Ihre Funktion wird in der Auswahlliste des Funktions-Assistenten unter `Benutzerdefiniert` aufgenommen und kann wie jede andere Funktion verwendet werden.

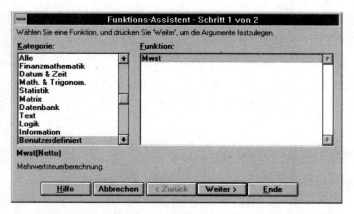

Bild 12.12: *Funktions-Assistent mit Kategorie* BENUTZERDEFINIERT

Der nächste Funktionsmakro berechnet die Rabattprozente aufgrund einer vorgegebenen Rabattstaffel.

```
Funktion Rabatt(Rabattstaffel)
    Wenn Rabattstaffel = 1
        RabattProzent = 0,7
    Sonstwenn Rabattstaffel = 2
        RabattProzent = 0,8
```

12.3 Makrofunktionen

```
    Sonstwenn(Rabattstaffel >= 3
        RabattProzent = 0,9
    Sonst
        RabattProzent = 1
    Ende Wenn
    Rabatt = RabattProzent
Ende Funktion
```

Präsentationen 13

Erstellen einer Diaschau 292
Vorhang auf! 296
Bearbeiten einer Diaschau 298

Kapitel 13 Präsentationen

Für Bildschirmpräsentationen bietet Ihnen Excel eine leistungsfähige Unterstützung. Sie können damit schnell und unkompliziert Ihre Daten und Grafiken als Dias definieren. Diese Dias werden zu einer Diaschau zusammengestellt und am Bildschirm dargestellt. Mit Hilfe eines Overhead-LCD-Displays und eines möglichst lichtstarken Overhead-Projektors können Sie so Ihre Vorträge und Seminare mit Excel unterstützen.

13.1 Erstellen einer Diaschau

Zum Erstellen einer Diaschau müssen Sie die Formatvorlage für Dias laden. Sie können die Vorlage über den Befehl DATEI • NEU aufrufen, wenn Sie im Dialogfeld zum ADD-IN-MANAGER, das Sie über EXTRAS • ADD-IN-MANAGER erreichen, die Option DIASCHAU MUSTERVORLAGE selektieren.

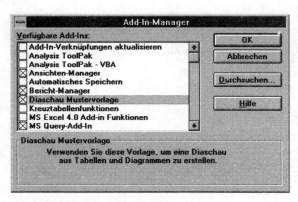

Bild 13.1: Dialogfeld zu ADD-IN-MANAGER

13.1 Erstellen einer Diaschau

Eine neue Diaschau-Vorlage zeigt das folgende Bild:

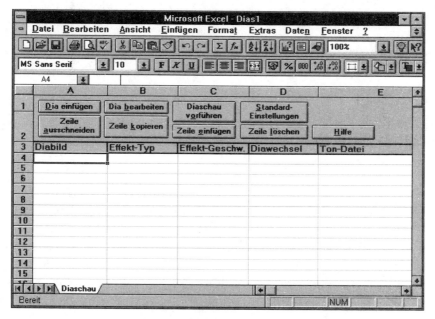

Bild 13.2: Diaschau Mustervorlage

Ihre Zahlen und Grafiken werden mit Hilfe der Zwischenablage als Dias definiert. Markieren Sie dazu die entsprechenden Bereiche oder Grafiken aus Ihrem Arbeitsblatt und übernehmen Sie diese mit BEARBEITEN • KOPIEREN in die Windows-Zwischenablage. Wechseln Sie dann zur DIASCHAU-MUSTERVORLAGE.

Durch Betätigen der Schaltfläche DIA EINFÜGEN wird der Inhalt der Zwischenablage als Dia aufbereitet und Sie erhalten das in Bild 13.3 dargestellte Dialogfeld am Bildschirm.

Kapitel 13 Präsentationen

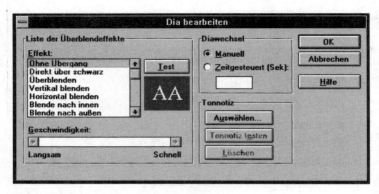

***Bild 13.3:** Dialogfeld zu D*IA BEARBEITEN*

Zur Gestaltung Ihrer Bildschirmpräsentation bietet Excel Ihnen einige Hilfsmittel. In der Gruppe EFFEKT können Sie beispielsweise bestimmen, wie der Übergang von einem Dia zum nächsten aussehen soll. Das Tastenfeld TEST zeigt Ihnen den gewählten Effekt am Beispiel der Fläche unterhalb der Schaltfläche an. Die Effektgeschwindigkeit läßt sich in Stufen von eins bis zehn durch den Rollbalken regeln.

Den Wechsel zwischen den einzelnen Dias können Sie manuell, d.h. per Mausklick oder Tastendruck, vornehmen. Wählen Sie ZEITGE-STEUERT an, können Sie die Anzahl von Sekunden bis zur automatischen Anzeige des nächsten Dia bestimmen.

Ist Ihr Computer mit der entsprechenden Hardware ausgestattet, so können Sie zudem dem Dia Tonfolgen, d.h. Musik oder gesprochene Texte, zuordnen. Zur Ein- und Ausgabe von Tönen ist es notwendig, daß Ihr PC über eine Sound-Karte mit Lautsprechern verfügt oder eine HiFi-Anlage angeschlossen ist. Excel bietet Ihnen dann die Möglichkeit, Ihre Präsentation z.B. mit Beethoven zu untermalen.

Über die Schaltfläche AUSWÄHLEN erhalten Sie dann das Dialogfenster in Bild 13.4. In diesem Dialogfeld sind einige der Klangdateien zu sehen, die bei Windows 3.1 mitgeliefert werden.

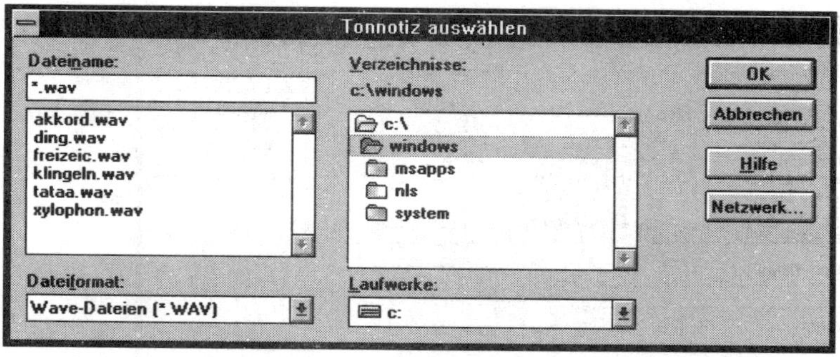

13.1 Erstellen einer Diaschau

Bild 13.4: Dialogfeld zu TONNOTIZ AUSWÄHLEN

Bei der Auswahl einer Ton-Datei werden in dem im Bild 13.3 gezeigten Dialogfeld zwei weitere Schaltflächen aktiviert. Mit TONNOTIZ TESTEN können Sie sich Ihre Töne anhören, mit LÖSCHEN die dem Dia zugeordneten Klänge löschen.

Im Dia-Arbeitsblatt werden Ihre Definitionen in den Spalten DIA-BILD, EFFEKT-TYP, EFFEKT-GESCHW., DIAWECHSEL und TON-DATEI aufgenommen. In der Spalte DIABILD finden Sie ein verkleinertes Abbild Ihres Dias.

Anmerkungen

Dias werden, wie besprochen, über die Zwischenablage in eine Diaschau übernommen. Sollten Sie die Schaltfläche DIA EINFÜGEN aufrufen, ohne vorher aus einem Ihrer Arbeitsblätter etwas in die Zwischenablage kopiert zu haben, so erhalten Sie die im nächsten Bild gezeigte Meldung:

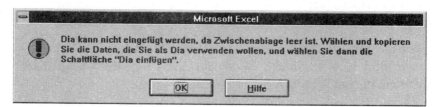

Bild 13.5: Meldung bei leerer Zwischenablage

Kapitel 13 Präsentationen

Es ist nicht möglich, Daten aus anderen Programmen über die Zwischenablage direkt in eine Diapräsentation zu übernehmen. Den Versuch, Daten aus anderen Programmen über die Zwischenablage einzufügen, quittiert Excel mit dem oben gezeigten Warnhinweis.

Bild 13.6: Warnmeldung

Sollten Sie dennoch Grafiken, Text oder Zahlenmaterial aus anderen Applikationen als Dia darstellen wollen, so müssen Sie sie vorher in ein normales Excel-Arbeitsblatt einfügen. Nur wenn Sie die Daten aus Excel heraus in die Zwischenablage kopiert haben, sind sie in Ihre Diaschau einbaubar.

13.2 Vorhang auf!

Mit der Schaltfläche DIASCHAU VORFÜHREN starten Sie den Ablauf einer Diaschau (Bild 13.7).

13.2 Vorhang auf!

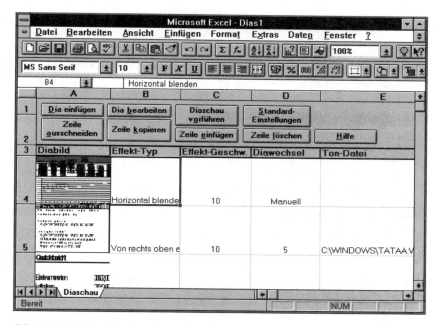

Bild 13.7: *Vollständige Diaschau*

Das Dialogfeld DIASCHAU VORFÜHREN wird dann am Bildschirm angezeigt.

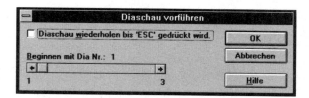

Bild 13.8: *Dialogfeld zu* DIASCHAU VORFÜHREN

Mit dem Rollbalken bestimmen Sie das erste Dia Ihrer Präsentation. Markieren Sie die Option DIASCHAU WIEDERHOLEN, so wird Ihre Schau solange wiederholt, bis Sie die `Esc`-Taste drücken. So können für Messen und Ausstellungen Endlos-Präsentationen zusammengestellt und gezeigt werden. Haben Sie Ihre Präsentation, bei geeigne-

Kapitel 13 Präsentationen

ter Hardware, auch mit Musik und gesprochenen Texten unterlegt, so kann Ihnen die Aufmerksamkeit der Zuschauer sicher sein.

Brechen Sie eine Diaschau mit der [Esc]-Taste ab, so erhalten Sie das folgende Dialogfenster:

Bild 13.9: Dialogfeld zu Diaschauoptionen

Mit GEHE ZU können Sie ein mit dem Rollbalken ausgewähltes Dia direkt anspringen. STOP beendet Ihre Präsentation, während mit WEITER das aktuelle Dia wieder angezeigt wird.

13.3 Bearbeiten einer Diaschau

Excel bietet Ihnen verschiedene Möglichkeiten, um die Diaschau zu bearbeiten. Diese stellen wir im folgenden Abschnitt vor.

Verändern der Reihenfolge

Mit Hilfe der Tastenflächen ZEILE AUSSCHNEIDEN, ZEILE KOPIEREN, ZEILE EINFÜGEN und ZEILE LÖSCHEN können Sie z.B. die Reihenfolge von Dias verändern, Dias herausnehmen und Leerzeilen einfügen. Die Tastenfelder sind in Bild 13.7 zu sehen.

Standard-Einstellungen

Die Taste STANDARD-EINSTELLUNGEN (Bild 13.7) zeigt Ihnen das folgende Dialogfeld.

13.3 Bearbeiten einer Diaschau

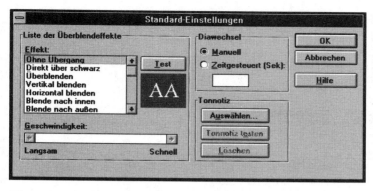

Bild 13.10: *Dialogfeld zu* STANDARD-EINSTELLUNGEN

Hier können Sie die Vorgaben festlegen, die beim Einfügen neuer Dias Verwendung finden sollen.

Verändern der Dias

Ihre Dias liegen in der Diaschau als verknüpfte oder eingebettete Daten vor. Um die Inhalte eines Dias zu verändern, müssen Sie die Daten oder Grafiken in der Ausgangsdatei bearbeiten.

Diapräsentationen werden wie normale Arbeitsblätter gespeichert und aufgerufen. Beim Öffnen einer Schau werden Sie gefragt, ob Sie Ihre Dias mit eventuell geänderten Originaldaten aktualisieren möchten.

Ein Hinweis noch zum Schluß: Die Arbeit mit Diapräsentationen kann vereinfacht werden, wenn Sie das Dia-Arbeitsblatt und alle verknüpften Dateien in eine Arbeitsmappe einbringen. So behalten Sie den Überblick und können, sofern Sie mit verbundenen Dateien arbeiten, eine Präsentation auch einfach auf Diskette kopieren, ohne Verknüpfungen zu verlieren.

Datenaustausch 14

Datenaustausch über die Zwischenablage . . . 302
Beispiele 308
Verknüpfen mit Dynamic Data Exchange (DDE) . 310
OLE-Verknüpfungen 317
Austausch über Fremdformate 324
Einlesen von Textdaten 328

Kapitel 14 Datenaustausch

Die meisten Anwender benutzen mehr als ein Softwarepaket für ihre Arbeit mit dem PC. Wahrscheinlich werden auch die meisten Leser dieses Buches neben Excel noch weitere Produkte im Einsatz haben, beispielsweise eine Textverarbeitung und/oder eine Datenbank. Excel kann mit einer Vielzahl von Programmen Tabellen, Daten und Grafiken austauschen. Wir werden Ihnen in diesem Kapitel vier Verfahren vorstellen,

- Datenaustausch über die Windows-Zwischenablage,
- Verknüpfen mit »Dynamic Data Exchange (DDE)«,
- Verknüpfen mit »Object Linking and Embedding (OLE)« und
- Austausch über Fremdformate,

wobei die ersten drei Methoden jedoch nur, bis auf wenige Ausnahmen, den Datenaustausch zwischen Windows-Programmen erlauben.

Alle vier Verfahren bieten besondere Möglichkeiten bzw. unterliegen Einschränkungen. In vielen Fällen können Daten zwischen zwei Programmen auf mehr als eine Weise übertragen werden. Wir möchten versuchen, Ihnen anhand verschiedener Beispiele die Auswahl der Austauschmethode zu erleichtern. Leider bestimmen oft aber Randbedingungen, wie Speicherplatz und Rechnerleistung, das Übertragungsverfahren, so daß die eleganteste Methode nicht immer das praktikabelste Verfahren ist.

14.1 Datenaustausch über die Zwischenablage

Alle für die Benutzeroberfläche Windows geschriebenen Programme können die Möglichkeiten der Windows-Zwischenablage nutzen. Microsoft hat in der Programmierschnittstelle von Windows neben vielem anderen auch Routinen für den Datenaustausch zwischen Windows-Applikationen definiert.

Windows-Programme können Daten in der Zwischenablage – englisch Clipboard – ablegen, von wo andere Applikationen sie wieder holen können. Fast alle Windows-Produkte verwenden dafür die gleichen Befehle und Tastenkombinationen.

14.1 Datenaustausch über die Zwischenablage

Führen Sie dazu die folgenden Schritte durch.

▸ Markieren Sie zuerst die entsprechenden Zellen.

▸ Übertragen Sie dann die Daten mit KOPIEREN im Menü BEARBEITEN oder mit der Tastenkombination [Strg]+[C] in die Windows-Zwischenablage.

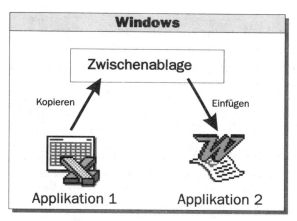

Bild 14.1: Datenaustausch über die Zwischenablage

Excel selbst oder andere Programme können die abgelegte Information mit BEARBEITEN • EINFÜGEN oder [Strg]+[V] aus der Zwischenablage abrufen.

Das Zwischenablage-Programm

Zum Lieferumfang von Windows gehört auch ein Programm namens »Zwischenablage«, dessen Symbol Sie normalerweise in der HAUPTGRUPPE finden sollten. Mit Hilfe dieses Werkzeugs können Sie sich zwischengelagerte Daten ansehen.

In Bild 14.2 ist das Zwischenablage-Programm von Windows für Workgroups zu sehen, das sich etwas vom dem des normalen Windows 3.1 unterscheidet. Hier im Bild ist eine Grafik in die Zwischenablage übernommen worden.

Kapitel 14 Datenaustausch

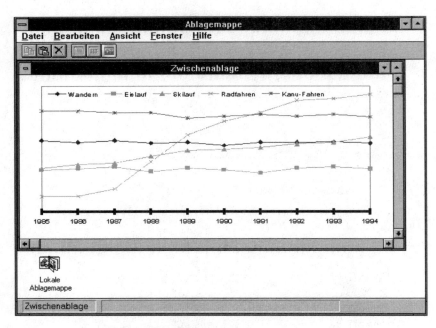

Bild 14.2: Zwischenablage-Programm

Excel-Tabellendaten

Wenn Sie Excel-Daten in das Clipboard kopiert haben und diese mit Hilfe des Zwischenablage-Programms sich anzeigen lassen, so sollten Sie ein Bild ähnlich dem oben gezeigten sehen. In unserem Fall wurde ein Diagramm kopiert. Zellen und Diagramme legt Excel in einer Reihe von Formaten ab. Über den Menüpunkt ANSICHT zeigt Ihnen das Zwischenablage-Programm die verfügbaren Datenformate. Nicht jedes Windows-Programm überträgt seine Daten in einer solchen Vielzahl von Formaten in die Zwischenablage.

Wenn Sie Ihr Programm mit BEARBEITEN • EINFÜGEN anweisen, die Daten aus dem Clipboard zu übernehmen, so wird Ihre Windows-Applikation in der Zwischenablage nach bekannten und verarbeitbaren Formaten suchen. Sollten mehrere Formate möglich sein, so wird sich Ihr Programm selbsttätig für eines entscheiden. Nur selten bieten Programme hier noch Auswahlmöglichkeiten, so daß der Anwender das Datenformat auswählen kann.

14.1 Datenaustausch über die Zwischenablage

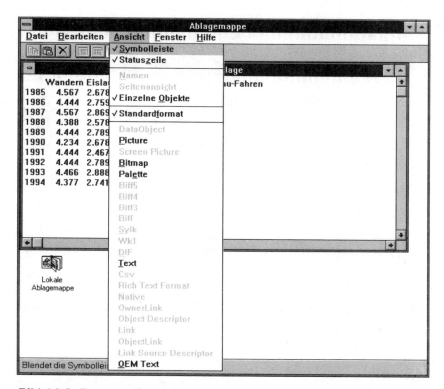

Bild 14.3: *Formate für Excel-Daten*

Wie Sie in Bild 14.3 erkennen können, legt Excel die Daten in einer großen Zahl von Formaten in die Zwischenablage.

14.1.1 Excel-Grafiken

Bei der Aufnahme von Excel-Grafiken in die Zwischenablage gibt es zwei Varianten, die aus der unterschiedlichen Behandlung von Grafiken innerhalb von Excel resultieren.

Markieren Sie ein Diagramm und nehmen es dann mit BEARBEITEN • KOPIEREN in das Clipboard auf. Das folgende Bild zeigt die möglichen Formate der Grafik in der Zwischenablage.

Kapitel 14 Datenaustausch

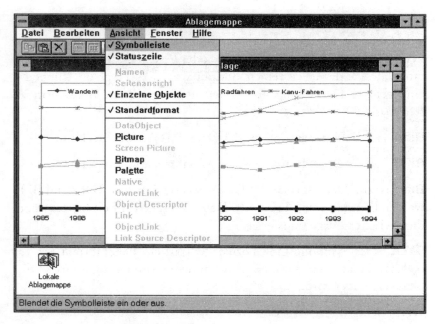

Bild 14.4: Excel-Diagrammformate

Diese Formate stehen für alle grafischen Objekte zur Verfügung. Bei Objekten ist das Format BILD eine Bitmap-Darstellung.

14.1.2 Excel-Daten in der Zwischenablage

Nicht alle aufgelisteten Formate können mit dem Zwischenablageprogramm angezeigt werden. Im folgenden eine kurze Beschreibung der Formate im Zwischenlager.

Bild Das Format Bild ist eine Beschreibung der markierten Zellen oder der markierten Grafik im Windows Metafile-Format. Das Metafile-Format beinhaltet alle Kommandos und Anweisungen, die Windows benötigt, um die entsprechenden Zellen oder Grafiken auf dem Bildschirm zu zeichnen, z.B. Anweisungen zum Zeichnen von Texten, Linien, Rechtecken und Kreisen.

14.1 Datenaustausch über die Zwischenablage

Bitmap   Ähnlich wie bei dem oben beschriebenen »Bild«-Format wird beim Bitmap-Format nur das Bild der gespeicherten Informationen zwischengelagert. Eine Bitmap- oder Pixelgrafik ist die Repräsentation des Bildes in einzelnen Bildpunkten. Excel legt im Clipboard eine genaue Darstellung der Zellen ab, wie sie am Bildschirm zu sehen sind.

Biff4   ist die Bezeichnung für das Datenformat von Excel 4.0.

Biff3   ist die Bezeichnung für das Datenformat von Excel 3.0.

Biff   ist das Datenformat der Excel-Version 2.1. Biff, Biff3 und Biff4 werden benutzt, wenn Excel z.B. Daten zwischen Arbeitsblättern über die Zwischenablage transferiert.

SYLK   Das Symbolic Link Format Sylk ist ein Datenformat für Tabellenkalkulationen, welches unter anderem vom Programm Multiplan verwendet wird.

WK1   Mit WK1 wird das Dateiformat von Lotus 1-2-3 V2.0 bezeichnet.

DIF   Das Data Interchange Format DIF ist ein Datenformat speziell für Tabellenkalkulationen. Da es schon etwas betagt ist, denn es stammt aus der Zeit der Tabulatkalkulation VisiCalc, kann es vorkommen, daß nicht alle Ihre Daten und Einstellungen übertragen werden.

Text   Mit Hilfe von Text wird ASCII-Text übertragen, wobei die einzelnen Zelleninhalte durch Tabulatoren getrennt werden. Dies ist die einfachste Methode des Datenaustauschs. Hierbei werden aber nur Zahlenwerte und Texte übertragen. Jegliche Formatierung der Zellen geht verloren.

CSV   Die Datenweitergabe mit CSV, »comma separated values«, entspricht der des Formates »Text«, nur daß hier anstelle der Tabulatoren Kommata gesetzt werden.

Rich Text Format (RTF)   Das Rich Text Format (RTF) ist ein von Microsoft definiertes Format zum Transfer von formatiertem Text.

Kapitel 14 Datenaustausch

Native, Link, OwnerLink, Objekt Link   Die Formate Native, Link, OwnerLink und ObjectLink sind für die Verknüpfung von Tabellen gedacht.

Formatierter Text   Das Format Formatierter Text wird nur für die Anzeige in der Zwischenablage benutzt. Es enthält nur Meldungen wie z.B. »Kopieren 10Z × 5S«.

OEM-Text   Das Format OEM-Text ist eine Variante des »Text«-Formates, nur daß hier in Bezug auf Schriftart und Zeichensatz andere Einstellungen benutzt werden.

14.2 Beispiele

Für verschiedene Softwareprodukte soll in diesem Abschnitt eine Datenübertragung über die Zwischenablage gezeigt werden. Die Ausgangstabelle in Excel hat die im folgenden Bild gezeigte Form.

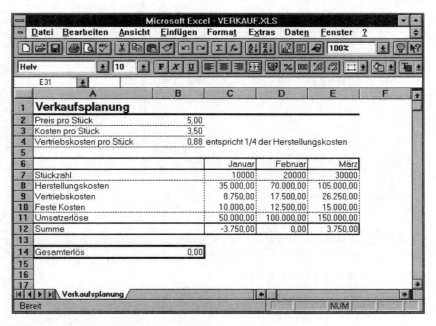

Bild 14.5: Beispiel Verkaufsplanung

14.2 Beispiele

Die Zellen A1:E14 werden markiert und mit BEARBEITEN • KOPIEREN in die Zwischenablage übernommen. Im weiteren soll diese Information aus der Zwischenablage in verschiedene Windows-Programme übernommen werden. Bei fast allen Windows-Programmen erreichen Sie dies über die Befehlsfolge BEARBEITEN • EINFÜGEN.

Microsoft Word für Windows

Aus der Zwischenablage werden die Daten in Word für Windows in Form einer Tabelle eingefügt. Word für Windows übernimmt die Formatierungen aus Excel. Auch Schriftarten und -größen werden richtig übertragen. Durch das Einfügen in das WinWord-Tabellenformat können Sie die Daten als Tabelle in der Textverarbeitung weiterverarbeiten.

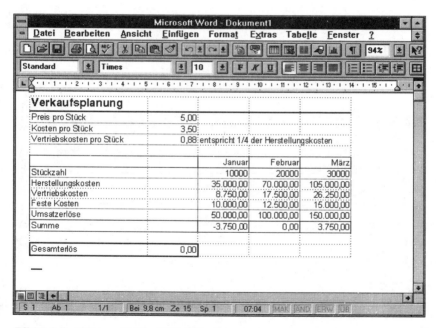

Bild 14.6: Microsoft Word für Windows

Kapitel 14 Datenaustausch

Microsoft Write

Tabellenkalkulationsdaten werden in Microsoft Write im Format TEXT übertragen, d.h., die einzelnen Zelleninhalte sind durch Tabulatoren getrennt.

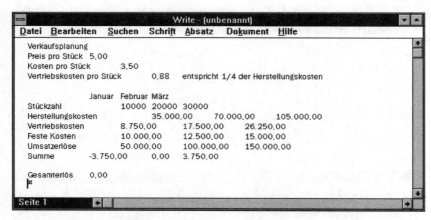

Bild 14.7: Microsoft Write

14.3 Verknüpfen mit Dynamic Data Exchange (DDE)

Der »Dynamic Data Exchange (DDE)« oder »Dynamischer Datenaustausch (DDA)« gestattet Ihnen, eine dauerhafte Datenaustauschverbindung zwischen zwei Windows-Applikationen zu definieren. Der oben beschriebene Datenaustausch über die Zwischenablage ist immer ein einmaliger Vorgang. Für jeden Datenaustausch müssen wieder die entsprechenden Befehle eingegeben werden. Mit DDE können Sie den Datenaustausch automatisieren.

Eine DDE-Verbindung wird Kanal genannt. In vielen Windows-Programmen wird DDE auch als Fernabfrage bezeichnet.

14.3 Verknüpfen mit Dynamic Data Exchange (DDE)

14.3.1 DDE-Datenübertragung

Die Funktionalität des dynamischen Datenaustausches läßt sich am einfachsten mit einem Beispiel erklären. Als Grundlage benutzen wir einen fiktiven Quartalsbericht. Nehmen wir den Fall, die Endwerte dieser Statistik müßten für die Geschäftsleitung aufbereitet und mit Erklärungen versehen werden. Natürlich lassen sich entsprechende Texte in Excel erfassen, aber mit einer Textverarbeitung wie »Word für Windows« hat man hier mehr Möglichkeiten. Die entsprechenden Daten von Excel zu Word für Windows könnte man über die Zwischenablage transferieren. Ändern sich aber die Werte in Excel, so muß der Vorgang der Datenübernahme wiederholt werden, um die aktuellen Zahlen in der Textverarbeitung zur Verfügung zu haben.

Mit Hilfe eines DDE-Kanals können Sie eine dauerhafte Verbindung zwischen einer Excel-Tabelle und einem Word für Windows-Text schaffen. Die Daten werden jetzt dynamisch ausgetauscht, d.h., jede Änderung der Zahlen im Arbeitsblatt wird sofort im Text dargestellt. Über DDE-Verknüpfungen können Sie nur bei aktiven, geladenen Applikationen Daten austauschen, d.h., in unserem Fall muß sowohl Excel als auch Word für Windows gestartet worden sein.

Der im nächsten Bild dargestellte Bericht enthält eine Tabelle, die dem in Bild 14.9 gezeigten Arbeitsblatt entnommen ist.

Kapitel 14 Datenaustausch

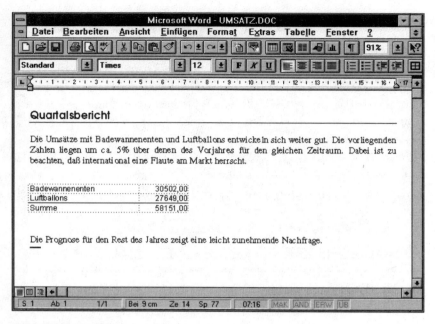

Bild 14.8: Bericht

Die DDE-Verknüpfung von Text und Tabelle wird mit einer Befehlsfolge durchgeführt, die Sie schon aus dem Kapitel »Arbeiten mit mehreren Arbeitsblättern« kennen. Markieren Sie dazu in Excel den entsprechenden Bereich, in unserem Fall A3:C5 und wählen Sie den Befehl BEARBEITEN • KOPIEREN an. Ein DDE-Kanal kann nur zusammenhängende Zellen übertragen, eine Mehrfachauswahl ist nicht möglich. Die Bereichsangabe wird von Word für Windows für die DDE-Verknüpfung allerdings in Z8S2:Z10S3 umgeformt.

14.3 Verknüpfen mit Dynamic Data Exchange (DDE)

Bild 14.9: Ausgangstabelle

Wählen Sie jetzt Word für Windows an. Im Menü BEARBEITEN können Sie den Befehl INHALTE EINFÜGEN selektieren. Sie erhalten dann das im folgenden Bild dargestellte Dialogfeld zum Auswählen des Formates, in dem eingefügt werden soll.

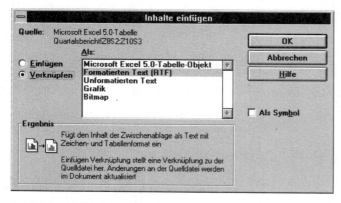

Bild 14.10: Dialogfeld in Word für Windows

Wir möchten hier die Daten verknüpfen, d.h., das Optionsfeld VERKNÜPFEN muß angewählt sein. WinWord bietet uns zum verknüpften Einfügen fünf verschiedene Datenformate an. Für unser Beispiel wählen Sie dort FORMATIERTEN TEXT (RTF) an.

Bei einer Verknüpfung der Daten wird jede Änderung in der Excel-Tabelle sofort an Word für Windows weitergegeben. Da die Daten dann bei jeder Änderung der verbundenen Zellen in Excel transferiert werden, kann es auch bei leistungsstarker Hardware zu Pausen kommen, in denen die Daten transportiert werden.

In Word für Windows können Sie sich durch Auswählen des Punktes FELDFUNKTIONEN auf dem Registerblatt ALLGEMEIN des Registerdialogfeldes, das Sie mit dem Befehl EXTRAS • OPTIONEN erhalten, die Verknüpfungsinformation genauer anschauen. Die Feldfunktion für die Verbindung hat die allgemeine Form:

```
{VERKNÜPFUNG Anwendungsname Dateiname
➡ Positionsbezug \* Format}.
```

In unserem Fall wird die folgende Feldfunktion in den Text eingesetzt:

```
{VERKNÜPFUNG Excel.Sheet.5 "C:\\QBERICHT.XLS"
➡ "Quartalsbericht!Z8S2:Z10S3" \* FormatVerbinden \a}
```

Der Positionsbezug kann auch auf einen benannten Bereich verweisen. Hätten Sie in Excel für den zu übertragenden Bereich z.B. den Namen `Transfer` definiert, wäre `Z8S2:Z10S3` durch `Transfer` ersetzt worden. Bitte beachten Sie, daß Word für Windows im Dateinamen einen doppelten Backslash - »\\« - erwartet, da der einfache Backslash Sonderfunktionen einleitet.

14.3.2 Excel als Datenempfänger

Excel kann nicht nur Absender, sondern auch Empfänger von Daten sein. Als Beispiel möchten wir hier die Übertragung von Word für Windows-Texten zu Excel zeigen. Die Vorgehensweise ist die gleiche wie beim Transfer von Excel zu Word für Windows. Markieren Sie den entsprechenden Textabschnitt in Word für Windows. Überneh-

14.3 Verknüpfen mit Dynamic Data Exchange (DDE)

men Sie ihn mit BEARBEITEN • KOPIEREN in die Zwischenablage. In Excel wählen Sie die Befehlsfolge BEARBEITEN • EINFÜGEN Schaltfläche VERKNÜPFUNG EINFÜGEN. Im folgenden Bild können Sie in der Excel-Bearbeitungszeile den entsprechenden Verweis sehen.

    =WordDocument.6¦'UMSATZ.DOC'!DDE_LINK2

Die allgemeine Form der DDE-Verbindung hat in Excel das folgende Aussehen:

    =Anwendung¦Dateiname!Positionsbezug

Word für Windows hat den von Ihnen markierten Text mit DDE_LINK benannt. Das ist nichts weiter als der Name einer Textmarke. Sie können hier auch die Namen selbstdefinierter Textmarken verwenden.

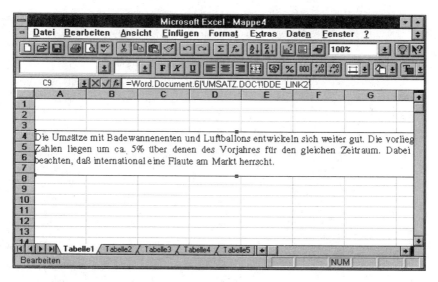

Bild 14.11: Verknüpfung zu Word für Windows

Die Behandlung von DDE-Verbindungen kann in Excel in zwei verschiedenen Dialogfenstern eingestellt werden. Das erste Dialogfeld erreichen Sie über EXTRAS • OPTIONEN. Auf dem Registerblatt BERECHNEN beziehen sich zwei Eintragungen auf DDE-Verbindungen.

Kapitel 14 Datenaustausch

Wenn der Punkt FERNBEZÜGE AKTUALISIEREN eingeschaltet ist, werden Daten über DDE-Kanäle ausgetauscht.

Bild 14.12: *Registerdialogfeld zu* EXTRAS • OPTIONEN *Register* BERECHNEN

Bei der Speicherung von Arbeitsblättern mit Verknüpfungen werden von Excel sowohl die Daten der Verbindung als auch die geladenen Verknüpfungswerte gespeichert. Bei einer großen Zahl von verknüpften Werten kann es schnell zu Speicherplatzproblemen kommen. Wenn Sie die Option EXTERNE VERKNÜPFUNGSWERTE SPEICHERN ausschalten, werden in die Datei auf der Platte oder der Diskette nur die Verknüpfungsformeln abgelegt.

Die zweite Einstellungsmöglichkeit finden Sie auf dem Registerblatt ALLGEMEIN (Bild 14.13).

Wenn Sie den Punkt ANDERE ANWENDUNGEN IGNORIEREN einschalten, reagiert Excel auf DDE-Anfragen anderer Applikationen nicht.

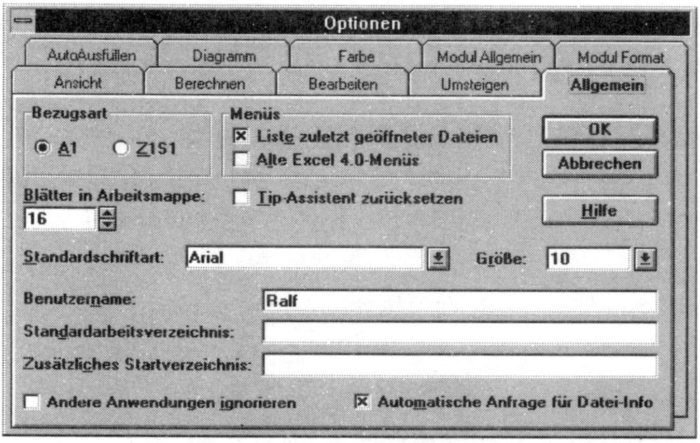

14.4 OLE-Verknüpfungen

Bild 14.13: Registerdialogfeld zu EXTRAS • OPTIONEN Register ALLGEMEIN

14.4 OLE-Verknüpfungen

Verknüpfungen mit »Object Linking and Embedding« (OLE) ergänzen die Möglichkeiten des dynamischen Datenaustausches DDE. Hierbei werden nicht nur Daten zwischen Applikationen ausgetauscht, sondern Objekte, wie z.B. Tabellen, Grafiken oder Texte.

OLE ist heute in zwei Versionen in den am Markt verbreiteten Produkten vertreten. OLE 1.0 bietet die prinzipiellen Möglichkeiten des Einbettens von Objekten, während OLE 2.0 die verschiedenen Applikationen noch weiter miteinander integriert. Excel 5 ebenso wie Word für Windows 6.0 beherrschen OLE Version 2.0. Aus diesem Grund möchten wir im weiteren Verlauf des Abschnitts ein OLE-Beispiel mit diesen beiden Programmen beschreiben.

Objekte

Die Grundidee von OLE beruht darauf, Programmen das Arbeiten mit einer Vielzahl von Daten zu ermöglichen. Ein Programm soll mit Texten, Grafiken, Diagrammen, Tonaufnahmen, Videobildern und vielem mehr umgehen können. Natürlich ist es nicht sinnvoll, in jedes Programm alle die Funktionen einzubauen, die es für den Umgang mit den entsprechenden Daten benötigt, denn dann würden Dinosaurier-Programme entstehen.

Kapitel 14 Datenaustausch

Ein Objekt läßt sich mit einem Container vergleichen, in den die Daten gepackt sind. Der Container wird in ein Programm aufgenommen oder, wie es in der OLE-Terminologie heißt, eingebettet. Das Programm, das das Objekt aufnimmt, weiß nichts über seinen Inhalt. Sollen die Daten in einem Container bearbeitet werden, wird das Programm aufgerufen, welches mit den Daten im Container, d.h. im Objekt, umgehen kann.

Das aufnehmende Programm wird Client, Kunde, genannt, während das Programm für die Bearbeitung des Objektes als Anbieter, d.h. als Server, fungiert.

Für die Bearbeitung von Objekten existieren z.Z. zwei Techniken:

- Das Programm zur Bearbeitung des Objektes wird in einem eigenen Fenster geladen. Nach Beendigung der Bearbeitung wird das Fenster geschlossen und Sie kehren zu dem Programm zurück, in dem das Objekt eingebettet ist.
- Die zweite Variante, die zum Zeitpunkt der Drucklegung dieses Buches nur wenige Softwareprodukte beherrschen, ist das sogenannte In-Place-Editing. Hierbei werden in einem Programm Menüleisten, Symbolleisten und weiteres durch die Menüs und Symbole des zur Bearbeitung des Objektes benötigten Programms ersetzt. Das hat zur Folge, daß der äußere Eindruck bleibt, aber die Funktionalität sich ändert. Nach dem Ende der Manipulation am Objekt werden die ursprünglichen Menü- und Symbolleisten wieder eingeblendet.

Excel-Tabelle in Word für Windows

Die Möglichkeiten von OLE lassen sich an einem Beispiel einfach erklären, das eine Verbindung zwischen Word für Windows und Excel zeigt. In den folgenden Word-Text soll ein Excel-Objekt eingebunden werden. Excel und Word für Windows beherrschen In-Place-Editing, wie die folgenden Bilder zeigen.

In Word für Windows wird in einem Text mit EINFÜGEN • OBJEKT das in Bild 14.15 dargestellte Registerdialogfeld aktiviert. Darin wird die Auswahl MICROSOFT EXCEL 5.0 WORKSHEET selektiert.

14.4 OLE-Verknüpfungen

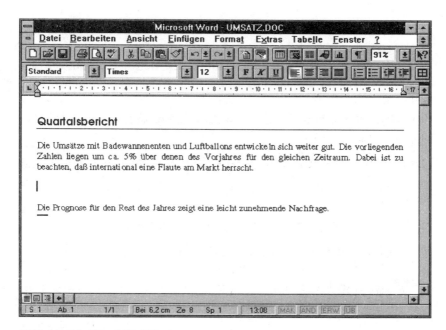

Bild 14.14: Word für Windows

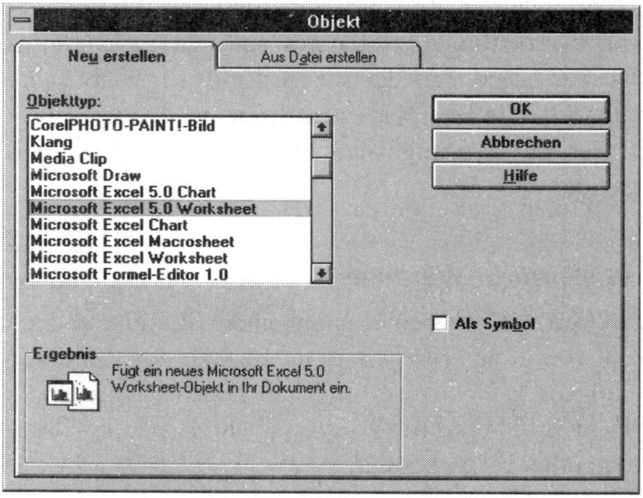

Bild 14.15: Word für Windows-Dialogfenster zu EINFÜGEN • OBJEKT

Kapitel 14 Datenaustausch

Da in beiden Programmen, Word für Windows und Excel, OLE 2.0 implementiert ist, ändert sich das Word für Windows-Fenster: Im WinWord-Fenster werden, wie im folgenden Bild dargestellt, die Excel-Menüleiste und die Excel-Symbolleisten eingeblendet.

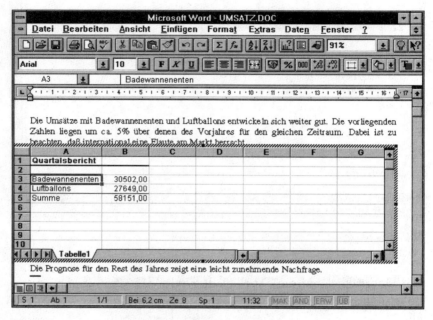

Bild 14.16: WinWord mit aktivem Excel-Objekt

In einem grauen Rahmen wird eine Excel-Tabelle angezeigt, in die nun die benötigten Werte eingetippt werden können. Verlassen Sie die Tabelle, indem Sie beispielsweise auf den Text ober- oder unterhalb klicken, verändert sich das Fenster, wie es Bild 14.17 zeigt.

14.4 OLE-Verknüpfungen

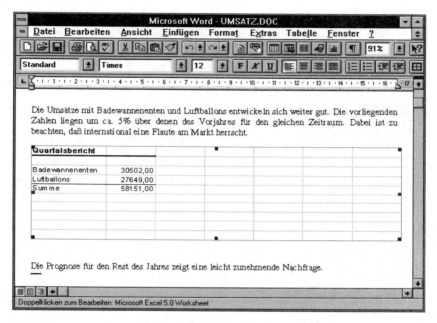

Bild 14.17: WinWord-Text mit eingebetteter Excel-Tabelle

Ein Doppelklick auf die Tabelle lädt wieder das Menü und die Symbolleisten von Excel und Sie können Änderungen an der Tabelle vornehmen.

Formel-Editor in Excel

Auch in Excel können Objekte eingebettet werden. Mit dem Befehl EINFÜGEN • OBJEKT in Excel wird das Registerdialogfeld OBJEKT aufgerufen.

Wir möchten ein Objekt des Formel-Editors einbinden. Der Formel-Editor, der zum Lieferumfang von Word für Windows gehört, dient zum Schreiben mathematischer Formeln (aber nicht zum Rechnen). Wir haben den Formel-Editor schon oft benutzt, um komplexe Excel-Rechenformeln zu dokumentieren, denn in Excel sieht man ja im Ausdruck nicht die Formel, nach der gerechnet wurde.

Kapitel 14 Datenaustausch

Um den folgenden Ablauf nachvollziehen zu können, benötigen Sie den Formel-Editor in der Version 2.0, der mit Word für Windows 6 mitgeliefert wird.

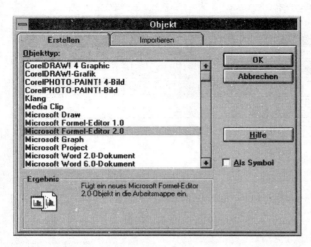

Bild 14.18: *Registerdialogfeld zu* EINFÜGEN • OBJEKT

Auf der Excel-Tabelle wird ein graues Rechteck geöffnet und es erscheint das Menü und die Symbolleiste des Formel-Editors.

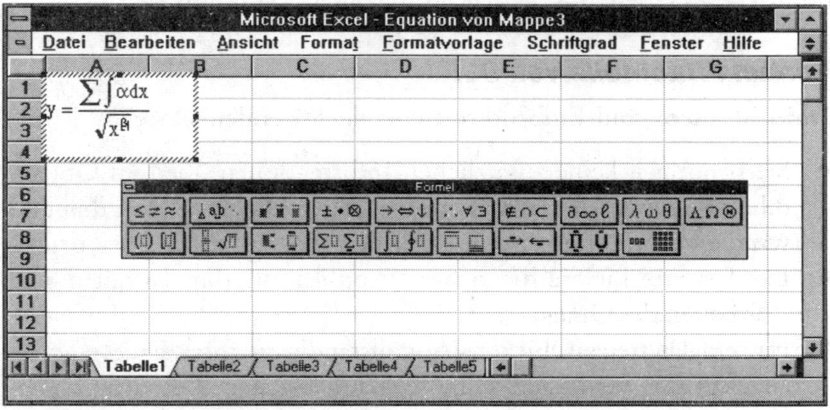

Bild 14.19: *Excel mit aktivem Formel-Editor-Objekt*

14.4 OLE-Verknüpfungen

Die Formel wird mit Hilfe der Möglichkeiten des Formel-Editors erstellt. Klicken Sie auf die Excel-Tabelle, wird der Formel-Editor verlassen und das ursprüngliche Menü und die Symbolleisten von Excel werden wieder eingeblendet.

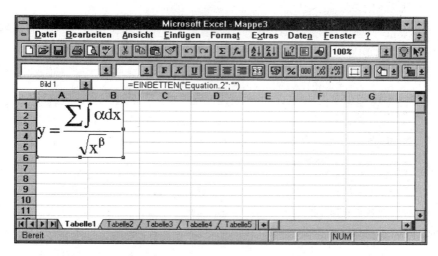

Bild 14.20: Eingebettete Formel

In Bild 14.20 ist die Funktion =EINBETTEN(...) in der Bearbeitungszeile zu sehen, mit der das Formelobjekt verknüpft ist.

Vor- und Nachteile von OLE

Object-Linking-and-Embedding bietet die folgenden Vorteile:

- Sie benötigen keine zusätzlichen Informationen über ein Objekt, d.h., Sie müssen nicht wissen, wo dieses Objekt herstammt und wie die Verknüpfungen mit Excel aussehen.
- Excel startet für Sie die richtige Applikation zum Erstellen und Bearbeiten des Objekts.
- Ein eingebettetes Objekt wird vollständig in Ihrer Excel-Tabelle abgelegt. Sie benötigen keine weiteren Dateien. Bei einer DDE-Verknüpfung z.B. müssen Sie zwei Dateien und die entsprechende Verbindung pflegen.

Leider hat OLE auch Nachteile:

- Excel-Tabellen mit eingebetteten Objekten können sehr groß werden, denn das eingebettete Objekt wird mit allen Informationen Ihrer Tabelle gespeichert.
- OLE benötigt sehr viel Ressourcen und Speicher Ihres Computers. Für eingebettete Objekte sollten Sie über ein leistungsstarkes System verfügen.
- Zum Bearbeiten eines OLE-Objektes müssen Sie über die entsprechende Applikation verfügen. Bekommen Sie beispielsweise eine Excel-Tabelle mit eingebetteten Objekten per Diskette von einem anderen Computersystem, so können Sie nur die Objekte ändern, für die Sie auf Ihrem System über die geeigneten Programme verfügen.
- Jedes OLE-Objekt in einer Tabelle muß einzeln aktualisiert werden. Bei DDE-Verknüpfungen können Sie mit einem Befehl alle Verbindungen gleichzeitig aktualisieren lassen.

Abschließend kann man aber feststellen, daß OLE ein großer Schritt in Richtung Anwenderfreundlichkeit ist. Der Anwender, und dieses haben wir in der Betreuung und in Seminaren immer wieder erlebt, kann mit Hilfe von eingebetteten Objekten ohne großes Wissen schnell komplexe Dokumente und Tabellen erstellen.

14.5 Austausch über Fremdformate

In den bisherigen Abschnitten in diesem Kapitel haben wir den Austausch von Daten innerhalb von Windows besprochen. Aber nicht alle PC-Programme laufen unter Windows oder bieten die Möglichkeit des Zugriffs auf die Zwischenablage. Datenaustausch bezieht sich ja nicht nur auf aktive, laufende Programme, sondern in den meisten Fällen stehen nur die Daten in Form von Dateien zur Verfügung, beispielsweise nach einem Datentransfer von einem Großrechner.

Der Austausch von Dateien zwischen verschiedenen Programmen gehört zu den großen Abenteuern, die man mit einem PC erleben kann. Jeder Import von Dateien in einem Fremdformat kann wieder ein Erlebnis sein. Denn, auch wenn der Hersteller der jeweiligen Software angibt, sein Produkt könne das fremde Dateiformat einlesen und umwandeln, so erfährt man in der Praxis oft sein blaues Wunder.

Die Gründe hierfür sind einfach. Nicht jede in einem Dateiformat enthaltene Information läßt sich ohne weiteres für ein anderes Programm umsetzen. Sehr oft sind die Dateien verschiedener Versionen eines Programms nicht identisch. Geht der Transfer zudem noch über verschiedene Rechnerwelten und Betriebssysteme hinweg, kommen weitere Schwierigkeiten, wie Zeichensätze und länderspezifische Einstellungen, hinzu.

Dem Anwender bleibt oft nur das Experiment oder man verständigt sich auf das einfachst mögliche Format, auch auf die Gefahr hin, daß Formatierungen und Teile der Daten verloren gehen.

Import

Excel versucht, beim Laden von Fremddateien das entsprechende Datenformat zu erkennen. Ist die Erkennung erfolgreich, so benutzt Excel automatisch den richtigen »Filter« zum Einlesen. Der entsprechende Filter formt die Daten in das Excel-Tabellenformat um.

Sehr oft lassen sich die einzelnen Fremdformate an den Endungen der Dateinamen erkennen. So ist z.B. eine Datei mit dem Namen ADRESS.DBF anhand der letzten drei Buchstaben »DBF« als Datendatei des Datenbankprogramms »dBase« einzuordnen. Bei den Softwareprodukten mit großem Marktanteil werden die vom jeweiligen Hersteller vergebenen Endungen von anderen Anbietern beachtet.

Fremddateien werden wie Excel-Dateien auch mit dem Befehl DATEI • ÖFFNEN geladen. Standardmäßig ist das Suchmuster hinter dem Eintrag DATEINAME so gewählt, daß nur Excel-Dateien im DATEIEN-Fenster gezeigt werden. Ändern Sie das Suchmuster auf *.* ab, so bekommen Sie alle Dateien des entsprechenden Verzeichnisses eingeblendet. Excel selbst entscheidet übrigens nicht anhand der Endung einer Datei, sondern die Auswertung des Inhaltes veranlaßt Excel, den richtigen Filter auszuwählen. Die möglichen Importformate können Sie der Tabelle 14.1 im Abschnitt »Export« entnehmen.

Kapitel 14 Datenaustausch

Alle Dateien, deren Format Excel nicht erkennen kann, werden als Textdateien geladen. Sollten in diesen Dateien nicht-darstellbare Zeichen enthalten sein, so werden sie von Excel herausgenommen.

Export

Excel kann seine Arbeitsblätter in verschiedenen Formaten speichern. Um ein Fremdformat zu bestimmen, wählen Sie im Dialogfenster, welches Sie mit der Befehlsfolge DATEI • SPEICHERN oder DATEI • SPEICHERN UNTER erhalten, den Punkt DATEITYP an.

In der mit DATEITYP benannten Auswahlliste erhalten Sie die Möglichkeit, eines der folgenden Formate anzuwählen.

Tabelle 14.1: Dateiformate

Format	Bedeutung bzw. Programm
Microsoft Excel-Arbeitsmappe	Excel 5.0-Format XLS
Mustervorlage	Excel 5.0-Mustervorlage XLT
Excel 4.0	Excel 4.0-Format XLS
Excel 3.0	Excel 3.0-Format XLS
Excel 2.1	Excel 2.1-Format XLS
Excel 4.0-Arbeitsmappe	Excel 4.0-Format XLW
Formatierter Text (Leerzeichen getrennt)	Text im Rich Text Format
Text (Tabs getrennt)	ASCII-Text (Windows-Zeichensatz)
CSV (Trennzeichen getrennt)	Comma separated values (Windows-Zeichensatz)
WKS, WK1, WK3	Lotus 1-2-3 und Lotus Symphony
WQ1	Borland QuattroPro/DOS
DIF	Data Interchange Format
Sylk	Symbolic Link (Microsoft Mulitplan)
DBF 2, DBF 3, DBF 4	dBase von Borland
Text (Macintosh)	ASCII-Text (Macintosh-Zeichensatz)

14.5 Austausch über Fremdformate

Tabelle 14.1: Dateiformate (Fortsetzung)

Format	Bedeutung bzw. Programm
Text (DOS oder OS/2)	ASCII-Text (DOS-OS/2-Zeichensatz)
CSV (Macintosh)	Comma separated values (Macintosh-Zeichensatz)
CSV (DOS oder OS/2)	Comma separated values (DOS-OS/2-Zeichensatz)

Viele der heute verfügbaren Softwarepakete können Excel-Dateien direkt verarbeiten. Leider ist die Importmöglichkeit dieser Applikationen zur Zeit noch meistens auf Daten im Excel-Format der Versionen 4.0 oder 3.0 beschränkt. Speichern Sie also Ihre Dateien im Format EXCEL 4.0 oder EXCEL 3.0, wenn Sie Excel-Dateien weiterverarbeiten wollen.

Zeichensätze

Ein Zeichensatz ist die Codierung von Alphabet, Ziffern und Sonderzeichen in Form von Zahlen. Jeder kleine und große Buchstabe, jede Ziffer und jedes Sonderzeichen besitzt eine ihm eindeutig zugeordnete Verschlüsselung, mit der der Computer intern arbeitet.

Der normale Zeichensatz auf dem PC mit dem Betriebssystem DOS oder OS/2 ist der sogenannte erweiterte ASCII-Zeichensatz. Er besteht aus 256 Zeichen. Jedes Zeichen des Zeichensatzes benötigt genau ein Byte bzw. acht Bit zur Abspeicherung im PC. Man kann grob sagen, daß die ersten 128 Zeichen des erweiterten ASCII-Satzes das Alphabet, Ziffern und Sonderzeichen, wie Punkt und Komma, enthalten. Bei der ursprünglichen Definition von ASCII waren die Zeichen 128-255 nicht zugeordnet.

Die zweite Hälfte wurde erst von IBM speziell für den Personal Computer definiert. Hier sind länderspezifische Zeichen, wie z.B. »Ä« und »Ü«, und grafische Sonderzeichen zu finden. Der erweiterte ASCII-Zeichensatz wird auch mit »PC-8«, also 8 Bit PC-Zeichensatz, beschrieben.

Kapitel 14 Datenaustausch

Microsoft hat für die grafische Benutzeroberfläche Windows eine neue, verbesserte Zeichensatzcodierung, den ANSI-Zeichensatz, benutzt. Die ANSI-Verschlüsselung weicht von der ASCII-PC-8-Codierung in einigen Punkten ab und hat insbesondere eine verbesserte Unterstützung länderspezifischer Zeichen und Sortierfolgen.

Die Firma Apple hat für ihre Macintosh-Rechnerserie eine weitere Variation des ASCII-Zeichensatzes verwendet. Der Macintosh kennt z.B. andere Sonderzeichen als die PC-Zeichensätze.

Beim Export in Text- und CsV-Formaten bietet Ihnen Excel bei den Formaten entsprechende Filter für DOS bzw. OS/2, Windows und Macintosh.

14.6 Einlesen von Textdaten

Beim Laden von Text- und »comma separated value« (csv)-Dateien unterstützt Sie Excel mit dem Text-Assistenten.

Er wird geladen, wenn Sie sich mit der Befehlsfolge DATEI • ÖFFNEN das Dialogfenster zum Öffnen von Dateien auf den Bildschirm geholt haben. Wählen Sie unter DATEITYP die Option TEXTDATEIEN (*.PRN, *.TXT, *.CSV) aus. Hierbei wird nach der Selektion der gewünschten Datei der Text-Assistent aufgerufen, mit dem Sie die Einstellungen für das Einlesen der Datei vornehmen können.

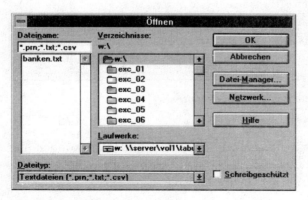

Bild 14.21: Dialogfeld zu DATEI • ÖFFNEN

14.6 Einlesen von Textdaten

Der Text-Assistent

In einer Textdatei können die Daten in vielfältigen Formen vorliegen. Die einzelnen Zeilen können ohne jegliche Formatierung, in Spalten, mit oder ohne Trennzeichen sowie in vielen weiteren Varianten vorliegen.

Wir möchten uns hier für unser Beispiel auf ein Format beschränken. In der vorliegenden Textdatei sind die Bankleitzahlen der Schweiz aufgeführt. Die Daten sind durch Anführungszeichen eingeschlossen und durch Semikola getrennt. Es ist eine Datei im typischen »comma separated value«-Format.

Der Text-Assistent versucht, Ihre Daten zu analysieren, um Ihnen eine möglichst gute Unterstützung zu geben. Wie Sie im nächsten Bild sehen können, hat der Assistent erkannt, daß die einzelnen Spalten der Datei durch ein Zeichen voneinander getrennt sind.

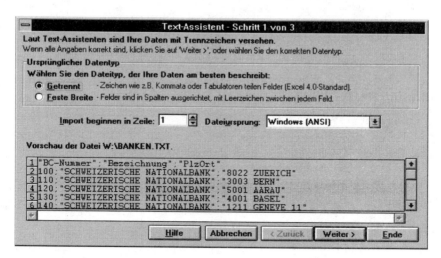

Bild 14.22: Dialogfeld des Text-Assistenten

Die Datei selbst wird im Listenfeld unten abgebildet. Sie können hier nach Bedarf durch Ihre Daten blättern, um beispielsweise Unregelmäßigkeiten oder ähnliches zu kontrollieren.

Kapitel 14 Datenaustausch

Durch die Einstellung IMPORT BEGINNEN IN ZEILE können Sie festlegen, daß beim Einlesen der Daten eine hier definierte Anzahl von Zeilen übersprungen wird. Diese Option wird meistens verwandt, wenn Ihre Textdatei mehrere Kopf- und/oder Titelzeilen aufweist.

Durch die Angabe des DATEIURSPRUNGS können Sie den entsprechenden Zeichensatz wählen. Mögliche Zeichensätze sind `Windows (ANSI)`, `DOS oder OS/2 (PC-8)` oder `Macintosh`, die wir im vorangegangenen Abschnitt besprochen haben.

Im nächsten Dialogfeld des Text-Assistenten können Sie das Trennzeichen einstellen. Standardmäßig ist hier `Tab`, d.h. das Tabulatorzeichen, als TRENNZEICHEN eingetragen. Als TEXTERKENNUNGSZEICHEN ist richtigerweise das »"«-Zeichen vorgeschlagen worden.

Bild 14.23: Dialogfeld 2 von 3 des Text-Assistenten

Wenn als TRENNZEICHEN die Option SEMIKOLON angeklickt ist, ändert sich die VORSCHAU DER MARKIERTEN DATEN in unserem Beispiel. Der Text-Assistent kann jetzt die Daten in Spalten aufteilen, wie es im folgenden Bild dargestellt ist.

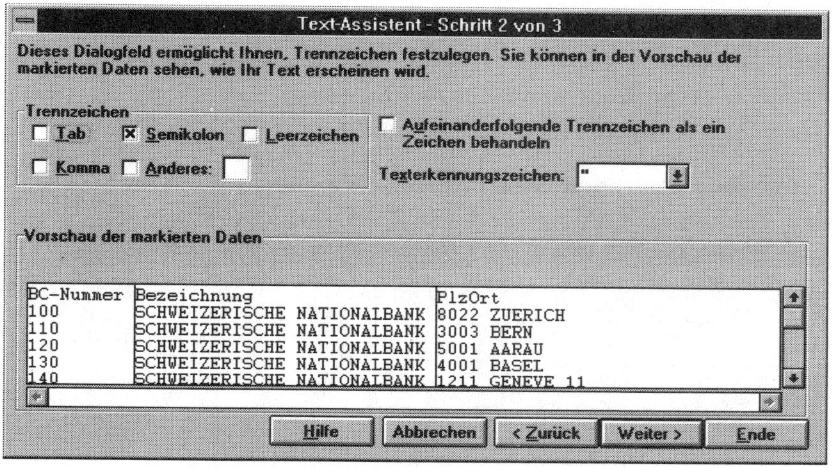

14.6 Einlesen von Textdaten

Bild 14.24: Trennzeichen »Semikolon«

Im letzten Dialogfeld des Text-Assistenten kann das DATENFORMAT DER SPALTEN für die einzelnen Spalten bestimmt werden. Das ist oft dann wichtig, wenn Spalten mit numerischen Einträgen, wie z.B. Artikelnummern, nicht als Zahlen, sondern als Texte in Excel aufgenommen werden sollen.

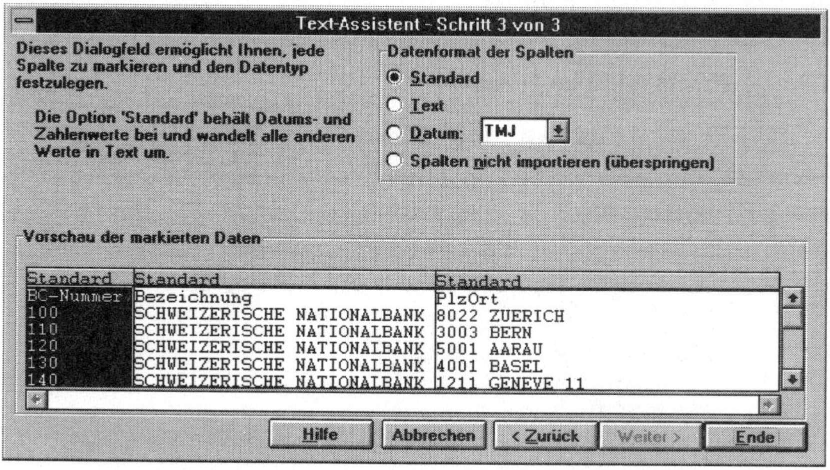

Bild 14.25: Drittes Dialogfeld des Text-Assistenten

Kapitel 14 Datenaustausch

Im Dialogfeld lassen sich die Einstellungen für jede Spalte vornehmen. Spalten können auch beim Einlesen übersprungen werden, wenn Sie die entsprechende Eintragung vornehmen.

Nach Betätigung der Taste END E werden die Daten in Excel gemäß der getroffenen Vereinbarung in die Zellen aufgeteilt.

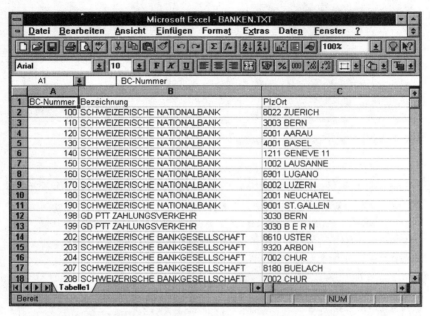

Bild 14.26: Eingelesene Textdatei

Beim Einlesen von Daten mit festen Spaltenbreiten müssen Sie im ersten Dialogfeld des Text-Assistenten (Bild 14.22) die Option FESTE BREITE als URSPRÜNGLICHEN DATEITYP angeben. In diesem Fall hat das zweite Dialogfeld des Text-Assistenten das folgende Aussehen:

14.6 Einlesen von Textdaten

Bild 14.27: *Festlegung der Spalten*

Mit Hilfe der Maus können Sie, wie es im oberen Teil des Dialogfeldes beschrieben ist, die Spalten festlegen.

Einlesen von Zahlen mit englischem Zahlenformat

Sollen Zahlen in Excel weiterverarbeitet werden, die von einem Großrechner, einer DEC-VAX- oder Unix-Station stammen, liegen sie in aller Regel im englischen Zahlenformat vor. Das bedeutet, anstelle des im Deutschen verwendeten Kommas zur Abtrennung von Dezimalzahlen wird hier ein Punkt verwendet. So eingelesene Zahlen werden dann oft falsch übernommen. Das folgende Beispiel soll den richtigen Umgang mit Werten im englischen Zahlenformat demonstrieren.

Stellen Sie als erstes in der Ländereinstellung der SYSTEMSTEUERUNG (HAUPTGRUPPE), wie im folgenden Bild, die Vereinigten Staaten als Land ein.

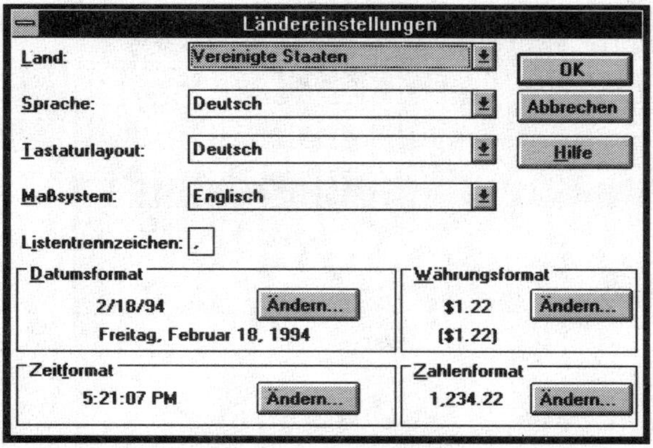

Kapitel 14 Datenaustausch

Bild 14.28: Veränderte Ländereinstellung

Laden Sie dann in Excel die entsprechende Datei, so wird automatisch der Text-Assistent aktiviert.

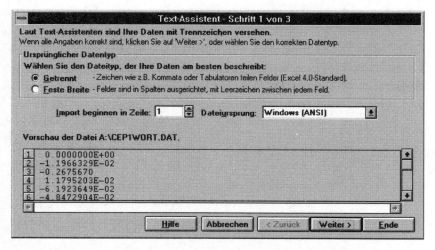

Bild 14.29: Text-Assistent mit Zahlen im englischen Zahlenformat

Wählen Sie die Schaltfläche ENDE aus, dann werden die Zahlen eingelesen und auf Ihrem Bildschirm dargestellt.

14.6 Einlesen von Textdaten

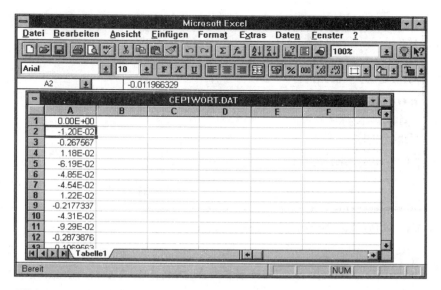

Bild 14.30: Zahlen im englischen Zahlenformat

Speichern Sie diese Datei als EXCEL-ARBEITSMAPPE und schließen Sie sie. Stellen Sie dann die Ländereinstellung wieder auf Deutschland um, so werden beim erneuten Laden der Datei die Zahlen richtig eingelesen und dargestellt (siehe Bild 14.31 auf der nächsten Seite).

Im Vergleich zu Bild 14.30 zeigt Bild 14.32 Zahlen, die eingelesen wurden, ohne die Ländereinstellung zuvor zu verändern. Sie können feststellen, daß beispielsweise aus der Zahl -1.20E-02 in Bild 14.31 -1,20E+05 wurde. Andere Zahlen, wie die Zahl in Zelle A3, wurden nicht als Zahl, sondern als Text (linksbündig) eingelesen.

Kapitel 14 Datenaustausch

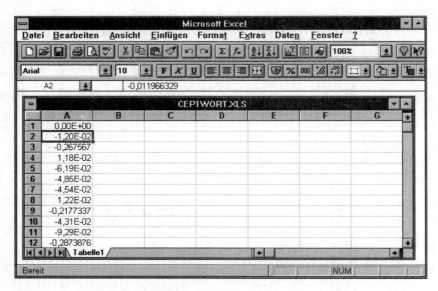

Bild 14.31: *Richtig angezeigte Daten*

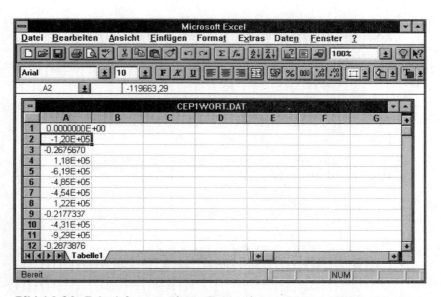

Bild 14.32: *Falsch interpretierte Zahlen in englischem Zahlenformat*

Tabellenfunktionen A

Dieser Anhang enthält ein vollständiges Verzeichnis aller Tabellenfunktionen von Excel.

Aufgeführt sind hier auch die Funktionen des Analyse-Add-Ins. Diese Funktionen stehen nur zur Verfügung, wenn im ADD-IN-MANAGER im Menü EXTRAS das Analyse-Add-In angewählt ist.

ABRUNDEN(Zahl;Anzahl_Stellen) rundet die Zahl auf die angegebene Anzahl an Dezimalstellen ab.

ABS(Zahl) gibt den absoluten Wert der Zahl zurück, d.h. die Zahl ohne Vorzeichen.

Achsenabschnitt(Y_Werte;X_Werte) gibt den Schnittpunkt einer Regressionsgeraden mit der Y-Achse aus.

ADRESSE(Zeile;Spalte;Abs;A1;Tabellenname) liefert als Ergebnis einen Textbezug zu einer einzelnen Zelle in einer Tabelle.

AMORDEGRK(Kosten;Datum;Erste_Periode;Restwert;Periode; Rate;Basis) berechnet den Abschreibungsbetrag eines Anlagegutes für eine Abrechnungsperiode, wobei die Nutzungsdauer mit einfließt (französisches Buchführungssystem).

AMORLINEARK(Kosten;Datum;Erste_Periode;Restwert;Periode; Rate;Basis) berechnet den Abschreibungsbetrag eines Anlagegutes für eine Abrechnungsperiode, wobei die Nutzungsdauer nicht berücksichtigt wird (französisches Buchführungssystem).

ANZAHL(Wert1;Wert2;...) zählt die Werte, Nullen, Wahrheitswerte, Datumsangaben oder Zahlen in Textform.

ANZAHL2(Wert1;Wert2;...) zählt die Anzahl der Werte in der Argumentenliste, die keine leeren Werte sind.

ANZAHLLEEREZELLEN(Bereich) bestimmt die Anzahl leerer Zellen des ausgewählten Bereichs.

ARBEITSTAG(Ausgangsdatum;Tage;Freie_Tage) gibt die fortlaufende Zahl des Datums an, das um die ausgewählte Anzahl an Arbeitstagen vor (negativer Wert) oder hinter (positiver Wert) dem Ausgangsdatum liegt. Ferien und Feiertage werden berücksichtigt.

ARCCOS(Zahl) gibt als Ergebnis den Arkuskosinus von Zahl aus.

ARCCOSHYP(Zahl) liefert als Ergebnis den umgekehrten hyperbolischen Kosinus der Zahl.

ARCSIN(Zahl) liefert als Ergebnis den Arkussinus der Zahl.

ARCSINHYP(Zahl) liefert als Ergebnis den umgekehrten hyperbolischen Sinus der Zahl.

ARCTAN(Zahl) liefert als Ergebnis den Arkustangens der Zahl.

ARCTAN2(x_Koordinate;y_Koordinate) liefert als Ergebnis den Arkustangens des Punktes mit der angegebenen x- und y-Koordinate.

ARCTANHYP(Zahl) liefert als Ergebnis den umgekehrten hyperbolischen Tangens der Zahl.

AUFGELZINS(Emission;Erster_Zinstermin;Abrechnung;Nominalzins;Nennwert;Häufigkeit;Basis) berechnet die Stückzinsen eines Wertpapieres mit periodischer Zinszahlung (v.a. US-Geldmarkt).

AUFGELZINSF(Emission;Abrechnung;Nominalzins;Nennwert; Basis) berechnet die jährlich anfallenden Stückzinsen eines Wertpapieres (v.a. US-Geldmarkt).

AUFRUFEN(Modul;Prozedur;Datentyp;Argument1;...) ruft eine Prozedur in einer DLL (Dynamik Link Library) oder Coderessource auf. Die Coderessource kann gleichzeitig angemeldet (registriert) und aufgerufen werden.

AUFRUFEN(Registrier;Argument1;...) ruft eine Prozedur in einer bereits angemeldeten (registrierten) Coderessource (oder DLL) auf, bei der auf Argumente der Funktion REGISTER zurückgegriffen wird.

Aufrunden(Zahl;Anzahl_Stellen) rundet die Zahl auf die angegebene Anzahl an Dezimalstellen auf.

AUSZAHLUNG(Abrechnung;Fälligkeit;Anlage;Disagio;Basis) berechnet den Auszahlungsbetrag eines voll investierten Wertpapieres zum Fälligkeitstermin.

BASIS(Zahl;Neue_Basis;Genauigkeit) ergibt eine Zahl zu einer anderen Basis als 10.

BEREICHE(Bezug) liefert als Ergebnis die Anzahl der im Bezug enthaltenen Bereiche.

BEREICH.VERSCHIEBEN(Bezug;Zeilen;Spalten;Höhe;Breite) bestimmt als Ergebnis den Bezug eines um einen gegebenen Bezug verschobenen Bereichs.

BESSELI(x;n) ermittelt den Wert der modifizierten Besselfunktion In(x).

BESSELJ(x;n) ermittelt den Wert der Besselfunktion Jn(x).

BESSELK(x;n) ermittelt den Wert der modifizierten Besselfunktion Kn(x).

BESSELY(x;n) ermittelt den Wert der Besselfunktion Yn(x) (= Webersche Funktion, Neumannsche Funktion).

BESTIMMTHEITSMASS(Y_Werte;X_Werte) gibt die Güte der Anpassung an und entspricht dem Quadrat des Korrelationskoeffizienten (r^2).

BETAINV(Wahrsch;Alpha;Beta;A;B) ermittelt die Quantile der Betaverteilung mittels Iteration.

BETAVERT(x;Alpha;Beta;A;B) ermittelt Werte der Verteilungsfunktion einer betaverteilten Zufallsvariablen.

BININDEZ(Zahl) wandelt die angegebene binäre Zahl in eine dezimale Zahl um (Ggs. zu DEZINBIN).

BININHEX(Zahl) wandelt die angegebene binäre Zahl in eine hexadezimale Zahl um (Ggs. zu HEXINBIN).

BININOKT(Zahl) wandelt die angegebene binäre Zahl in eine oktale Zahl um (Ggs. zu OKTINBIN).

BINOMVERT(Zahl_Erfolge;Versuche;Erfolgswahrsch;Kumuliert) bestimmt die Wahrscheinlichkeiten einer binominalverteilten Zufallsvariablen.

BRTEILJAHRE(Ausgangsdatum;Enddatum;Basis) gibt die Zeitspanne zwischen zwei Tagesdaten in Bruchteilen von Jahren aus.

BW(Zins;Zzr;Rmz;Zw;F) liefert als Ergebnis den Barwert einer Investition bei vorgegebenen Werten für den Jahreszins (Zins), die Zahlungszeiträumen (Zzr), Ratenmonatszahlungen (Rmz), zukünftigem Wert (Zw) und Fälligkeit (F).

CHIINV(Wahrsch;Freiheitsgrade) ermittelt die Quantile der Chi-Quadrat-Verteilung mittels Iteration.

CHITEST(Beob_Meßwerte;Erwart_Werte) führt einen Chi-Quadrattest durch, wobei die Summe der Differenzen zwischen beobachteten und erwarteten Werten ermittelt werden.

CHIVERT(x;Freiheitsgrade) liefert Werte der Verteilungsfunktion (1-Alpha) einer Chi-Quadrat-verteilten Zufallsgröße.

CODE(Text) liefert als Ergebnis den ASCII-Code des ersten Zeichens im Text.

COS(Zahl) berechnet den Kosinus des angegebenen Winkels.

COSHYP(Zahl) berechnet den Hyperbelkosinus des angegebenen Winkels.

DATUM(Jahr;Monat;Tag) wandelt das angegebene Datum in die entsprechende serielle Zahl um.

DATWERT(Datumstext) wandelt das Argument Datumstext in die entsprechende serielle Zahl um.

DBANZAHL(Datenbank;Datenbankfeld;Suchkriterien) liefert als Ergebnis die Anzahl der Datenbankfelder, die Zahlen enthalten und den eingegebenen Suchkriterien entsprechen.

DBANZAHL2(Datenbank;Datenbankfeld;Suchkriterien) zählt die nichtleeren Zellen in einer ausgewählten Datenbank, die den Suchkriterien entsprechen.

DBAUSZUG(Datenbank;Datenbankfeld;Suchkriterien) ermittelt aus einer Datenbank einen einzelnen Datensatz, der mit den Suchkriterien übereinstimmt.

DBMAX(Datenbank;Datenbankfeld;Suchkriterien) liefert als Ergebnis den größten Wert aus den Datensätzen, die mit den Suchkriterien übereinstimmen.

DBMIN(Datenbank;Datenbankfeld;Suchkriterien) liefert als Ergebnis den kleinsten Wert aus den Datensätzen, die mit den Suchkriterien übereinstimmen.

DBMITTELWERT(Datenbank;Datenbankfeld;Suchkriterien) liefert als Ergebnis den Mittelwert der Datensätze, die mit den Suchkriterien übereinstimmen.

DBPRODUKT(Datenbank;Datenbankfeld;Suchkriterien) multipliziert die Werte in einem bestimmten Feld von Datensätzen, die mit den Suchkriterien übereinstimmen.

DBSTDABW(Datenbank;Datenbankfeld;Suchkriterien) schätzt die Standardabweichung aus einer Stichprobe auf Basis der ausgewählten Datenbankinhalte.

DBSTDABWN(Datenbank;Datenbankfeld;Suchkriterien) berechnet die Standardabweichung einer Grundgesamtheit auf Basis der ausgewählten Datenbankinhalte.

DBSUMME(Datenbank;Datenbankfeld;Suchkriterien) addiert Zahlen in einer Datenbank, die mit den Suchkriterien übereinstimmen.

DBVARIANZ(Datenbank,Datenbankfeld;Suchkriterien) schätzt die Varianz aus einer Stichprobe auf Basis der ausgewählten Datenbankinhalte.

DBVARIANZEN(Datenbank;Datenbankfeld;Suchkriterien) berechnet die Varianz einer vollständigen Grundgesamtheit auf Basis der ausgewählten Datenbankinhalte.

DELTA(Zahl1;Zahl2) prüft , ob zwei Werte gleich sind.

DEZINBIN(Zahl;Stellen) wandelt die angegebene Dezimalzahl in eine binäre Zahl um (Ggs. zu BININDEZ).

DEZINHEX(Zahl;Stellen) wandelt die angegebene Dezimalzahl in eine hexadezimale Zahl um (Ggs. zu HEXINDEZ).

DEZINOKT(Zahl;Stellen) wandelt die angegebene Dezimalzahl in eine oktale Zahl um (Ggs. zu OKTINDEZ).

DIA(Ansch_Wert;Restwert;Nutzungsdauer;Zr) liefert als Ergebnis den Wert der arithmetisch-degressiven Abschreibung für ein Anlageobjekt in einem bestimmten Zeitraum.

DISAGIO(Abrechnung;Fälligkeit;Kurs;Rückzahlung;Basis) errechnet den prozentualen Abschlag (Disagio) eines Wertpapiers.

DM(Zahl;Dezimalstellen) wandelt eine Zahl in Text (DM-Format) um und rundet auf die angegebene Anzahl von Dezimalstellen auf bzw. ab.

DURATION(Abrechnung;Fälligkeit;Nominalzins;Rendite;Häufigkeit;Basis) berechnet die Macauley-Duration eines Wertpapieres. Sie sagt etwas über die Abhängigkeit des Kurswertes von der Rendite aus.

EDATE(Ausgangsdatum;Monate) gibt die laufende Zahl des Datums aus, das um die ausgewählte Anzahl an Monaten vor oder hinter dem Ausgangsdatum liegt.

EFFEKTIV(Nominalzins;Perioden) errechnet die jährliche Effektivverzinsung.

ERFC(Untere_Grenze) stellt das Komplement zur Gauß'schen Fehlerfunktion dar.

ERSETZEN(Alter_Text;Erstes_Zeichen;Anzahl_Zeichen;Neuer_Text) ersetzt Zeichen in einem Text ab der angegebenen Position durch Neuer_Text.

EXP(Zahl) liefert die Potenz der angegebenen Zahl zur Basis e.

EXPONVERT(x;Lambda;Kumuliert) berechnet die Wahrscheinlichkeiten einer exponentialverteilten Zufallsvariablen.

FAKULTÄT(Zahl) berechnet die Fakultät der angegebenen Zahl.

FALSCH() liefert als Ergebnis den Wahrheitswert FALSCH.

FEHLER.TYP(Fehlerwert) zeigt den Fehlertyp an, der dem in Microsoft Excel definierten Fehlerwert entspricht.

FEST(Zahl;Dezimalstellen;Keine_Punkte) rundet eine Zahl mit der angegebenen Anzahl von Dezimalstellen auf bzw. ab und gibt sie als Text aus.

FINDEN(Suchtext;Text;Erstes_Zeichen) sucht innerhalb des Textes nach dem Suchtext (Groß-/Kleinschreibung wird unterschieden).

FINV(Wahrsch;Freiheitsgrade1;Freiheitsgrade2) ermittelt die Quantile (Verteilung) der F-Verteilung, wobei die Streuungen zweier normalverteilten Grundgesamtheiten verglichen werden.

FISHER(x) führt die Fisher-Transformation aus.

FISHERINV(y) kehrt die Fisher-Transformation um.

FTEST(Matrix1;Matrix2) führt den F-Test (=Varianzquotiententest) durch. Hierbei wird geprüft, ob zwischen den Varianzen zweier Stichproben signifikante Unterschiede bestehen.

FVERT(x;Freiheitsgrade1;Freiheitsgrade2) berechnet die Werte der Verteilungsfunktion (1-Alpha) einer F-verteilten Zufallsvariablen.

GAMMAINV(Wahrsch;Alpha;Beta) ermittelt die Quantile der Gammaverteilung.

GAMMALN(x) gibt den natürlichen Logarithmus der Gammafunktion $\gamma(x)$ aus.

GANZZAHL(Zahl) rundet eine Zahl auf die nächste ganze Zahl ab.

GDA(Ansch_Wert;Restwert;Nutzungsdauer;Periode;Faktor) liefert als Ergebnis den Abschreibungswert eines Anlageobjektes nach der degressiven Doppelraten-Abschreibung für einen bestimmten Zeitabschnitt.

GDA2(Ansch_Wert;Restwert;Nutzungsdauer;Periode;Monate) liefert als Ergebnis den Abschreibungswert eines Anlageobjektes nach der geometrisch degressiven Abschreibung für einen bestimmten Zeitabschnitt.

GEOMITTEL(Zahl1;Zahl2;...) berechnet das geometrische Mittel.

GERADE(Zahl) rundet eine Zahl auf die nächste gerade ganze Zahl auf.

GESTUTZTMITTEL(Matrix;Prozent) berechnet den Mittelwert einer Datengruppe, deren Ausreißer ausgeschlossen werden.

GGANZZAHL(Zahl;Schritt) gibt an, ob eine Zahl größer als der angegebene Schwellenwert (Schritt) ist.

GGT(Zahl1;Zahl2;...) gibt den größten gemeinsamen Nenner von zwei oder mehreren Zahlen aus.

GLÄTTEN(Text) löscht überflüssige Leerzeichen aus dem Text.

GRAD(Winkel) konvertiert Winkelangaben in Radiant (Bogenmaß) in Grad.

GROSS(Text) wandelt den Text in Großbuchstaben um.

GROSS2(Text) wandelt den Text in Text mit großen Anfangsbuchstaben um.

GTEST(Matrix;x;Sigma) schätzt mit Hilfe des Gaußtests, ob die Daten normalverteilt sind.

HARMITTEL(Zahl1;Zahl2;...) ermittelt das harmonische Mittel.

HÄUFIGKEIT(Daten;Klassen) ergibt die Häufigkeitsverteilung für eine Matrix.

HEUTE() gibt das heutige Datum als serielle Zahl zurück.

HEXINBIN(Zahl;Stellen) wandelt die angegebene hexadezimale Zahl in eine binäre Zahl um (Ggs. zu BININHEX).

HEXINDEZ(Zahl) wandelt die angegebene hexadezimale Zahl in eine Dezimalzahl um (Ggs. zu DEZINHEX).

HEXINOKT(Zahl;Stellen) wandelt die angegebene hexadezimale Zahl in eine oktale Zahl um (Ggs. zu OKTINHEX).

HYPGEOMVERT(Erfolge_S;Umfang_S;Erfolge_G;Umfang_G) bestimmt die Wahrscheinlichkeiten einer hypergeometrischverteilten Zufallsvariablen.

IDENTISCH(Text1;Text2) prüft, ob zwei Zeichenketten identisch sind. Gibt dann WAHR aus, wenn sie gleich sind, ansonsten FALSCH. Hierbei wird die Groß- bzw. Kleinschreibung unterschieden.

IKV(Werte;Schätzwert) die Funktion »Interne Kapitalverzinsung« liefert als Ergebnis den internen Zinsfuß einer Investition ohne Berücksichtigung von Finanzierungskosten und Reinvestitionsgewinnen.

IMABS(Komplexe_Zahl) gibt den Absolutwert (Modul) einer komplexen Zahl aus.

IMAGINÄRTEIL(Komplexe_Zahl) ermittelt den Imaginärteil einer komplexen Zahl, die als Zeichenfolge vorliegt.

IMAPOTENZ(Komplexe_Zahl;Potenz) potenziert eine als Zeichenfolge vorliegende komplexe Zahl mit einer ganzen Zahl.

IMARGUMENT(Komplexe_Zahl) ermittelt den im Bogenmaß vorliegenden Winkel zur Darstellung der komplexen Zahl in trigonomischer Schreibweise.

IMCOS(Komplexe_Zahl) errechnet den Kosinus der angegebenen komplexen Zahl.

IMDIV(Komplexe_Zahl1;Komplexe_Zahl2) errechnet den Quotienten zweier komplexer Zahlen.

IMEXP(Komplexe_Zahl) wandelt die in exponentieller Form vorliegende komplexe Zahl in eine algebraische Form um.

IMKONJUGIERTE(Komplexe_Zahl) fügt zur angegebenen komplexen Zahl deren konjugiert komplexe Zahl hinzu.

IMLN(Komplexe_Zahl) berechnet den natürlichen Logarithmus der angegebenen komplexen Zahl.

IMLOG10(Komplexe_Zahl) berechnet den Zehnerlogarithmus der angegebenen komplexen Zahl.

IMLOG2(Komplexe_Zahl) berechnet den Zweierlogarithmus der angegebenen komplexen Zahl.

IMPRODUKT(Komplexe_Zahl1;Komplexe_Zahl2) multipliziert zwei komplexe Zahlen.

IMREALTEIL(Komplexe_Zahl) wandelt die angegebene komplexe Zahl in eine reelle Zahl (Realteil) um.

IMSIN(Komplexe_Zahl) berechnet den Sinus der angegebenen komplexen Zahl.

IMSUB(Komplexe_Zahl1;Komplexe_Zahl2) subtrahiert zwei komplexe Zahlen voneinander.

IMSUMME(Komplexe_Zahl1;Komplexe_Zahl2;...) addiert zwei oder mehrere komplexe Zahlen.

IMWURZEL(Komplexe_Zahl) berechnet die Quadratwurzel der angegebenen komplexen Zahl.

INDEX(Bezug;Zeile;Spalte;Bereich) liefert den Index am Schnittpunkt der angegebenen Zeile mit der angegebenen Spalte.

INDEX(Matrix;Zeile;Spalte) liefert den Index am Schnittpunkt der angegebenen Zeile mit der angegebenen Spalte in der angegebenen Matrix.

INDIREKT(Bezug;A1) liefert als Ergebnis einen Bezug, der durch einen Textwert angezeigt ist.

INFO(Typ) liefert als Ergebnis Informationen über die gegenwärtige Arbeitsumgebung.

ISTBEZUG(Wert) liefert als Ergebnis WAHR, wenn der Wert sich auf einen Bezug bezieht.

ISTFEHL(Wert) liefert als Ergebnis WAHR, wenn der Wert ein beliebiger Fehlerwert außer #NV ist.

ISTFEHLER(Wert) liefert als Ergebnis WAHR, wenn der Wert ein beliebiger Fehlerwert ist.

ISTGERADE(Wert) liefert als Ergebnis WAHR, wenn der angegebene Wert eine gerade Zahl ist.

ISTKTEXT(Wert) liefert als Ergebnis WAHR, wenn der Wert kein Text ist.

ISTLEER(Wert) liefert als Ergebnis WAHR, wenn der Wert auf ein leeres Feld verweist.

ISTLOG(Wert) liefert als Ergebnis WAHR, wenn der Wert auf einen Wahrheitswert verweist.

ISTNV(Wert) liefert als Ergebnis WAHR, wenn der Wert der Fehlerwert #NV ist.

ISTTEXT(Wert) liefert als Ergebnis WAHR, wenn der Wert Text ist.

ISTUNGERADE(Wert) liefert als Ergebnis WAHR, wenn der angegebene Wert eine ungerade Zahl ist.

ISTZAHL(Wert) liefert als Ergebnis WAHR, wenn der Wert eine Zahl ist.

JAHR(Zahl) wandelt eine serielle Zahl in die entsprechende Jahresangabe um.

JETZT() wandelt das Tagesdatum und die aktuelle Zeit in die entsprechende serielle Zahl um.

KAPZ(Zins;Zr;Zzr;Bw;Zw;F) liefert als Ergebnis den Betrag der Zahlung auf das Kapital für eine Investition in einem gegebenen Zeitraum bei vorgegebenen Werten für den Jahreszins (Zins), einen Zahlungsraum (Zr), Zahlungszeiträume (Zzr), Barwert (Bw), zukünftigen Wert (Zw) und die Fälligkeit (F).

KGRÖSSTE(Matrix;k) sucht den k-größten Wert aus einer Matrix oder Datenmenge heraus.

KGV(Zahl1;Zahl2;...) berechnet das kleinste, gemeinsame Vielfache der angegebenen Zahlen.

KKLEINSTE(Matrix;k) sucht den k-kleinsten Wert aus einer Matrix oder Datenmenge heraus.

KLEIN(Text) wandelt den Text in Kleinbuchstaben um.

KOMBINATIONEN(n;k) ermittelt die Anzahl der Kombinationen von k Elementen aus einer Menge von n Elementen (ohne Wiederholungen).

KOMPLEXE(Realteil;Imaginalteil;Suffix) wandelt die reelle (Realteil) und imaginäre Zahl (Imaginalteil) in eine komplexe Zahl um.

KONFIDENZ(Alpha;Standabwn;Umfang_S) berechnet das Konfidenzintervall für den Erwartungswert einer Zufallsvariablen.

KORREL(Matrix1;Matrix2) berechnet den Korrelationskoeffizient zweier Matrizen.

KOVAR(Matrix1;Matrix2) berechnet die Kovarianz zweier Matrizen.

KRITBINOM(Versuche;Erfolgswahrsch;Alpha) gibt den kleinsten Wert aus, für den die kumulierten Wahrscheinlichkeiten der Binominalverteilung größer oder gleich einer Grenzwahrscheinlichkeit sind.

KUMKAPITAL(Zins;Zzr;Bw;Zeitraum_Anfang;Zeitraum_Ende;F) berechnet die Tilgung eines Darlehens, die innerhalb eines angegebenen Zeitraumes anfällt.

KUMZINSZ(Zins;Zzr;Bw;Zeitraum_Anfang;Zeitraum_Ende;F) berechnet die Zinsen eines Darlehens, die innerhalb eines angegebenen Zeitraumes anfallen.

KURS(Abrechnung;Fälligkeit;Zins;Rendite;Rückzahlung;Häufigkeit;Basis) berechnet den Kurs eines Wertpapieres mit periodischer Zinszahlung pro 100 DM Nennwert.

KURSDISAGIO(Abrechnung;Fälligkeit;Disagio;Rückzahlung;Basis) berechnet den Kurs eines unverzinslichen Wertpapieres pro 100 DM Nennwert.

KURSFÄLLIG(Abrechnung;Fälligkeit;Emission;Zins;Rendite;Basis) berechnet den Kurs eines verzinslichen Wertpapieres pro 100 DM Nennwert.

KÜRZEN(Zahl;Anzahl_Stellen) liefert den ganzzahligen Teil einer Zahl. Ist für Anzahl_Stellen nichts angegeben, wird Null benutzt.

LÄNGE(Text) liefert als Ergebnis die Anzahl der Zeichen von »Text«.

LIA(Ansch_Wert;Restwert;Nutzungsdauer) liefert als Ergebnis den Wert der linearen Abschreibung für ein Anlageprojekt.

LINKS(Text;Anzahl_Zeichen) entnimmt dem Text die am weitesten links stehenden Zeichen.

LN(Zahl) berechnet den natürlichen Logarithmus von Zahl.

LOG(Zahl;Basis) liefert als Ergebnis den Logarithmus von »Zahl« zu einer angegebenen beliebigen Basis.

LOG10(Zahl) liefert als Ergebnis den Zehnerlogarithmus von »Zahl«.

LOGINV(Wahrsch;Mittelwert;Standabwn) ist die Umkehrfunktion der logarithmischen Normalverteilung.

LOGNORMVERT(x;Mittelwert;Standabwn) gibt Werte der Verteilungsfunktion einer Zufallsvariablen zurück, deren Daten normalverteilt sind und logarithmisch transformiert wurden.

MAX(Zahl1;Zahl2;...) liefert als Ergebnis den größten Wert in der Argumentenliste.

MDET(Matrix) berechnet die Determinante der angegebenen Matrix.

MDURATION(Abrechnung;Fälligkeit;Nominalzins;Rendite;Häufigkeit;Basis) berechnet die modifizierte Macauley-Duration eines festverzinslichen Wertpapiers.

MEDIAN(Zahl1;Zahl2;...) liefert als Ergebnis den Median der Zahlen, d.h. die mittlerste eines Zahlensatzes. Liegt ein Zahlensatz mit einer geraden Anzahl von Zahlen vor, so wird der Mittelwert dieser beiden Zahlen berechnet.

MIN(Zahl1;Zahl2;...) liefert als Ergebnis den kleinsten Wert in der Argumentenliste.

MINUTE(Zahl) wandelt die serielle Zahl in die entsprechende Minutenangabe um.

MINV(Matrix) berechnet die Inverse der Matrix.

MITTELABW(Zahl1;Zahl2;...) berechnet die durchschnittliche, absolute Abweichung vom Mittelwert einer Datengruppe.

MITTELWERT(Zahl1;Zahl2) berechnet den Mittelwert aller Argumente.

MMULT(Matrixl;Matrix2) liefert als Ergebnis das Produkt zweier Matrizen.

MODALWERT(Zahl1;Zahl2;...) berechnet den in einer Beobachtungsreihe am häufigsten auftretenden Wert.

MONAT(Zahl) wandelt die serielle Zahl in den entsprechenden Monat um.

MONATSENDE(Ausgangsdatum;Monate) bestimmt den letzten Tag im Monat, der um die angegebene Anzahl an Monaten vor oder hinter dem Ausgangsdatum liegt.

MTRANS(Matrix) berechnet die transponierte Matrix.

N(Wert) liefert als Ergebnis den numerischen Wert der Zelle.

NBW(Zins;Wert1;Wert2;...) liefert als Ergebnis den Nettobarwert (Kapitalwert) der Werte, basierend auf Cash-flows, die nicht konstant sein müssen.

NEGBINOMVERT(Zahl_Mißerfolge;Zahl_Erfolge;Erfolgswahrsch) errechnet die Wahrscheinlichkeit einer negativ binominalverteilten Zufallsvariablen.

NETTOARBEITSTAGE(Ausgangsdatum;Enddatum;Freie_Tage) zählt die Nettoarbeitstage innerhalb einer vorgegebenen Zeitspanne.

NICHT(Wahrheitswert) liefert als Ergebnis den Wahrheitswert WAHR, wenn der Wahrheitswert FALSCH ist und umgekehrt.

NOMINAL(Effektiver_Zins;Perioden) gibt die jährliche Nominalverzinsung zurück.

NORMINV(Wahrsch;Mittelwert;Standabwn) ermittelt die Quantile der Nominalverteilung mittels Iteration.

NORMVERT(x;Mittelwert;Standabwn;Kumuliert) ermittelt die Wahrscheinlichkeit einer normalverteilten Zufallsvariablen.

NOTIERUNGBRU(Zahl;Teiler) konvertiert DM-Beträge von einer Dezimalzahl in einen Dezimalbruch (v.a. US-Geldmarkt).

NOTIERUNGDEZ(Zahl;Teiler) konvertiert DM-Beträge von einem Dezimalbruch in eine Dezimalzahl (v.a. US-Geldmarkt).

NV() liefert als Ergebnis den Fehlerwert #NV.

OBERGRENZE(Zahl;Schritt) rundet die Zahl auf das nächste Vielfache des angegebenen Wertes (Schritt) auf.

ODER(Wahrheitswert1;Wahrheitswert2;...) liefert als Ergebnis den Wahrheitswert WAHR, wenn eines oder mehrere Argumente WAHR sind; liefert FALSCH, wenn alle Argumente FALSCH sind.

OKTINBIN(Zahl;Stellen) wandelt die angegebene oktale Zahl in eine binäre Zahl um (Ggs. zu BININOKT).

OKTINDEZ(Zahl) wandelt die angegebene oktale Zahl in eine Dezimalzahl um (Ggs. zu DEZNINOKT).

OKTINHEX(Zahl;Stellen) wandelt die angegebene oktale Zahl in eine hexadezimal Zahl um (Ggs. zu HEXINOKT).

PEARSON(Matrix1;Matrix2) errechnet den Pearson'schen Korrelationskoeffizienten r.

PI()   die Konstante pi=3,14159 wird mit einer Genauigkeit von 15 Stellen ausgegeben.

POISSON(x;Mittelwert;Kumuliert)   ermittelt die Wahrscheinlichkeit einer poissonverteilten Zufallsvariablen.

POLYNOMINAL(Zahl1;Zahl2;...)   berechnet den Polynominalkoeffizienten für die angegebenen Zahlen.

POTENZ(Zahl;Potenz)   potenziert die angegebene Basis mit ausgewähltem Exponenten.

POTENZREIHE(x;n;m;Koeffizienten)   addiert Potenzen.

PRODUKT(Zahl1;Zahl2;...)   multipliziert die Argumente, solange es sich dabei nicht um Fehlerwerte oder Text handelt.

QIKV(Werte;Investition;Reinvestition)   liefert als Ergebnis den qualifizierten internen Kapitalverzinsungssatz der Werte.

QUADRATSUMME(Zahl1;Zahl2;...)   summiert die Quadrate der übergebenen Zahlen.

QUANTIL(Matrix;Alpha)   bestimmt das Alpha-Quantil der Matrix.

QUANTILSRANG(Matrix;x;Genauigkeit)   bestimmt den prozentualen Rang eines Wertes (relative Position in der Matrix).

QUARTILE(Matrix;Quartil)   bestimmt verschiedene Quartile einer Matrix oder eines Zellbereiches.

QUOTIENT(Zähler;Nenner)   liefert das ganzzahlige Ergebnis einer Division (ohne Nachkommastellen).

RADIANT(Winkel)   konvertiert Winkelangaben in Grad in Radiant (Bogenmaß).

RANG(Zahl;Bezug;Reihenfolge)   ergibt den Rang einer Zahl in einer Liste von Werten.

RECHTS(Text;Anzahl_Zeichen)   entnimmt dem Text die am weitesten rechts stehenden Zeichen.

REGISTER:KENNUMMER(Modul;Prozedur;Datentyp) liefert die Registrierkennung der angegebenen dynamic link library (DLL, Modul) bzw. der Coderessource.

RENDITE(Abrechnung;Fälligkeit;Zins;Kurs;Rückzahlung;Häufigkeit;Basis) berechnet die Rendite von Wertpapieren, bei denen periodisch Zinsen ausgezahlt werden (Anleihen und Obligationen).

RENDITEDIS(Abrechnung;Fälligkeit;Kurs;Rückzahlung;Basis) berechnet für unverzinsliche Wertpapiere die jährliche Rendite.

RENDITEFÄLL(Abrechnung;Fälligkeit;Emission;Zins;Kurs;Basis) berechnet die jährliche Rendite eines Wertpapiers, bei dem die Zinsen am Fälligkeitsdatum ausgezahlt werden.

REST(Zahl;Divisor) gibt den Rest an, der bei der Division der Zahl durch den Divisor übrig bleibt.

RGP(Y_Werte;X_Werte;Konstante;Stats) liefert als Ergebnis die Parameter der Geraden unter Verwendung der Methode der kleinsten Quadrate.

RKP(Y_Werte;X_Werte;Konstante;Stats) liefert als Ergebnis die Parameter einer Exponentialkurve.

RMZ(Zins;Zzr;Bw;Zw;F) liefert als Ergebnis den Betrag der Ratenmonatszahlungen für eine Investition bei vorgegebenen Werten für den Jahreszins (Zins), Zahlungszeiträume (Zzr), Barwert (Bw), zukünfigen Wert (Zw) und Fälligkeit (F).

RÖMISCH(Zahl;Typ) wandelt eine arabische Zahl in eine römische Zahl im Textformat um.

RUNDEN(Zahl;Anzahl_Stellen) rundet die Zahl auf die durch »Anzahl_Stellen« angegebene Stellenzahl auf oder ab, wenn »Anzahl_Stellen« größer oder gleich Null ist. Ist »Anzahl_Stellen« kleiner Null, wird die Zahl links vom Komma auf die angegebene Zahl von Zehnerstellen gerundet.

SÄUBERN(Text) löscht alle Steuerzeichen aus dem Text.

SCHÄTZER(x;Y_Werte;X_Werte) ermittelt anhand einer linearen Regression einen Vorhersagewert für x.

SCHIEFE(Zahl1;Zahl2;...) gibt ein Maß für die Asymmetrie einer eingipfligen Häufigkeitsverteilung um ihren Mittelwert zurück.

SEKUNDE(Serielle_Zahl) wandelt die serielle Zahl in die entsprechende Sekunde um.

SIN(Winkel) berechnet den Sinus des angegebenen Winkels.

SINHYP(Winkel) liefert als Ergebnis den hyperbolischen Sinus des Winkels.

SPALTE(Bezug) liefert als Ergebnis die Spaltennummer des angegebenen Bezugs.

SPALTEN(Matrix) liefert als Ergebnis die Anzahl der Spaltennummern in einer Matrix.

SQLREQUEST(Verbindungszeichenfolge;Bezug für Ausgabe;Dialogfeld_Treiber;Abfrageanweisung;Mit_Spaltennamen) stellt eine Verbindung zu einer externen Datenquelle her und führt eine SQL-Abfrage aus.

STABW(Zahl1;Zahl2;...) ermittelt durch Schätzung die Standardabweichung auf Basis einer Stichprobe.

STABWN(Zahl1;Zahl2;...) liefert als Ergebnis die Standardabweichung auf Basis einer vollständigen Grundgesamtheit.

STANDARDISIERUNG(x;Mittelwert;Standabwn) berechnet den standardisierten Wert von x bei einer Verteilung, die durch den Mittelwert und die Standardabweichung beschrieben wird.

STANDNORMINV(Wahrsch) ermittelt die Quantile der Standardnormalverteilung mittels Iteration.

STANDNORMVERT(z) berechnet für den Wert der Verteilung (Quantil z) den Wert der Standardnormalverteilung.

STEIGUNG(Y_Werte;X_Werte) gibt die Steigung der Regressionsgeraden an, die an abhängige (Y_Werte) und unabhängige (X_Werte) Werte angepaßt ist.

STFEHLERYX(X_Werte;Y_Werte) ermittelt den Standardfehler einer Regression als Maß für den Prognosefehler.

STUNDE(Serielle_Zahl) wandelt die serielle Zahl in die entsprechende Stundenangabe um.

SUCHEN(Suchtext;Text;Beginn) sucht innerhalb des Textes nach dem Suchtext (Groß-/Kleinschreibung wird nicht unterschieden).

SUMME(Zahl1,Zahl2;...) addiert die Argumente in der Argumentliste.

SUMMENPRODUKT(Matrix1;Matrix2 ;...) multipliziert korrespondierende Elemente in den gegebenen Matrizen und liefert als Ergebnis die Summe dieser Produkte.

SUMMEWENN(Bereich;Suchkriterien;Summe_Bereich) bildet die Summe aller Zahlen eines Bereichs, für die das Suchkriterium zutrifft.

SUMMEX2MY2(Matrix_x;Matrix_y) bildet für zusammengehörige Komponenten zweier Matrizen oder Wertebereiche die Summe der Differenzen der Quadrate.

SUMMEX2PY2(Matrix_x;Matrix_y) bildet für zusammengehörige Komponenten zweier Matrizen oder Wertebereiche die Summe der Quadratsummen.

SUMMEXMY2(Matrix_x;Matrix_y) bildet für zusammengehörige Komponenten zweier Matrizen oder Wertebereiche die Summe der quadrierten Differenzen.

SUMQUADABW(Zahl1;Zahl2;...) berechnet die Summe der quadratischen Abweichungen von Datenpunkten von deren Mittelwert.

SVERWEIS(Suchkriterium;Matrix;Spaltenindex;Bereich_Verweis) sucht in der ersten Spalte der Matrix und bewegt sich durch die Zeilen, um den Wert der Zelle wiederzugeben, die um die mit Spaltenindex angegebene Anzahl von Spalten neben dem Suchkriterium steht.

T(Wert) wandelt die Argumente in Text um.

TAG(Serielle_Zahl) wandelt die serielle Zahl in den entsprechenden Tag um.

TAGE360(Anfangsdatum;Enddatum) berechnet die Anzahl der Tage zwischen zwei Datumsangaben, basierend auf einem Jahr mit 360 Tagen.

TAN(Zahl) berechnet den Tangens des angegebenen Winkels.

TANHYP(Zahl) liefert als Ergebnis den hyperbolischen Tangens des Winkels.

TBILLÄQUIV(Abrechnung;Fälligkeit;Disagio) dient zur Umrechnung der Verzinsung eines Schatzwechsels (Treasury Bill) in die für Anleihen übliche, einfache jährliche Verzinsung.

TBILLKURS(Abrechnung;Fälligkeit;Disagio) ermittelt den Kurs eines Schatzwechsels (treasury bill) pro 100 DM Nennwert (v.a. US-Geldmarkt).

TBILLRENDITE(Abrechnung;Fälligkeit;Kurs) ermittelt die Rendite eines Schatzwechsels (treasury bill) (v.a. US-Geldmarkt).

TEIL(Text;Beginn;Anzahl_Zeichen) entnimmt dem Text eine bestimmte Anzahl von Zeichen ab der angegebenen Textstelle.

TEILERGEBNIS(Nummer_der_Funktion;Bezug1) ermittelt für einen Teil innerhalb einer Liste oder Datenbank (Bezug1) ein Teilergebnis unter Verwendung einer Funktion, die mit Nummer_der_Funktion codiert ist.

TEXT(Wert;Textformat) formatiert eine Zahl mit dem angegebenen Zahlenformat und wandelt sie in einen Text um.

TINV(Wahrsch;Freiheitsgrade) ermittelt die Quantile der t-Verteilung für die zugehörige zweiseitige Wahrscheinlichkeit (Wahrsch) bei angegebener Anzahl an Freiheitsgraden.

TREND(Bekannte_y_Werte;Bekannte_x_Werte;
Neue_x_Werte;Konstante) paßt den bekannten Werten eine Gerade an und berechnet daraus Neue_x_Werte.

TTEST(Matrix1;Matrix2;Seiten;Typ) führt verschiedene Student'sche t-Tests (Typ) zwecks Mittelwertvergleich von Stichproben durch und liefert die entsprechende Teststatistik.

TVERT(x;Freiheitsgrade;Seiten) wird statt der T-Tabelle zur Feststellung der kritischen T-Werte eingesetzt. Liefert den Wert der Verteilungsfunktion (1-Alpha) einer (Student) t-verteilten Zufallsvariablen x (ein- oder zweiseitiger Test).

TYP(Wert) liefert als Ergebnis eine Zahl, die den Datentyp des Wertes anzeigt.

UMWANDELN(Zahl;Von_Maßeinheit;In_Maßeinheit) kann eine Zahl von einer Maßeinheit in eine andere umwandeln.

UND(Wahrheitswert1;Wahrheitswert2;...) liefert als Ergebnis WAHR, wenn jedes Argument WAHR ist.

UNGERADE(Zahl) rundet die Zahl auf die nächste ungerade Zahl auf.

UNREGER.KURS(Abrechnung;Fälligkeit, Emission;Erster_Zinstermin;Zins;Rendite;Rückzahlung;Häufigkeit;Basis) ermittelt den Kaufpreis (Kaufkurs) eines festverzinslichen Wertpapiers bei gebrochener Anfangsperiode (v.a. US-Geldmarkt).

UNREGER.REND(Abrechnung;Fälligkeit, Emission;Erster_Zinstermin;Zins;Kurs;Rückzahlung;Häufigkeit;Basis) ermittelt die Rendite eines festverzinslichen Wertpapiers bei gebrochener Anfangsperiode (v.a. US-Geldmarkt).

UNREGLE.KURS(Abrechnung;Fälligkeit, Letzter_Zinstermin;Zins;Rendite;Rückzahlung;Häufigkeit;Basis) ermittelt den Kaufpreis (Kaufkurs) eines festverzinslichen Wertpapiers (pro 100 DM Nennwert) bei gebrochener letzter Kuponperiode (v.a. US-Geldmarkt).

UNREGLE.REND(Abrechnung;Fälligkeit, Letzter_Zinstermin;Zins;Kurs;Rückzahlung;Häufigkeit;Basis) ermittelt die Rendite eines festverzinslichen Wertpapiers, bei gebrochener letzter Kuponperiode (v.a. US-Geldmarkt).

UNTERGRENZE(Zahl;Schritt) rundet eine Zahl auf das betragsmäßig größte Vielfache von Schritt ab.

VARIANZ(Zahl1;Zahl2;...) ermittelt durch Schätzung die Varianz der Grundgesamtheit aus einer Stichprobe.

VARIANZEN(Zahl1;Zahl2;...) liefert als Ergebnis die Varianz einer vollständigen Grundgesamtheit.

VARIATION(Bekannte_y_Werte;Bekannte_x_Werte;Neue_x_Werte;Konstante) paßt den bekannten Werten eine Exponentialkurve an und berechnet daraus Neue_x_Werte.

VARIATIONEN(n;k) berechnet die Anzahl der Möglichkeiten, um k Elemente aus einer Menge von n Elementen zu ziehen (ohne Zurücklegen).

VDB(Kosten;Rest;Dauer;Zeitraum_Anfang;Zeitraum_Ende;Faktor;Nicht_wechseln) liefert als Ergebnis die Abschreibung eines Anlageprojekts für eine bestimmte Zeitperiode oder einen Teil einer Zeitperiode nach der geometrisch degressiven Abschreibung.

VERGLEICH(Suchkriterium;Suchmatrix;Vergleichstyp) sucht nach Werten in einem Bezug oder einer Matrix entsprechend dem Suchkriterium.

VERGLEICH2(Suchkriterium;Suchmatrix;Vergleichstyp) sucht nach Werten in einem Bezug oder einer Matrix entsprechend dem Suchkriterium. Die Funktion ist optimiert für umfangreiche sortierte Matrizen.

VERKETTEN(Text1;Text2;...) dient der Verknüpfung von Textelementen zu einer Zeichenkette.

VERWEIS(Suchkriterium;Matrix) liefert als Ergebnis einen dem Suchkriterium entsprechenden Wert in einer Matrix.

VERWEIS(Suchkriterium;Suchvektor;Ergebnisvektor) liefert als Ergebnis den dem Suchkriterium entsprechenden Wert aus einer Mehrfachoperation.

VORZEICHEN(Zahl) gibt das Vorzeichen von Zahl an. Die Funktion ist 1 bei Zahlen größer Null, 0 bei Zahlen gleich Null und -1 bei Zahlen kleiner Null.

VRUNDEN(Zahl;Vielfaches) rundet eine Zahl auf das gewünschte Vielfache.

WAHL(Index;Wert1;Wert2;...) wählt einen Wert aus einer Liste mit Werten.

WAHR liefert als Ergebnis den Wahrheitswert WAHR.

WAHRSCHBEREICH(Beob_Werte;Beob_Wahrsch;Untergrenze; Obergrenze) gibt die Wahrscheinlichkeit für ein Intervall an, welches von zwei Werten (Ober- und Untergrenze) eingeschlossen ist.

WECHSELN(Text;Alter_Text;Neuer_Text;Häufigkeit) wechselt den alten Text im Text gegen den neuen Text aus.

WEIBULL(x;Alpha;Beta;Kumuliert) berechnet die Wahrscheinlichkeit einer Weibull-verteilten Zufallsvariablen x mit den Verteilungsparametern Alpha und Beta für die Verteilungs- oder Dichtefunktion.

WENN(Wahrheitsprüfung;Dann_Wert;Sonst_Wert) liefert in Abhängigkeit der Wahrheitsprüfung einen Wert.

WERT(Text) wandelt das Textargument in eine Zahl um.

WIEDERHOLEN(Text;Multiplikator) wiederholt den Text so oft, wie mit dem Multiplikator angegeben wird.

WOCHENTAG(Serielle_Zahl) wandelt eine serielle Zahl in den entsprechenden Wochentag um.

WURZEL(Zahl) berechnet die Quadratwurzel von Zahl. Ist die Zahl negativ wird der Fehlerwert #ZAHL! ausgegeben.

WURZELPI(Zahl) berechnet die Wurzel aus der mit Pi multiplizierten Zahl.

WVERWEIS(Suchkriterium;Matrix;Zeilenindex;Bereich_Verweis) betrachtet die erste Zeile einer Matrix und bewegt sich zeilenweise nach unten, um den Wert der Zelle wiederzugeben, die um die mit Zeilenindex angegebene Anzahl von Zeilen unter dem Suchkriterium steht.

XINTZINSFUSS(Werte;Zeitpkte;Schätzwert) berechnet den interen Zinsfuß für eine Reihe von Zahlungen (Werte), die nicht periodisch (Zeitpkte) anfallen (der Startpunkt der Iteration kann als Schätzwert vorgegeben werden).

XKAPITALWERT(Zins;Werte;Zeitpkte) berechnet den Nettobarwert (Kapitalwert) für den Fall, daß die Zahlungen nicht periodisch anfallen.

ZÄHLENWENN(Bereich;Suchkriterien) gibt als Ergebnis die Anzahl der nichtleeren Zellen eines Bereiches zurück, die mit dem Suchkriterium übereinstimmen.

ZEICHEN(Zahl) liefert als Ergebnis das durch die Codezahl bestimmte Zeichen.

ZEILE(Bezug) liefert als Ergebnis die Zeilennummer im Bezug.

ZEILEN(Matrix) liefert als Ergebnis die Anzahl der Zeilen in einer Matrix.

ZEIT(Stunde;Minute;Sekunde) wandelt die Zeitangabe in die entsprechende serielle Zahl um.

ZEITWERT(Zeit) wandelt eine Zeit in Textform in die entsprechende serielle Zahl um.

ZELLE(Infotyp;Bezug) liefert als Ergebnis Informationen über Formatierung, Position oder Inhalt einer Zelle.

ZINS(Zzr;Rmz;Bw;Zw;F;Schätzwert) liefert als Ergebnis den Zinssatz einer Investition bei vorgegebenen Werten für die Zahlungszeiträume (Zzr), Ratenmonatszahlungen (Rmz), Barwert (Bw), zukünftigen Wert (Zw), Fälligkeit (F) und einem Schätzwert für den Jahreszinssatz.

ZINSSATZ(Abrechnung, Fälligkeit, Anlage;Rückzahlung;Basis) liefert den Zinssatz eines voll investierten Wertpapiers in Abhängigkeit vom Abrechnungstermin, dem Fälligkeitstermin, dem Anlagebetrag und dem zu erwartenden Rückzahlungsbetrag.

ZINSTERMNZ(Abrechnung;Fälligkeit, Häufigkeit, Basis)
berechnet das Datum des ersten Zinstermins nach dem Abrechnungstermin (v.a. US-Geldmarkt).

ZINSTERMTAGE(Abrechnung;Fälligkeit, Häufigkeit, Basis)
berechnet die Anzahl der Tage der Zinsperiode, die den Abrechnungstermin einschließt (v.a. US-Geldmarkt).

ZINSTERMTAGNZ(Abrechnung;Fälligkeit, Häufigkeit, Basis)
berechnet die Anzahl der Tage vom Abrechnungstermin bis zum nächsten Zinstermin (v.a. US-Geldmarkt).

ZINSTERMTAGVA(Abrechnung;Fälligkeit, Häufigkeit, Basis)
berechnet die Anzahl der Tage vom Anfang des Zinstermins bis zum Abrechnungstermin (v.a. US-Geldmarkt).

ZINSTERMVZ(Abrechnung;Fälligkeit, Häufigkeit, Basis)
berechnet das Datum des letzten Zinstermins vor dem Abrechnungstermin (v.a. US-Geldmarkt).

ZINSTERMZAHL(Abrechnung;Fälligkeit, Häufigkeit, Basis)
berechnet die Anzahl der Zinstermine zwischen Abrechnungs- und Fälligkeitsdatum (v.a. US-Geldmarkt).

ZINSZ(Zins;Zr;Zzr;Bw;Zw;F) liefert als Ergebnis die Zinszahlung einer Investition bei vorgegebenen Werten für den Jahreszins (Zins), den Zeitraum (Zr), für den die Zinszahlung berechnet werden soll, Zahlungszeiträume (Zzr), Barwert (Bw), zukünftigen Wert (Zw) und Fälligkeit (F).

ZUFALLSBEREICH(untere_Zahl;obere_Zahl) liefert aus dem angegebenen Bereich eine ganzzahlige Zufallszahl.

ZUFALLSZAHL() berechnet eine Zufallszahl zwischen 0 und 1.

ZW(Zins;Zzr;Rmz;Bw;F) liefert als Ergebnis den zukünftigen Wert einer Investition bei vorgegebenen Werten für den Jahreszins (Zins), die Zahlungszeiträume (Zzr), Ratenmonatszahlungen (Rmz), Barwert (Bw) und Fälligkeit (F).

ZW2(Kapital;Zinsen) berechnet den aufgezinsten Wert (Endwert) des Kapitals (Gegenwartswert) für eine Reihe periodisch unterschiedlicher Zinssätze.

ZWEIFAKULTÄT(Zahl) berechnet die sog. Althaeffnersche Fakultät einer Zahl (Schrittlänge: 2).

ZZR(Zins;Rmz;Bw;Zw;F) liefert als Ergebnis die Anzahl der Zahlungen einer Investition bei vorgegebenen Werten für den Jahreszins (Zins), Ratenmonatszahlungen (Rmz), Barwert (Bw), zukünftigen Wert (Zw) und Fälligkeit (F).

EXCEL5.INI   B

Der Abschnitt [Microsoft Excel] 366
Der Abschnitt [Recent File List] 369
Der Abschnitt [Spell Checker] 370
Der Abschnitt [Init Menus] 370
Der Abschnitt [Init Commands] 371
Der Abschnitt [Delete Commands] 372

Anhang B EXCEL5.INI

Die EXCEL5.INI-Datei, die während der Excel-Installation in Ihrem Windows-Verzeichnis erstellt wird, enthält Einstellungen und Definitionen für Ihr Excel-Programm.

Die Datei EXCEL5.INI ist, wie die meisten Windows-INI-Dateien, eine Textdatei, die mit einem normalen Texteditor bearbeitet werden kann. Sie können dazu z.B. den Notizblock von Windows benutzen. Die Änderungen an der EXCEL5.INI-Datei werden nur beim Neustart von Excel wirksam.

Einträge für Excel in der WIN.INI- oder EXCEL.INI-Datei gelten nicht für Excel 5.0, sondern nur für ältere Excel-Versionen. Sollten Sie eine Excel 5.0-Netzwerkinstallation verwenden, so sind nur die Einträge der benutzerspezifischen EXCEL5.INI-Datei in Ihrem Windows-Verzeichnis von Interesse. Die gleichnamige Datei im zentralen Excel-Verzeichnis auf dem Netzwerkserver verwendet Excel für die interne Verwaltung im Netzbetrieb.

Die EXCEL5.INI ist in verschiedene Sektionen unterteilt, von denen der größte Teil im folgenden beschrieben wird. Jeder Abschnitt ist mit einem Titel überschrieben, der in eckige Klammern eingefaßt ist.

B.1 Der Abschnitt [Microsoft Excel]

Der Abschnitt [Microsoft Excel] enthält zahlreiche allgemeine Einstellungen für Excel 5.0.

Automatisches Öffnen von Dateien

Mit Hilfe des Befehls Open= können Sie angeben, welche Dateien beim Laden von Excel automatisch geöffnet werden sollen. Die Einträge können wie folgt aussehen:

```
Open=C:\DATEN\TEST.XLS
Open1=c:\privat\xyz.xls
Open2= /r c:\privat\abc.xls
Open3= /f f:\makros\test.xlm
```

Durch den Parameter /r wird die entsprechende Datei »read-only«, d.h. nur zum Lesen geöffnet. Mit /f werden Arbeitsmappen mit benutzerdefinierten Funktionen geladen. Die Funktionen werden zu den vorhandenen Excel-Funktionen hinzugefügt.

Die Numerierung der Open-Statements muß zwingend in der Reihenfolge `Open=`, `Open1=`, `Open2=`,... erfolgen. Die Einträge müssen auch in dieser Reihenfolge in der INI-Datei stehen.

Zufallszahlen

Über den Eintrag `Randomize=1` können Sie Excel anweisen, bei jedem Aufruf der Funktion `RAND()` eine neue, eindeutige Zufallszahlenreihe zu generieren. Standardeinstellung ist `Randomize=0`, d.h., jede Neuberechnung mit Zufallszahlen basiert auf der gleichen Zufallszahlenreihe.

Standardschriftart

Mit dem Eintrag `Font=Schriftart,Schriftgröße` bestimmen Sie die Standardschrift für Excel. Die Schreibweise für die Schriftart muß genau mit dem jeweiligen Schriftnamen übereinstimmen, so wie er im Dialogfeld für die Auswahl von Schriften in Excel erscheint.

Position für Dialogfelder

Mit Hilfe der x- und y-Koordinate eines »klebrigen« Punktes können Sie den Mittelpunkt von sich neu öffnenden Dialogfeldern bestimmen. Die Einträge heißen `StickyPtX=` und `StickyPtY=`. Beide Werte werden in Bildschirmpunkten angegeben.

Fenstergröße

Der Eintrag `Maximize=1` startet Excel mit maximaler Fenstergröße. Fehlt der Eintrag oder ist `Maximize=0` gesetzt, so startet Excel mit einem normalen Fenster.

Cursor-Bewegung

Mit `EnterMove=1` können Sie Excel anweisen, nach dem Drücken der ⏎-Taste den Cursor in die nächste Zelle unter der aktuellen zu setzen.

Alternative Menü-Taste

Mit Hilfe des Eintrags `MenuKey=` können Sie eine alternative Menüaufruftaste bestimmen. Der Wert ist der ASCII-Wert der entsprechenden Taste.

Benutzername

Mit dem Eintrag `User=` kann der Benutzername festgelegt werden.

Optionen für die Autoformatierung

Mit `AutoFormat=` kann ein Wert zwischen 1 und 14 gewählt werden, der die Nummer des Autoformats angibt, welches standardmäßig verwendet werden soll.

Vorzugsdiagramm

Die Vorzugsform für Diagramme kann mit `Default Chart=` festgelegt werden. Standardmäßig ist hier `Integriert` eingetragen.

CBT-Verzeichnis

Mit `CBTLocation=` wird das Verzeichnis angegeben, in dem das CBT-Lernprogramm von Excel abgelegt ist. (CBT = Computer Based Training)

Alternatives Startup-Verzeichnis

Normalerweise werden alle Dateien, die im Excel-Startup-Verzeichnis XLSTART stehen, geöffnet. Mit dem Eintrag `AltStartup=` können Sie ein weiteres Verzeichnis angeben, welches ebenfalls beim Startvorgang von Excel im Anschluß an das Verzeichnis XLSTART nach Dateien durchsucht wird.

Drag-and-drop-Warnung

Standardmäßig wird von Excel eine Warnung ausgegeben, wenn Sie mit der Maus Zellen auf nicht leere Zellen verschieben wollen. Mit `DragWarning=0` können Sie diese Warnmeldung abschalten.

Windows Code-Page

Die länderspezifische Windows Code-Page kann mit dem Eintrag `WinCodePage=` geändert werden.

Symbolleisten

Mit Hilfe des Eintrags `BtnStyle=` kann das Erscheinungsbild der Symbolleisten verändert werden. Die möglichen Werte und ihre Bedeutung listet die folgende Tabelle auf:

Tabelle B.1: BtnStyle-Werte

Wert	Beschreibung
0	Normale Symbolleisten
1	Symbolleisten für 9 Zoll-Macintosh-Bildschirme
2	Minimale dreidimensionale Leisten
3	Zweidimensionale Leisten
4	Kleine Version der normalen Symbolleisten

B.2 Der Abschnitt [Recent File List]

In der Liste der »Recent Files«, der letzten Dateien, stehen die vier zuletzt verwendeten Excel-Dateien. Die Dateien werden im Menü DATEI zum direkten Aufruf angeboten. Die Liste könnte z.B. so aussehen:

```
[Recent File List]
File1=C:\DATEN\TEST1.XLS
File2=C:\FIRMA\AUGUST.XLS
File3=F:\DATEN\PRIVAT\HAUS\FINANZ\DIV.XLS
File4=A:\DATEI.XLS
```

B.3 Der Abschnitt [Spell Checker]

Der Eintrag `Speller=Spelling 1031,0` gibt z.B. die deutsche Sprache für das Wörterbuch der Rechtschreibprüfung an. Die einzelnen Länderkennungen entnehmen Sie bitte der folgenden Tabelle:

Tabelle B.2: Sprach-Codes

Code	Sprache
1030	Dänisch
1031	Deutsch
1033	U.S. Englisch
1034	Spanisch
1036	Französisch
1040	Italienisch
1043	Niederländisch
1044	Norwegisch
1054	Schwedisch
2057	Britisches Englisch
2070	Portugiesisch
3081	Australisches Englisch

Eigene Wörterbücher können mit Einträgen `Custom Dict 1=` aufgenommen werden. Diese Wörterbücher müssen im Verzeichnis \WINDOWS\MSAPPS\PROOF angelegt werden. Sie werden fortlaufend numeriert.

Mit `Ignore Caps=` können Sie angeben, ob bei der Rechtschreibprüfung auf die Groß- bzw. Kleinschreibung geachtet werden soll.

`Suggest Always=` dient zum Ein- oder Ausschalten der Rechtschreibvorschläge im entsprechenden Dialogfeld.

B.4 Der Abschnitt [Init Menus]

Mit Hilfe des Abschnitts [Init Menus] können Sie das Excel-Menü auf Ihre Bedürfnisse anpassen. Die allgemeine Form für die Einträge in diesem Abschnitt lautet:

```
[Init Menus]
<Schlüsselwort>=<MenüNr>,<MenüName>,<MenüPosition>
```

Tabelle B.3: Syntax für [Init Menus]-Einträge

Argument	Beschreibung
<Schlüsselwort>	Ein eindeutiges Schlüsselwort für die interne Verwendung von Excel
<MenüNr>	Nummer des internen Menüs
<MenüName>	Name des neuen Menüs
<MenüPosition>	Nummer der neuen Position des Menüeintrags

B.5 Der Abschnitt [Init Commands]

Mit dem Abschnitt [Init Commands] können neue Befehle in Excel eingebaut werden. Die allgemeine Form hat das folgende Aussehen:

```
[Init Commands]
<Schlüsselwort>=<MenüNr>,<MenüName>,<KommandoName>,
<Makro>,<KommandoPosition>,<MakroTaste>,<Status-
text>,
<Hilfereferenz>
```

Tabelle B.4: Syntax für [Init Commands]-Einträge

Argument	Beschreibung
<Schlüsselwort>	Ein eindeutiges Schlüsselwort für die interne Verwendung von Excel
<MenüNr>	Nummer des internen Menüs
<MenüName>	Name des neuen Menüs
<KommandoName>	Name des neuen Kommandos
<Makro>	Name der Makrodatei
<KommandoPosition>	Position des neuen Befehls im Menü

Tabelle B.4: *Syntax für [Init Commands]-Einträge (Fortsetzung)*

Argument	Beschreibung
<MakroTaste>	Abkürzungstaste
<Statustext>	Text für die Statuszeile
<Hilfereferenz>	Referenz auf die Hilfedatei

B.6 Der Abschnitt [Delete Commands]

Mit Einträgen in diesem Abschnitt können Sie Einträge aus den Excel-Menüs entfernen.

Open Database Connectivity (ODBC)   C

Warum ODBC?	*375*
Einrichten von ODBC	*377*

Anhang C Open Database Connectivity (ODBC)

Microsoft Open Database Connectivity (ODBC) ist der Name einer offenen Datenbankschnittstelle, mit deren Hilfe Applikationen auf eine große Zahl unterschiedlichster Datenbanken zugreifen können. ODBC ist eine Software auf dem Endgerät, dem Client, die den Zugriff auf Datenbank-Server in einem Netzwerk erlaubt. Die Softwareschnittstelle ODBC ermöglicht daher den Aufbau von Client-Server-Applikationen.

Bild C.1 zeigt eine typische Konfiguration mit ODBC. Ein PC mit Windows und ODBC ist als Arbeitsstation in einem Netzwerk eingerichtet und kann über das Netz auf verschiedene Datenbank-Server zugreifen.

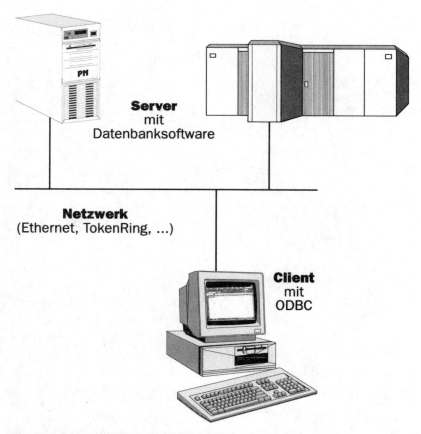

Bild C.1: Client und Server im Netzwerk

C.1 Warum ODBC?

Wenn Datenbanksysteme, wie zum Beispiel Oracle, Informix, Ingres, IBM DB2, OS/2 DB2/2, MS SQL-Server, Sybase, Gupta, Novell Btrieve, dBase, Paradox und viele andere mehr, eingesetzt werden, sind die Programme, die auf die von diesen Systemen verwalteten Daten zugreifen, auf das jeweilige Produkt angepaßt. Ist eine Applikation für das Oracle-Datenbanksystem entwickelt, so ist es nicht möglich, ohne teilweise erhebliche Anpassungsarbeiten an der Applikationssoftware das Datenbanksystem auszutauschen, d.h. beispielsweise anstelle von Oracle das Konkurrenzprodukt von Sybase einzusetzen. Ein noch aufwendigeres Problem ist der gleichzeitige Zugriff auf mehrere Datenbanksysteme unterschiedlicher Hersteller aus einem Programm heraus. Da viele Unternehmen aus den verschiedensten Gründen mehr als ein Datenbanksystem einsetzen, trifft man die Anforderung nach einem vielfachen Zugriff sehr oft an.

Die Abfragesprache SQL

Der einzige gemeinsame Nenner, der für die verschiedenen Produkte zu finden ist, ist die Datenbankabfragesprache SQL. SQL, Structured Query Language, ist eine genormte Sprache, die von den meisten Datenbankanbietern unterstützt wird. Allerdings hat jeder Datenbankhersteller SQL um eigene Sprachelemente erweitert, so daß jede Datenbank ihren eigenen Dialekt spricht. Ein neuer, erweiterter Standard, SQL-2 genannt, soll eine einheitliche Sprache für alle bringen, aber nur ganz wenige Anbieter unterstützen zur Zeit SQL-2.

Der Aufbau von ODBC

Microsoft hat im Rahmen seiner »Windows Open Services Architecture (WOSA)« eine Datenbankschnittstelle entwickelt, die für Applikationen einen Hersteller-unabhängigen Zugriff auf Datenbanken ermöglicht. ODBC, »Open Database Connectivity«, ermöglicht die Abfrage und Manipulation von Daten, die von den einleitend genannten Datenbanksystemen verwaltet werden.

Grundlage von ODBC ist die Trennung der Applikation von der Datenbank, d.h., eine Anwendung greift nur noch auf ODBC zu und

Anhang C Open Database Connectivity (ODBC)

ODBC gibt die Zugriffe in der richtigen Art und Weise an das jeweilige Datenbanksystem weiter. ODBC ist derzeit nur unter Windows verfügbar und kann sowohl auf Einzelplatz-PCs als auch auf vernetzten PCs eingesetzt werden. Das im folgenden Bild dargestellte Schema soll die ODBC-Philosophie verdeutlichen.

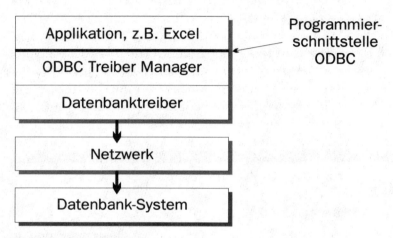

Bild C.2: ODBC-Schichten

ODBC unterteilt sich in einen allgemeinen ODBC-Treiber, der die Schnittstelle zur Applikation darstellt. Für die Übersetzungsarbeit von ODBC auf ein spezifisches Datenbankprodukt muß für jedes Datenbanksystem ein entsprechender Treiber eingerichtet werden.

Für die im ersten Abschnitt aufgeführten Datenbankprodukte werden von Microsoft und anderen Herstellern ODBC-Datenbanktreiber angeboten.

ODBC und Excel

Zusammen mit Excel werden die ODBC-Software und diverse Datenbanktreiber ausgeliefert. Auch andere Microsoft-Produkte, wie z.B. Access oder Word, verwenden ODBC. Während der Installation werden die ODBC-Bestandteile in Ihr Windows-System integriert, falls Sie die entsprechenden Komponenten über die Installationsoption »Datenverwaltung« im Excel-Setup-Programm eingerichtet haben.

Excel greift über das Datenbankabfrageprogramm MS-Query auf ODBC-Daten zu. Die Möglichkeiten von MS-Query sind im entsprechenden Kapitel beschrieben worden. Dort wurde beispielhaft der Zugriff auf eine Access-Datenbank mit Hilfe von ODBC besprochen.

C.2 Einrichten von ODBC

Bei der Installation von ODBC im Rahmen der Excel-Einrichtung wird in der Systemsteuerung ein neues Symbol eingefügt. Es dient zum Aufruf des ODBC-Administrators, der zur Verwaltung der Datenbanktreiber für die verschiedenen Datenbankprodukte eingesetzt wird.

Bild C.3: Systemsteuerung mit ODBC-Symbol

Der ODBC-Administrator meldet sich mit dem im folgenden Bild dargestellten Dialogfeld DATENQUELLEN. Eine Datenquelle ist eine Definition für den Zugriff auf eine Datenbank.

Anhang C   Open Database Connectivity (ODBC)

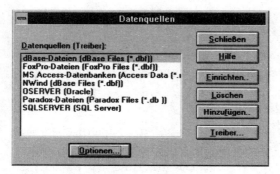

Bild C.4: Dialogfeld DATENQUELLEN

Im Dialogfeld DATENQUELLEN sind die auf dem jeweiligen System eingerichteten Datenquellen aufgeführt. Bei einer normalen Excel-Installation finden Sie weniger Einträge, als hier im abgebildeten Dialogfeld zu sehen sind, da wir auf unseren Systemen weitere Datenquellen eingerichtet haben.

Die aufgeführten Datenquellen, die mit beliebigen Namen bezeichnet werden können, repräsentieren eine Einstellung für den Zugriff auf einen Datenbanktreiber. Die auf Ihrem System verfügbaren Datenbanktreiber können Sie sich mit der Schaltfläche TREIBER anzeigen lassen. Es ist möglich, mehrere Datenquellendefinitionen für einen Treiber vorzunehmen.

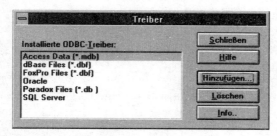

Bild C.5: Dialogfeld TREIBER

C.2 Einrichten von ODBC

Mit Hilfe der Schaltfläche INFO im Dialogfeld TREIBER können Sie Detailinformationen über den jeweiligen Datenbanktreiber erhalten. Über die Schaltfläche HINZUFÜGEN werden neue Treiber installiert. Dafür müssen die entsprechenden Treiber auf Diskette vorliegen.

Datenquellen einrichten

Die Einrichtung von Datenquellen wird mit der Schaltfläche HINZUFÜGEN im Dialogfeld DATENQUELLEN (Bild C.4) gestartet. Im dann erscheinenden Dialogfeld DATENQUELLEN HINZUFÜGEN wählen Sie den gewünschten Datenbanktreiber aus.

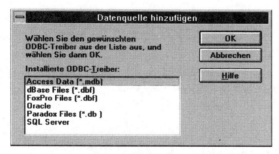

Bild C.6: Dialogfeld DATENQUELLEN HINZUFÜGEN

Wir haben als Beispiel den Treiber `Access Data (*.mdb)` für Access-Datenbanken selektiert. Der Eintrag in Klammern hinter dem Treibernamen gibt die gebräuchliche Endung der entsprechenden Datenbankdateien an. Access-Datenbanken verwenden die Endung ».MDB«, z.B. VERLEIH.MDB.

Nach der Bestätigung der Treiberauswahl können Sie im folgenden Dialogfeld die Einstellungen für die Datenquelle festlegen.

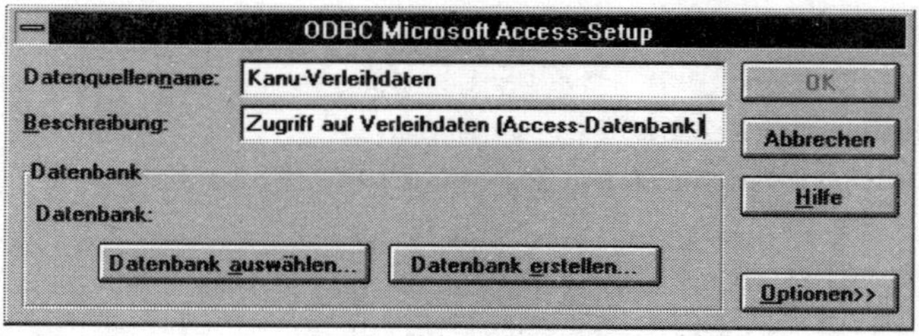

Anhang C Open Database Connectivity (ODBC)

Bild C.7: Dialogfeld ODBC Microsoft Access Setup

Als DATENQUELLENNAME geben Sie einen Ihre Datenquelle charakterisierenden Text an, den Sie noch durch eine BESCHREIBUNG ergänzen können.

Mit DATENBANK AUSWÄHLEN ist es möglich, den Zugriff auf eine bestimmte Access-Datenbank festzulegen. Nutzen Sie diese Option nicht, werden Sie später bei der Selektion der Datenquelle nach dem Namen der Datenbank gefragt. Das folgende Bild zeigt das Dialogfeld zu DATENBANK AUSWÄHLEN.

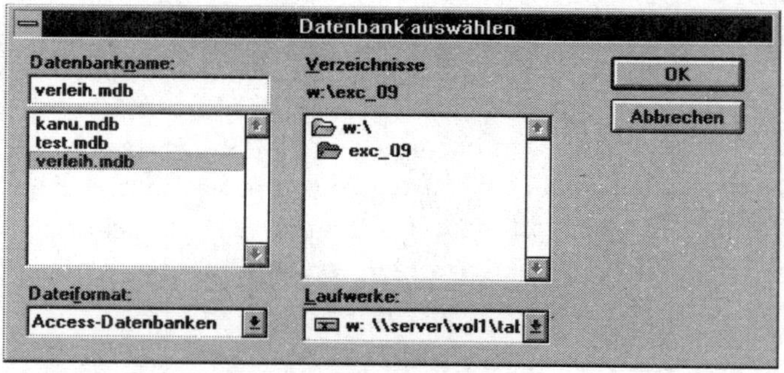

Bild C.8: Dialogfeld DATENBANK AUSWÄHLEN

Nach der Neueinrichtung einer Datenquelle sollte die Quelle in der Liste im Dialogfeld DATENQUELLEN aufgeführt sein, wie es für unser Beispiel das folgende Bild illustriert.

C.2 Einrichten von ODBC

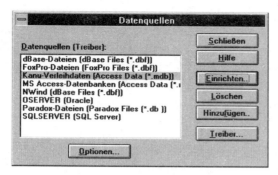

Bild C.9: *Veränderte Datenquellenliste*

Datenquellen verändern

Möchten Sie eine bestehende Datenquelle verändern, selektieren Sie im Dialogfeld DATENQUELLEN die Schaltfläche EINRICHTEN. Das folgende Bild zeigt als Beispiel das Dialogfeld ODBC DBASE SETUP, welches beim Einrichten der Datenquelle NWind erscheint.

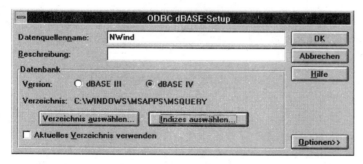

Bild C.10: *Dialogfeld ODBC DBASE SETUP*

Index

!

%	224
*	212
1:n-Beziehung	237
3D-Bezug	147

A

Abfrage	
Abfrageeigenschaften	230
Anzahl	235
Auswahlabfrage	212
Bedingung	228
Bedingungen - Werte	225
Bedingungen für Datums- und Zeitfelder	226
Bedingungen für Texte	222
berechnete Bedingungen	232
berechnete Felder	231
In	227
Kriterium	223
logische Verknüpfungen	228
Maximum	235
Minimum	235
Mittelwert	235
Nicht	227
Null-Operator	224
ODER	228, 230
sortieren	221
Summe	234 - 235
UND	228
verknüpfte Kriterien	228
verschieben von Spalten	219
Wie	224
Zwischen	227
Abfragedefinition	217
Abfrageeigenschaften	230
Abfragefunktionen	232
Abfragekriterien	222
Abfragemasken	209
Abfragen mit mehreren Tabellen	235
Abkürzungstastenschlüssel	270
ABRUNDEN()	338
ABS()	338
Abschreibung	338
arithmetisch-degressive	343
degressive Doppelraten	344
geometrisch degressiv	345
linear	350
Absolute Aufzeichnung	267
Absoluter Bezug	159
Absteigend sortieren	52
Access	208
Achsenabschnitt()	338
Add-In-Makro	162
Add-In-Manager	162
ADRESSE()	338
Adressen	157
Adressentext	158
Adressierungsart	158
Aktualisieren	141
Alternative Menü-Taste	368
Alternatives Startup-Verzeichnis	368
AltStartup=	368
AMORDEGRK()	338
AMORLINEARK()	338
Analyse-Funktionen	87
Angebotsschreiben	138
Anleihen	354
ANSI-Zeichensatz	328
Ansicht	
anzeigen	35
hinzufügen	35

Index

(Ansicht)	
löschen	35
Ansicht, Menü	
Ansichten-Manager	35
Zoom	33
Ansicht, Menü (MS-Query)	
SQL	242
Ansichten	34, 179
Anzahl	235
ANZAHL()	338
ANZAHL2()	338
ANZAHLLEERZELLEN()	338
Apple Macintosh	328
Arbeitsblatt	
einfügen	21
gruppieren	37
kopieren	22
löschen	20
umbenennen	21
verschieben	22
Arbeitsmappe	18
aktive	31
ARBEITSTAG()	338
ARCCOS()	339
ARCCOSHYP()	339
ARCSIN()	339
ARCSINHYP()	339
ARCTAN()	339
ARCTAN2()	339
ARCTANHYP()	339
Arithmetisch-degressive	
Abschreibung	343
ASCII	327
ASCII-Text	326
AUFGELZINSF()	339
AUFGELZINSS()	339
AUFRUFEN()	339
Aufsteigend sortieren	52
Aufzeichnung	
absolut	267
relativ	268
Ausblenden	31
Ausgabebereich	62
Ausgabeverknüpfung	255
Auswahlabfrage	212
Auswahlkriterien	222
Auswertungen	136, 233
AUSZAHLUNG()	339
Auszahlungsbetrag	339
AutoAbfrage	213
AutoAusfüllen	72
AutoFilter	57 - 58
AutoFormat	106, 368
Autoformatierung	368
Automatische	
Formatierung	47
Gliederung	42

B

Barwert	341
BASIS()	340
Bearbeiten, Menü	
Ausfüllen	74
Blatt löschen	20
Einfügen	142, 304, 309
Inhalte einfügen	142, 144
Kopieren	142, 303, 309
Verknüpfungen	140, 157
Bearbeiten, Menü (MS-Query)	
Datensatz markieren	216
Löschen	216
Bedingtes Zahlenformat	124
Bedingung	176, 228
berechnete	232
für Datums- und Zeitfelder	226
für Texte	222
für Werte	225
Bedingungen	277
Befehlsmakros	263
Benutzerdefiniert	
AutoFilter	59
Fußzeile	120
Kopfzeile	120
Reihe	73
Benutzername	368
Benutzeroberfläche	275
Berechnete Bedingungen	232

Index

Berechnete Felder	231
BEREICH.VERSCHIEBEN()	340
BEREICHE()	340
Bericht-Manager	179
BESSELI()	340
BESSELJ()	340
BESSELK()	340
BESSELY()	340
BESTIMMTHEITSMASS()	340
BETAINV()	340
BETAVERT()	340
Betaverteilte Zufallsvariable	340
Betaverteilung	340
Bezeichnungsfeld	253
Beziehung	237 - 238
Bezüge	158
absolut	132, 159
relativ	132, 159
Bezugsart ändern	133
Biff	307
Biff3	307
Biff4	307
Bildschirmpräsentationen	292
Bildschirmteilfelder	25
Binäre Zahl	340
BININDEZ()	340
BININHEX()	340
BININOKT()	340
Binominalverteilte Zufallsvariable	340
Binominalverteilung	349
BINOMVERT()	340
Bitmap	307
Bitmap-Darstellung	306
Bogenmaß	353
Borland	326
Borland QuattroPro	326
Briefköpfe	116
BRTEILJAHRE()	341
BtnStyle=	369
Btrieve	375
BW()	341

C

Cashflow	351
CBTLocation=	368
Chi-Quadrat-Verteilung	341
Chi-Quadrattest	341
CHIINV()	341
CHITEST()	341
CHIVERT()	341
Client	318, 374
Client-Server-Applikationen	374
Clipboard	302
CODE()	341
Comma separated values	326
COS()	341
COSHYP()	341
CsV	307, 326
Custom Dict 1	370

D

Datei	
Tabellendefinition	243
schützen	128
Datei, Menü	
Neu	118
Öffnen	328
Speichern unter	117
Datei, Menü (MS-Query)	
Daten an Microsoft Excel zurückgeben	217
Dateischutz aufheben	130
Dateityp	328
Mustervorlage	117
Daten, Menü	
AutoFilter	58
Daten aktualisieren	218
Daten importieren	210, 218
Filter	58
Gliederung	
AutoGliederung	43
Detail ausblenden	44
Detail einblenden	44

Index

(Daten, Menü, Gliederung)			DBPRODUKT()	342
Einrichten		47	DBSTDABW()	342
Gruppierung		46	DBSTDABWN()	342
Gruppierung aufheben		46	DBSUMME()	342
Konsolidieren		150	DBVARIANZ()	342
Maske		55	DBVARIANZEN()	342
Pivot-Tabelle		186	DDE	302
Sortieren		50	DDE-Anfragen	316
Spezialfilter		60	DDE-Verknüpfung	312
Teilergebnisse		64	Deckungsbeitrag	92
Datenbank		50, 208	Default Chart=	368
-feld		208	DELTA()	342
-index		208	Determinante	350
-masken		54	Determinantenberechnung	83
-tabellen		243	DEZINBIN()	342
-treiber		378	DEZINHEX()	342
Datenfeld		198	DEZINOKT()	343
Datenquelle		210, 355, 377	Dias	292
Datensatz		208	bearbeiten	294
Fehler korrigieren		215	einfügen	293
löschen		216	*siehe auch Diaschau*	
markieren		216	DIA()	343
speichern		215	Diagrammtypen	106
Datensätze ausführen		213	Dialog-Symbolleiste	248
Datensätze, Menü (MS-Query)			Diaschau	292
AutoAbfrage		213	erstellen	292
Bearbeiten ermöglichen		213	Vorlage	293
Sortieren		221	DIF	307, 326
Spalte hinzufügen		212, 233	Direkte Verknüpfung	136
DATUM()		341	DISAGIO()	343
Datumsreihen		71	DM()	343
DATWERT()		341	Dokument schützen	128
DB2		375	DragWarning=	369
DBANZAHL()		341	Drehfeld	256
DBANZAHL2()		341	Drop-down-Feld	257
dBase		208, 246, 326, 375	Drucken von Berichten	179
DBAUSZUG()		341	Druckformatvorlagen	125
DBF 2		326	Duplikate	230
DBF 3		326	DURATION()	343
DBF 4		326	Durchnumerierte Fenster	29
DBMAX()		342	Dynamic Data Exchange	302
DBMIN()		342	Dynamischer Datenaustausch	310
DBMITTELWERT()		342		

Index

E

EDATE()	343
Effekte	294
EFFEKTIV()	343
Effektivverzinsung	343
Eigene Zahlenformatierung	123
Einblenden	31
Einfügen	
Arbeitsblatt	21
Funktion	79
Tabelle	22
Einfügen, Diagramm-Menü	
Trendlinie	98
Einfügen, Menü	
Formate	145
Formeln	144
Namen festlegen	135, 169
Notizen	145
Werte	144
Einheitsmatrix	82
Ende Sub	266
Englisches Zahlenformat	333
EnterMove=	368
Equi Join	239
ERFC()	343
ERSETZEN()	343
Eulerschen Formel	86
Excel 2.1	326
Excel 3.0	326
Excel 4.0	326
Excel 4.0-Arbeitsmappe	326
Excel 4.0-Makros	262
Excel-Objekt	318
EXCEL.INI	366
EXCEL5.INI	366
AltStartup=	368
AutoFormat=	368
BtnStyle=	369
CBTLocation=	368
Default Chart=	368
DragWarning=	369
EnterMove=	368
Maximize=	367
MenuKey=	368
Open=	366
Randomize=	367
StickyPtX=	367
StickyPtY=	367
User=	368
EXP()	343
Exponentialfunktion	86
Exponentialkurve	359
Exponentialverteilte Zufallsvariable	343
EXPONVERT()	343
Externe Datenquelle	355
Externe Verknüpfungswerte	316
Extras, Menü	
Add-In-Manager	162
Analyse-Funktionen	87
Aufzeichnung beenden	264
Blattschutz aufheben	130
Dokument schützen	128
Makro	263
ab Position aufzeichnen	272
aufzeichnen	263 - 264
aufzeichnen, Position festlegen	272
Optionen	72, 104
Allgemein	18
Bildschirmanzeige	47
Solver	174
Szenario-Manager	169
Zielwertsuche	163
Zuweisen	274

F

F-Test	344
F-verteilte Zufallsvariable	344
FAKULTÄT()	343
Fälligkeit	341
Fälligkeitstermin	339
FALSCH()	343
Farbige Schaltflächen	42
Faxvorlage	116, 248
FEHLER.TYP()	344

Index

Feld	
löschen	216
markieren	216
Feldnamen	54, 56, 212
Fenster	28
anordnen	30
automatisch teilen	27
fixieren	27
unterteilen	28
Fenster, Menü	
Anordnen	30
Ausblenden	31
Einblenden	31
Fixieren	27
Fixierung aufheben	27
Neues Fenster	28
Symbole anordnen	32
Teilen	27
Fensterfixierung aufheben	27
Fernabfrage	310
Fernbezüge	316
FEST()	344
Feste Spaltenbreiten	332
Filter	57
Filter-Modus	60
Filterbedingungen	58
Finanzierungskosten	346
FINDEN()	344
FINV()	344
FISHER()	344
Fisher-Transformation	344
FISHERINV()	344
Font=	367
Format, Menü	219
AutoFormat	106
Diagrammtyp	94
Formatvorlage	125
Format, Menü (MS-Query)	
Schriftart	219
Spalten ausblenden	220
Spalten einblenden	220
Spaltenbreite	219
Zeilenhöhe	219

Formate	
Biff	307
Biff3	307
Biff4	307
Bild	306
Bitmap	307
CsV	307
DIF	307
formatierter Text	308
Link	308
Native	308
ObjectLink	308
OEM-Text	308
OwnerLink	308
Rich Text Format	307
RTF	307
Sylk	307
Text	307
WK1	307
Formatvorlagen	125
Formulare erstellen	121
Fourier-Transformation	86 - 87, 89
Fourieranalyse	87
FoxPro	208
Frequenzbereich	90
FTEST()	344
Funktionsmakros	263
Fußzeile, benutzerdefiniert	120
FVERT()	344

G

GAMMAINV()	344
GAMMALN()	344
Gammaverteilung	344
GANZZAHL()	344
Gauss'schen Fehlerfunktion	343
GDA()	344
GDA2()	345
Geometrisch degressive	
Abschreibung	345
Geometrische Mittel	345
GEOMITTEL()	345

Index

GERADE()	345
Gesperrt	129
GESTUTZTMITTEL()	345
GGANZZAHL()	345
GGT()	345
GLÄTTEN()	345
Gleichheitsverknüpfung	239, 241
Gliederung	66
AutoGliederung	43
automatisch	42
automatische Formatierung	47
Detail ausblenden	44
Detail einblenden	44
einrichten	47
Formatvorlage zuweisen	47
Gliederungstiefe	44
Gruppierung	46
Gruppierung aufheben	46
manuell	46
Symbole	47
GRAD()	345
Grafische Zielwertsuche	168
Große Schaltflächen	42
Großrechner	333
GROSS()	345
GROSS2()	345
Großschreibung	224
Grundgesamtheit	344, 355
Gruppen	36 - 37
Gruppenfeld	253
Gruppieren	191
Gruppierungsmodus	37
GTEST()	345
Gupta	375

H

HARMITTEL()	345
Harmonische Mittel	345
HÄUFIGKEIT()	345
HEUTE()	345
Hexadezimale Zahl	342
HEXINBIN()	345
HEXINDEZ()	345
HEXINOKT()	346
Hypergeometrischverteilte Zufallsvariable	346
HYPGEOMVERT()	346

I

IBM DB2	375
IDENTISCH()	346
Ignore Caps=	370
IKV()	346
IMABS()	85, 89, 346
Imaginäranteil	346
Imaginäre Einheit i	83
IMAGINÄRTEIL()	85, 346
IMAPOTENZ()	86, 346
IMARGUMENT()	346
IMCOS()	86, 346
IMDIV()	85, 346
IMEXP()	86, 346
IMKONJUGIERTE()	85, 346
IMLN()	86, 347
IMLOG10()	86, 347
IMLOG2()	86, 347
IMPRODUKT()	85, 347
IMREALTEIL()	85, 347
IMSIN()	86, 347
IMSUB()	85, 347
IMSUMME()	84 - 85, 347
IMWURZEL()	86, 347
In	227
Index	208
INDEX()	347
INDIREKT()	347
INFO()	347
Informix	375
Ingres	375
Inhalte einfügen	144
Inklusionsverknüpfung	241
Inkrement	74
Installation von ODBC	377
Inverse einer Matrix	82
Ist	225
ISTBEZUG()	347

Index

ISTFEHL()	348
ISTFEHLER()	348
ISTGERADE()	348
ISTKTEXT()	348
ISTLEER()	348
ISTLOG()	348
ISTNV()	348
ISTTEXT()	348
ISTUNGERADE()	348
ISTZAHL()	348
Iteration	340
Iterationen	167

J

JAHR()	348
Jahreszins	348
JETZT()	348
Jokerzeichen	60

K

Kapitalverzinsung	346
KAPZ()	348
Kaufkurs	358
Keine Duplikate	230
Kennwort	128 - 129
KGRÖSSTE()	348
KGV()	349
KKLEINSTE()	349
KLEIN()	349
KOMBINATIONEN()	349
Komplexe Zahlen	83, 85, 346 - 347
absoluter Betrag	85
Addition	85
Cosinus	86
Differenz	85
Eulersche Formel	86
Exponentialfunktion	86
konjugierte	85
Logarithmus	86
Multiplikation	85
Potenz	86
Quadratwurzel	86
Sinus	86
Subtraktion	85
KOMPLEXE()	84 - 85, 349
KONFIDENZ()	349
Konfidenzintervall	349
Konjugiert komplexe Zahl	85, 346
Konsolidierung	136, 149
Kontextmenü	19
Kontrollkästchen	254
Konvergenz	166
Kopfzeile, benutzerdefiniert	120
Kopieren von Arbeitsblatt	22
KORREL()	349
Korrelation	95
Korrelationskoeffizient	340, 349
KOVAR()	349
Kovarianz	349
KRITBINOM()	349
Kriterienbereich	62
Kriterienzeile	229
Kriterium	223
KUMKAPITAL()	349
KUMZINSZ()	349
Kurs	349
KURS()	349
KURSDISAGIO()	350
KURSFÄLLIG()	350
KÜRZEN()	350

L

Ländereinstellung	334
LÄNGE()	350
Leistungsspektrum	87
LIA()	350
Lineare	
Abschreibung	350
Optimierung	174
Regression	96
LINKS()	350
Listenbereich	62
Listenfeld	256
LN()	350
LOG()	350

Index

LOG10()	350
Logarithmische	
Darstellung	99, 101, 103
Normalverteilung	350
Skalierung	101
Logarithmus	86, 350
LOGINV()	350
Logische Verknüpfungen	228
LOGNORMVERT()	350
Löschen	
Arbeitsblatt	20
von Datensätzen	216
von Feldern	216
Lotus 1-2-3	326
Lotus Symphony	326
Lotus-1-2-3-Format	149

M

Macauley-Duration	343, 350
Macintosh	326, 328
Makro	248
ab Position aufzeichnen	272
aufzeichnen	263
aufzeichnen, Position festlegen	272
ausführen	270
Bedingungen	277
Funktionen	287, 289
Programmierung	276 - 277, 279, 281, 283, 285
Schleifen	278
Shortcut	271
Sprungbefehle	280
Tastenkombination	270
Unterprogramm	266, 281
Zeilenumbruch	268
Makrorekorder	263, 265, 267, 269, 271, 273, 275
Manuelle Gliederung	46
MAPPE.XLT	121
Markieren	
von Datensätzen	216
von Feldern	216
Maßeinheit	358

Maske	54
Matrix	
Determinante	83, 350
Einheits-	82
inverse	82
Multiplikation	78
Produkt	351
Summenprodukt	356
transponierte	81, 351
Matrixbereich	78
Matrixformel	76
Matrixoperationen	76 - 77, 79, 81
Matrixprodukt	351
Matrixschreibweise	142
Matrizen	76
Matrizenmultiplikation	78
Matrizenrechnung	78
MAX()	350
Maximize=	367
Maximum	235
MDET()	83, 350
MDURATION()	350
MEDIAN()	351
MenuKey=	368
Microsoft Access	208
Microsoft Mulitplan	326
Microsoft Word für Windows	309
Microsoft Write	310
MIN()	351
Minimum	235
MINUTE()	351
MINV()	82, 351
MITTELABW()	351
Mittelwert	235
MITTELWERT()	351
MMULT()	78, 351
MODALWERT()	351
MONAT()	351
MONATSENDE()	351
MS Query Add-In	210
MS SQL-Server	375
MS-Query	50, 208
*	212
1:n	237

Index

(MS-Query)
  Abfrage
    Abfrageeigenschaften 230
    Auswahlabfrage 212
    Bedingung 228
    Bedingungen für
      Datums- und Zeitfelder 226
    Bedingungen für Texte 222
    Bedingungen für Werte 225
    berechnete Bedingungen 232
    berechnete Felder 231
    Definition 217
    In 227
    Kriterium 223
    Logische Verknüpfungen 228
    mit mehreren Tabellen 235
    Mittelwert 235
    Nicht 227
    Null-Operator 224
    ODER 228
    Sortieren 221
    Summe 234
    UND 228
    verknüpfte Kriterien 228
    Verschieben von Spalten 219
    Wie 224
    Zwischen 227
  Abfrageeigenschaften 230
  Add-In 210
  Auswahlkriterien 222
  Auswertungen 233
  AutoAbfrage 213
  Bearbeiten von Datensätzen
    ermöglichen 213
  Bedingung 228
    für Datums- und Zeitfelder 226
    Texte 222
    Werte 225
  Berechnete Bedingungen 232
  Berechnete Felder 231
  Daten an Microsoft Excel
    zurückgeben 217
  Datenbank 208
  Datenbankfeld 208
  Datenquelle 210
  Datensatz 208
    ausführen 213
    markieren 216
    speichern 215
  Datensätze
    AutoAbfrage 213
    sortieren 221
    Spalte hinzufügen 233
  Duplikate 230
  Equi Join 239
  Fehler in Datensatz korrigieren 215
  Format
    Schriftart 219
    Spalten ausblenden 220
    Spalten einblenden 220
  Funktionen 235
  Gleichheitsverknüpfung 239, 241
  Großschreibung 224
  In 227
  Index 208
  Inklusionsverknüpfung 241
  Keine Duplikate 230
  Kriterium 223
  Logische Verknüpfungen 228
  Mittelwert 235
  Nicht 227
  Null 225
  Null-Operator 224
  ODBC 208, 245
  ODER-Bedingung 228
  Outer Join 241
  Platzhaltersymbol 224
  Primärschlüssel 212
  Sortieren 221
  Spaltenbreite 219
  SQL 242
  starten 210
  Summe 234
  UND 228
  und ODBC 377
  Vergleichsoperator 226

Index

Verknüpfte Kriterien	228		
Verknüpfung	236		
Verknüpfungseigenschaften	239		
Verknüpfungslinien	239		
Verschieben von Spalten	219		
Wie	224		
Zeilenhöhe	219		
Zwischen-Operator	227		
MTRANS()	351		
Mustervorlagen	116, 326		
ändern	119		
erstellen	116		
laden	117		

N

N()	351
Namen	
anwenden	135
festlegen	134 - 135
Natürlicher Logarithmus	350
NBW()	351
Nebenbedingungen	176
NEGBINOMVERT()	351
NETTOARBEITSTAGE()	352
Nettobarwert	351
Neuberechnen	141
Neumannsche Funktion	340
Nicht	225, 227
NICHT()	352
NOMINAL()	352
Nominalverteilung	352
Nominalverzinsung	352
Normalverteilte Zufallsvariable	352
NORMINV()	352
NORMVERT()	352
NOTIERUNGBRU()	352
NOTIERUNGDEZ"()	352
Novell Btrieve	375
Null	225
Null-Operator	224
NV()	352

O

OBERGRENZE()	352
Object Linking and Embedding	302, 317
Obligationen	354
ODBC	208, 245, 374
Client	374
Datenbanktreiber	378
Datenquelle	377
dBase	375
einrichten	377, 379, 381
Gupta	375
IBM DB2	375
Informix	375
Ingres	375
MS SQL-Server	375
Novell Btrieve	375
Oracle	375
OS/2 DB2/2	375
Paradox	375
SQL	375
SQL-2	375
Sybase	375
Treiber	378
verändern	381
WOSA	375
ODER()	352
ODER-Bedingung	228, 230
ODER-Verknüpfung	63
Oktale Zahl	340
OKTINBIN()	352
OKTINDEZ()	352
OKTINHEX()	352
OLE	302, 317
Open DataBase Connectivity	208, 374
Open=	366
Operator	227
Optimierung	162
Optionen, Symbolleisten	40
Optionsfelder	255
Oracle	375
Ordnungslauf	52

Index

OS/2	327
OS/2 DB2/2	375
Outer Join	241

P

Paradox	208, 375
Paßwort	128
PC-8-Codierung	328
Pearson'scher Korrelations-koeffizient	352
PEARSON()	352
PERSONL.XLS	272
PI()	353
Pivot-Symbolleiste	191
Pivot-Tabelle	173, 184
Anordnung	202
Assistent	186
benutzerdefinierte Berechnungen	196 - 197
Datenfeld	198
Details	198
Feld	193
Funktionen	194
gliedern	191
gruppieren	191
Seitenfeld	201, 204
Spalten/Zeilen vertauschen	198
Spaltenfeld	199
Spaltenüberschriften	186
Teilergebnisse	202
Zeilenfeld	199
Pivot-Tabellen-Feld	193
Platzhalter	60
Platzhaltersymbol	156 224
POISSON()	353
Poissonverteilte Zufallsvariable	353
POLYNOMIAL()	353
Polynominalkoeffizienten	353
Potenz	343
POTENZ()	353
POTENZREIHE()	353
Primärschlüssel	212
PRODUKT()	353
Prognosefehler	355
Programmierlogik	276 - 277

Q

QIKV()	353
QUADRATSUMME()	353
Quadratwurzel	360
QUANTIL()	353
QUANTILSRANG()	353
QUARTILE()	353
QuattroPro	326
Query	50, 208
QuickInfo	42
QUOTIENT()	353

R

RADIANT()	353
Rahmenbedingungen	177
Randomize=	367
Rang	353
RANG()	353
Ratenmonatszahlungen	341, 361
Realteil	347
Rechnungsformular	121
RECHTS()	353
Rechtschreibprüfung	370
Referenzen	139
REGISTER KENNUMMER()	354
Registerlaufpfeile	19
Registerteilungsfeld	24
Regressionsgerade	95, 97, 355
Reihe	
arithmetische	74
benutzerdefinierte	73
geometrische	74
Reihenberechnung	70 - 71, 73, 75
Reihentyp	75
Reinvestitionsgewinne	346
Relative Aufzeichnung	268
Relativer Bezug	159

Index

Rendite	343, 354
RENDITE()	354
RENDITEDIS()	354
RENDITEFÄLL()	354
REST()	354
RGP()	354
RKP()	354
RMZ()	354
Rollbalken	255
RÖMISCH()	354
Römische Zahlen	354
RTF	307, 314
Rucksack-Problem	175
RUNDEN()	354

S

SÄUBERN()	354
Schaltflächen 253	
farbige	42
große	42
QuickInfo	42
SCHÄTZER()	354
Schatzwechsel	357
Schätzwert	361
SCHIEFE()	355
Schleifen	278
Schließen von Fenstern	29
Schreibgeschützt	117
Schriftart	219
Seitenfeld	201, 204
Seitennumerierung	121
SEKUNDE()	355
Server	318
Shortcut	271
SIN()	355
SINHYP()	355
Solver	174
Sortieren	50, 221
Sortierreihenfolge	52
Sortierschlüssel	52
SPALTE()	355

Spalten	
ausblenden	220
Breite	219
einblenden	220
SPALTEN()	355
Spaltenbreite, feste	332
Spaltenfeld	199
Spaltenindex	356
Spaltenüberschriften	58, 186
Spektrum	90
Speller=	370
Spezialfilter	57, 60
Ausgabebereich	62
keine Duplikate	62
Kriterienbereich	62
Listenbereich	62
ODER-Verknüpfung	63
UND-Verknüpfung	62
Sprungbefehle	280
Sprünge	280
SQL	242, 375
SQL-2	375
SQL-Abfrage	355
SQL-Server	208, 375
SQLREQUEST()	355
STABW()	355
STABWN()	355
Standardabweichung	66, 342, 355
Standardarbeitsmappe	119
STANDARDISIERUNG()	355
Standardnormalverteilung	355
Standardschriftart	367
STANDNORMINV()	355
STANDNORMVERT()	355
STEIGUNG()	355
Steuerelemente	248
Anwendungsbeispiele	258
Ausgabeverknüpfung	255
Bezeichnungsfeld	253
Drehfeld	256
Drop-down-Feld	257
Gruppenfeld	253
Kontrollkästchen	254

Index

(Steuerelemente)	
Listenfeld	256
Optionsfelder	255
Rollbalken	255
Schaltfläche	253
Steuerzeichen	354
STFEHLERYX()	355
Stichprobe	344, 355
StickyPtY=	367
Structured Query Language	242
STUNDE()	356
Sub	266
Suchbedingungen	57, 60
SUCHEN()	356
Suchkriterien	61
Suggest Always=	370
Summe	234 - 235
SUMME()	356
SUMMENPRODUKT()	356
SUMMEWENN()	356
SUMMEX2MY2()	356
SUMMEX2PY2()	356
SUMMEXMY2()	356
SUMQUADABW()	356
SVERWEIS()	356
Sybase	375
Sylk	307, 326
Symbole	32
Symbolleiste	
Dialog	248
Pivot-Tabelle und Gliederung	191
Symbolleisten	38 - 39, 41, 369
anpassen	39
ausblenden	38
benutzerdefiniert	39
eigene erstellen	40
einblenden	38
löschen	41
verschieben	38
Systemmenü	29
Systemsteuerung	333
Szenario	169, 179
bearbeiten	172
hinzufügen	170
löschen	172
Übersichtsbericht	172
Szenariobericht	173

T

T()	356
Tabellendefinition	243
TAG()	356
TAGE360()	357
TAN()	357
TANHYP()	357
TBILLÄQUIV()	357
TBILLKURS()	357
TBILLRENDITE()	357
TEIL()	357
Teilbereich	26
TEILERGEBNIS()	357
Teilergebnisse	63, 202
TEXT()	357
Text-Assistent	328
Textdatei	328
Texterkennungszeichen	330
Tilgung	349
TINV()	357
Tonnotiz auswählen	295
Transponierte Matrix	81, 351
Treiber	378
Trend	76
TREND()	357
Trendlinie	
exponentiell	98
gleitender Durchschnitt	98
linear	98
logarithmisch	98
polynomisch	98
potentiell	98
Trennungslinien	27
Trennzeichen	329
TTEST()	357
TVERT()	358
TYP()	358

Index

U

Übersichtsbericht	172
Umbenennen von Arbeitsblättern	21
UMWANDELN()	358
UND	228
UND()	358
UND-Verknüpfung	62
UNGRADE()	358
Unix	333
UNREGER.KURS()	358
UNREGER.REND()	358
UNREGLE.KURS()	358
UNREGLE.REND()	358
Unsichtbar	31
UNTERGRENZE()	358
Unterprogramme	281
Unterteilen von Fenstern	28
Unterteiltes Fenster	26
User=	368

V

Varianten	169
Varianz	66
VARIANZ()	359
VARIANZEN()	359
Varianzquotiententest	344
VARIATION()	359
VARIATIONEN()	359
VAX	333
VBA	262
VDB()	359
Verbunddiagramme	92 - 93
VERGLEICH()	359
VERGLEICH2()	359
Vergleichsoperator	226
Vergrößerung	33
VERKETTEN()	359
Verkleinerung	33
Verknüpfen	
Arbeitsblätter	138
Dateien öffnen	140
Konsolidierungen	153
Verknüpfte Kriterien	228
Verknüpfung	236, 314
Equi Join	239
Gleichheitsverknüpfung	241
Outer Join	241
Verknüpfungen	136, 140
aktualisieren	141
einfügen	141
Verknüpfungseigenschaften	239, 241
Verknüpfungslinien	239
Verknüpfungswerte	316
Verschieben	
Arbeitsblatt	22
Spalten	219
Verstecken von Fenstern	31
Verteilung	355
Verteilungsfunktion	340
VERWEIS()	359
Verweise zwischen Arbeitsmappen	139
Visual Basic	248, 253
Visual Basic für Applikationen	262
VORZEICHEN()	359
Vorzugsdiagramm	104 - 105
VRUNDEN()	360

W

WAHL()	360
WAHR	360
Wahrheitswert	343
WAHRSCHBEREICH()	360
Was-Wäre-Wenn-Analyse	162
Webersche Funktion	340
WECHSELN()	360
WEIBUL()	360
Weibull-verteilte Zufallsvariable	360
WENN()	360
WERT()	360
Werte zusammenfassen	136
Wertpapier	339
Wie	224
WIEDERHOLEN()	360
WIN.INI	366
WinCodePage=	369

Index

Windows Code-Page	369	Zeilenmarkierer		215
Windows für Workgroups	303	ZEIT()		361
Windows Open Services		Zeitsignal		87
Architecture	375	ZEITWERT()		361
Windows-Zeichensatz	326	ZELLE()		361
Windows-Zwischenablage	293	Zellenschutz		128
WK1	307, 326	Zielwertsuche		162
WK3	326	grafisch		168
WKS	326	ZINS()		361
WOCHENTAG()	360	Zinsfuß		361
Word für Windows	309	ZINSSATZ()		361
Wörterbuch	370	ZINSTERMNZ()		362
WOSA	375	ZINSTERMTAGE()		362
WQ1	326	ZINSTERMTAGNZ()		362
Write	310	ZINSTERMTAGVA()		362
WURZEL()	360	ZINSTERMVZ()		362
WURZELPI()	360	ZINSTERMZAHL()		362
WVERWEIS()	360	ZINSZ()		362
		Zoom		33
X		ZUFALLSBEREICH()		362
		Zufallsvariable		
XINTZINSFUSS()	361	betaverteilt		340
XKAPITALWERT()	361	binominalverteilt		340
XL5FORMT.XLS	107	exponentialverteilt		343
XLSTART	107, 118, 272, 368	F-verteilt		344
XLT	117	hypergeometrischverteilt		346
		Konfidenzintervall		349
Z		normalverteilt		352
		poissonverteilt		353
Zahlenformat		Weibull-verteilt		360
bedingtes	124	ZUFALLSZAHL()		362
benutzerdefiniert	123	Zukünftiger Wert		348
englisches	333	ZW()		362
löschen	123	ZW2()		363
Zahlenformatierung	123	ZWEIFAKULTÄT()		363
ZÄHLENWENN()	361	Zwischen-Operator		227
Zehnerlogarithmus	350	Zwischenablage	293, 302, 305	
ZEICHEN()	361	Zwischensummen		63
Zeichensätze	327	ZZR()		363
ZEILE()	361			
ZEILEN()	361			
Zeilenfeld	199			
Zeilenhöhe	219			
Zeilenkopf	52			